Pasta

Nudeln, Gnocchi, Teigwaren & Co.

Weltbild

Pasta

Nudeln, Gnocchi, Teigwaren & Co.

Wissen, Information
und Knowhow,
Küchenpraxis
und Rezepte

Odette Teubner
Silvio Rizzi
Tan Lee Leng
Frank Oehler
Christian Vogler

Inhalt

Wenn nicht anders angegeben, sind die Rezepte grundsätzlich für 4 Portionen berechnet.

Warenkunde
Geschichte

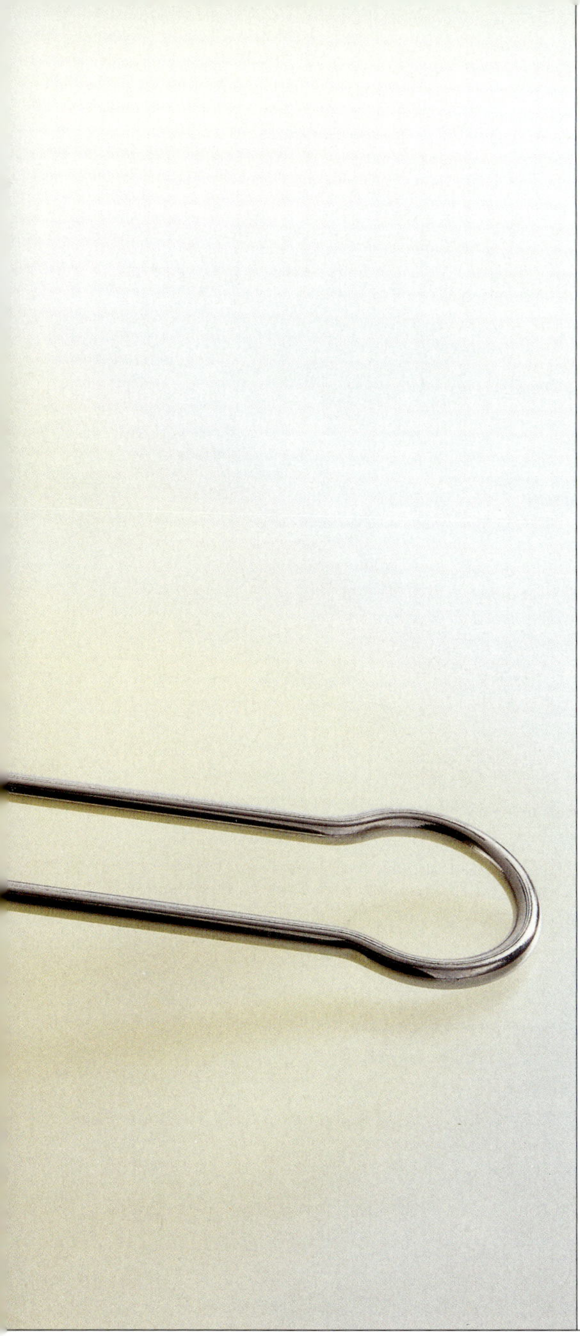

Die Nudeln kamen nicht mit Marco Polo nach Europa, so viel ist sicher ... mehr jedoch auch nicht. Aber vielleicht ist auch gar nicht so wichtig, wer die Nudeln erfunden hat, sondern vielmehr, welche Küche was daraus gemacht hat! Und hier liegen – neben den asiatischen Landesküchen – mit Sicherheit die Italiener vorn.

Pasta-Geschichten und Geschichtliches

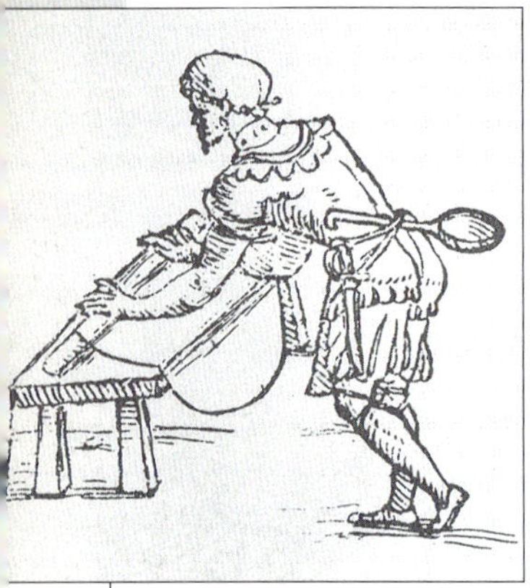

Das Ausrollen des Teigs: nach wie vor einer der wichtigsten Arbeitsschritte bei der Pastaherstellung.

Äußerste Sorgfalt bei der Zubereitung von Pasta empfahl das »Hausbuch der Familie Cerutti« bereits im 14. Jahrhundert.

Nahezu in allen Küchen der Welt von West bis Ost sind sie bekannt; beliebt sind sie bei Alt und Jung, bei Gourmets und Fastfood-Fans, bei eher traditionellen wie bei experimentierfreudigen Köchinnen und Köchen: Teigwaren schaffen so viel kulinarische Einigkeit in der Beurteilung wie wohl kaum ein anderes Nahrungsmittel.

Da scheint es legitim, sich die Frage zu stellen, ob und wo sie denn auszumachen sind, die Ursprünge der Teigwarenzubereitung? Leider bleibt hier bislang noch vieles im Dunkeln; das zeigt sich schon, wenn man auch nur versucht, die Geschichte der Teigwaren in Italien, in Europa das Nudelland schlechthin, zu verfolgen.

Beliebtes Motiv für Touristen: Maccheroni-Esser vor einer Garküche in Apulien verzehren Pasta tellerweise – mit den Händen.

Woher kommt die Pasta?

Die Geschichte von Marco Polo, der die Herstellung der Nudeln in China beobachtet und das Rezept in seiner Heimat publik gemacht haben soll, ist wohl lediglich eine hübsche Anekdote. Denn soweit man heute feststellen kann, beginnt die Geschichte der Pasta in Italien nachweislich vor den Fernreisen des Venezianers.

Ob es eine ununterbrochene Tradition bis in die Antike gibt, genauer gesagt bis zum rätselhaften Volk der Etrusker, lässt sich nicht mit letzter Sicherheit klären. Lediglich eine Darstellung in einem etruskischen Grab mit Gerätschaften, die zur Teigbearbeitung gedient haben könnten, gibt Anlass zu der Vermutung, schon im 4. Jahrhundert vor Christus habe man in Italien Pasta hergestellt.

Aus der schriftlichen römischen Überlieferung ist eine »Lagana« genannte Speise bekannt, bei der es sich um eine Art Lasagne gehandelt haben könnte. Sie spielte jedoch offenbar keine große kulinarische Rolle: Bei Beschreibungen römischer Gast- und Schlemmermähler taucht sie nur selten auf. Wenn, dann in Zusammenhängen, die klar machen: Es handelte sich dabei um ein einfaches Gericht. Apicius, dem das älteste erhaltene Kochbuch der Welt zugeschrieben wird, hält Lagana nur in einem verfeinerten Zusammenhang für erwähnenswert: Er empfiehlt, aus dem dünnen Teig eine Art Pastete zu backen.

Spurensuche in Süditalien

Einen deutlicheren Hinweis auf Pasta, wie wir sie heute kennen, finden wir etwa 1000 Jahre später – in der Reisebeschreibung des arabischen Geografen Al-Idrisi. Er weiß zu berichten, dass man in dem Ort Trabbia in der Nähe von Palermo fadenförmige getrocknete Teigstreifen herstellte, die er mit dem persischen Wort für Schnur, »itryah«, benannte. Tatsächlich gibt es auf Sizilien bis heute eine Pastasorte, die diesen Namen möglicherweise bewahrt: die so genannten Vermicelli di tria oder trii. Leider lässt sich daraus nicht erkennen, ob die

Araber, die die Mittelmeerinsel lange beherrschten, die Kunst der Pastaherstellung mitgebracht hatten oder ob die sizilianische Tradition noch älter ist. Wie auch immer, Sizilien war ein idealer Ort dafür. Denn schon in der Antike wurde auf der Insel Weizenanbau in großem Stil betrieben. Der wichtigste Pastarohstoff war also vorhanden – dazu kamen noch klares Bergwasser und das passende Klima zum Trocknen der Nudeln.

Solche Bedingungen herrschten auch in anderen Regionen Süditaliens, etwa in Kampanien, Kalabrien oder den Abruzzen. Gerade diese Regionen gehörten nach dem Abzug der Araber für lange Zeit zum »Königreich beider Sizilien« – sicher kein Zufall, dass sich auch dort Herstellungszentren für Pasta herausbildeten! Eines dieser Zentren ließ im ausgehenden 18. Jahrhundert alle anderen hinter sich: Neapel. In der Hauptstadt Kampaniens, in der 1785 schon 280 Pastahersteller gezählt wurden, und in den Städtchen rings um den Vesuv konnte man ganze Straßenzüge finden, die aus Pastaläden und -garküchen zu bestehen schienen.

Doch eine Tradition schien sich aus der Antike erhalten zu haben: Zur gehobenen Küche gehörten die Nudeln auch damals nicht. Sie waren Fastfood, das man sich im Vorübergehen gönnte und das, bevor die Tomate zur ständigen Begleiterin der Pasta wurde, vielleicht gerade mal mit ein wenig geriebenem Käse gewürzt war.

Dennoch geriet dieser Imbiss bei dem einen oder anderen Esser zum artistischen Spektakel, wenn er die langen Nudeln mit den Händen fasste und davon abbiss, oder sie sich gleich mit in den Nacken gelegtem Kopf in den Mund gleiten ließ. Auf Stichen, Zeichnungen und Fotografien haben Reisende Ende des 19. und Anfang des 20. Jahrhunderts solche Szenen festgehalten. Sie schienen so typisch gewesen zu sein, dass die Süditaliener von den übrigen Bewohnern des Stiefels den Spitznamen »Mangiamaccheroni«, Makkaroni-Esser, bekamen.

Und der Norden?

Zu jener Zeit schätzte man getrocknete Pasta längst nicht mehr nur im Süden des Landes: Seit dem 13. Jahrhundert hatte sich ein reger Pastavertrieb rund um die Hafenstadt Genua etabliert. Genueser Kaufleute trieben regen Handel mit Sizilien, von wo sie Getreide importierten – und offenbar auch die getrocknete Pasta gleich dazu. Bezeichnenderweise wurde sie »Tria Genovese«, also Tria aus Genua, genannt. Auch die erste schriftliche Anleitung zur Herstellung getrockneter Vermicelli und Makkaroni stammt aus dem Norden Italiens – von Martino da Como, der in der Mitte des 15. Jahrhunderts sein Buch von der Kochkunst verfasste. Da verwundert es kaum noch, dass im geschäftstüchtigen Norden die erste Pastafabrik entstand: 1825 gründete Paolo Agnese in Imperia an der Riviera ein Familienunternehmen, das 150 Jahre Bestand hatte.

Also Italien, einig Pastaland? Keineswegs! Denn schließlich schätzt man im Norden auch »Pasta fresca«: Nudeln aus Weichweizenmehl und Eiern, die nicht getrocknet werden. Die früheste Erwähnung findet sich bei Fra Salimbene, einem Mönch aus Parma, der Mitte des 13. Jahrhunderts die Zubereitung von Ravioli beschrieb. Wenig später schilderte Boccaccio in seinem Decamerone ein Schlaraffenland, das aus einem Parmesanberg bestand, auf dem ununterbrochen Pasta und Ravioli in Hühnerbrühe gekocht wurden. In der Renaissance kombinierte man frische Pasta mit kostspieligen Zutaten wie Zucker oder Gewürzen – ein günstiger Imbiss wie im Süden waren solche Nudelgerichte sicher nicht. Und bis heute ist frische Pasta etwas Besonderes: Man kauft sie in spezialisierten »Pastaie«, die auf die handwerkliche Herstellung ihrer Produkte zu Recht stolz sind.

Die industrielle Herstellung von Pasta begann im 19. Jahrhundert. Maschinen sollten zunächst vor allem das Kneten des Teiges erleichtern.

→ Maccheroni
war ursprünglich vermutlich eine Sammelbezeichnung für Pasta verschiedener Form; in Griechenland heißen Nudeln bis heute generell »Makarónia«. Als englische Reisende im 18. Jahrhundert Maccheroni kennen lernten, hieß zunächst auch bei ihnen alle Pasta »macaroni« – später wurde der Name zu einer Bezeichnung für Dandys.

Ausstecher erleichtern die Herstellung gefüllter Pasta in vielen Formen.

Teigwarenküchen in aller Welt

Wie Gardinen | *hingen Spaghetti und Makkaroni vor den Läden neapolitanischer Pastahersteller noch zu Beginn des 20. Jahrhunderts auf offener Straße. Ganze Straßenzüge wurden damals von solchen Trockengestellen geprägt.*

Zur Geschichte der Nudeln gehört nicht nur diejenige der italienischen Pasta. Dass dieser jedoch immer der prominenteste Platz gebührt, ist damit gerechtfertigt, dass in keiner anderen Region der Welt der Nudel ein vergleichbar hoher kulinarischer Rang zukommt wie in Italien. Schließlich ist es das Land, in dem der erste warme Gang der Menüfolge fast zwangsläufig aus einem Nudelgericht besteht, das Land, in dem Genießer endlos darüber diskutieren können, welche Pastasorte mit welcher Sauce besonders gut schmeckt und bei welchem »Pastaio« die besten handgemachten Nudeln zu bekommen sind, das Land, in dem noch immer Geld in die Entwicklung neuer Pastaformen investiert wird.

Teigwaren in Europa

Bevor die italienische Kochkunst und mit ihr der Pasta-Kult die übrigen Küchen Europas und diejenigen Nordamerikas grundlegend beeinflusste, spielte die Nudel dort überwiegend lediglich eine Nebenrolle: Sie beschränkte sich mehr oder weniger auf die der berühmt-berüchtigten »Sättigungsbeilage«. Mag sein, dass ein Grund dafür darin zu finden ist, dass gehobene Küche in Europa und Amerika – über Jahrhunderte hinweg! – bis vor wenigen Jahrzehnten gleich zu setzen war mit verfeinerter französischer Kochkunst. Und die wiederum schenkte den Nudeln keine größere Beachtung. Selbst Escoffier, der als Erneuerer der feinen Küche des 20. Jahrhunderts gilt, führt in seinem »Guide Culinaire« außer einigen »Gnoki«- und »Macaroni«-Rezepten italienischer Art kaum noch weitere Teigwaren auf.

Diese gehörten ursprünglich eher zur bodenständigen, bäuerlichen beziehungsweise bürgerlichen als zur gehobenen Küche. Das gilt sogar für die bekannten Teigwarenspezialitäten aus dem Süden Deutschlands und aus Österreich – von Maultaschen, Spätzle und Schupfnudeln über Kartoffel- und Laugen- bis hin zu Serviettenknödeln. Sie wurden zwar schon einmal zum großen Sonntags- oder Festbraten oder zu anderen Fleischgerichten mit viel Sauce gereicht. Spitzengastronomen setzten sie jedoch hier zu Lande erst auf die Karte, seit vor einigen Jahren die traditionellen regionalen Schmankerln salonfähig wurden. So mancher Gast staunte, in welche Köstlichkeiten man die scheinbar simplen Teigwaren verwandeln kann. Seither versuchen sich auch immer mehr Köchinnen und Köche in der heimischen Küche wieder daran – und tischen Hausgemachtes statt Convenience aus Päckchen oder Kochbeutel auf.

Übrigens: Das deutsche Wort »Nudel« stammt vom lateinischen »nodus«, Knoten, beziehungsweise der Verkleinerungsform »nodellus«, Knötchen, ab. Auf die gleichen Wurzeln lassen sich das französische »nouille« und das englische »noodle« zurückführen – und das Wort »Knoten« wiederum stand Pate für »Knödel«: So eng sind Teigwaren wenigstens sprachlich miteinander verwandt.

Ein Blick nach Fernost

So manches an der kulinarischen Rolle der Nudeln in den unterschiedlichen Landesküchen Ostasiens ist mit denjenigen in Europa vergleichbar: Fernöstliche Nudeln reicht man entweder, anstelle von Reis, als Beilage, kocht sie als sättigende Einlage in Suppen mit oder aber – leckere Resteverwertung – brät sie im Wok, kombiniert mit allerlei weiteren Zutaten. Nudeln sind in Asien ebenso wie in Italien getrocknet oder frisch erhältlich, häufig in kleinen Familienbetrieben hergestellt oder auch, etwa in der Gastronomie, von hoch spezialisierten Teigwarenköchen, die auf wundersame Art und Weise scheinbar nur durch artistisches Hochwerfen und Verschlingen aus einem glatten Teigballen unendlich viele feine Fadennudeln herstellen können. Darüber hinaus kennt vor allem die chinesische Küche Rezepte für gefüllte Teigtäschchen, die äußerlich zum Teil den italienischen Ravioli & Co. durchaus ähnlich scheinen.

Kalenderblatt im Jugendstil mit einer allegorischen Darstellung der Ceres, der Göttin der Feldfrüchte. Ihre Gabe an die Menschen: ein Füllhorn voll Pasta.

Doch damit hören die Gemeinsamkeiten auch schon wieder auf: Denn zum einen können asiatische Nudeln nicht nur aus Weizen-, Roggen- oder Buchweizenmehl hergestellt sein, sondern auch aus Reis- oder Mungbohnenstärke, was für eine völlig andere Konsistenz und ein – für westliche Augen – ungewohntes, anderes Aussehen sorgt.

Zum anderen werden asiatische Nudeln auch schon mal zum Frühstück verzehrt und, das gilt vor allem für die japanischen, »Soba« genannten, Buchweizennudeln, im Sommer gern kalt gegessen – und das nicht nur in Salaten. Was die gefüllten Teigtaschen angeht, so gart man sie, anders als ihre entfernten Verwandten im Westen, nicht immer durch Kochen in heißer Flüssigkeit: Sie werden oft auch gedämpft oder frittiert.

In China – dem Land, in dem sich wie kaum irgendwo sonst, eine regelrechte Philosophie rund um die einzelnen Nahrungsmittel und ihre Zubereitung entwickelt hat – kommt den Nudeln zudem eine Bedeutung weit über das rein Kulinarische hinaus zu: Lange Fadennudeln symbolisieren Langlebigkeit und werden daher mit Vorliebe zu Geburtstagsfeierlichkeiten gereicht. Sie gelten zudem als Zeichen der Verbundenheit über eine längere Trennung hinweg, sind also auch das gegebene Abschiedsessen.

Gefüllte Teigtaschen sind die Speise, in der sich »Fan« – dazu gehören die stärkehaltigen Grundnahrungsmittel, also der Teig – und »Cai« – Fleisch, Fisch, Gemüse & Co, also die Füllung – in einem Happen aufs Beste vereinen: ein kulinarisches Universum auf einen Biss sozusagen. Sicher ein Grund dafür, dass Teigtaschen in Nordchina traditionell zum Jahreswechsel gereicht werden: Sie verheißen Glück und Wohlergehen im nächsten Jahr. Manchmal wickelt man auch eine Münze oder eine Nuss mit hinein: Wer sie bekommt, darf mit Reichtum und Gesundheit rechnen.

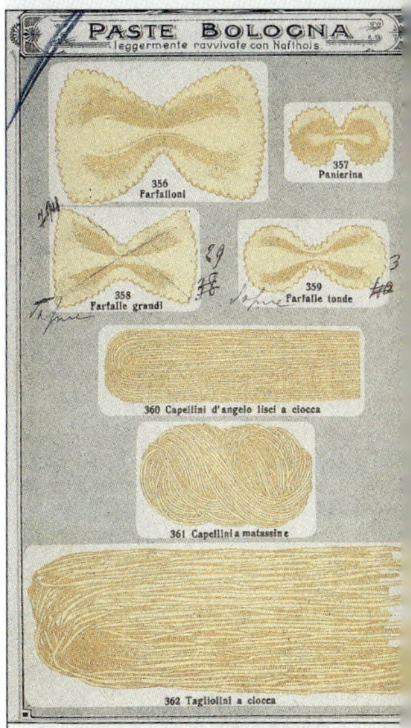

Schaffen Überblick: Diese Tafeln aus dem Jahr 1916 zeigen spezielle Nudelformen, ...

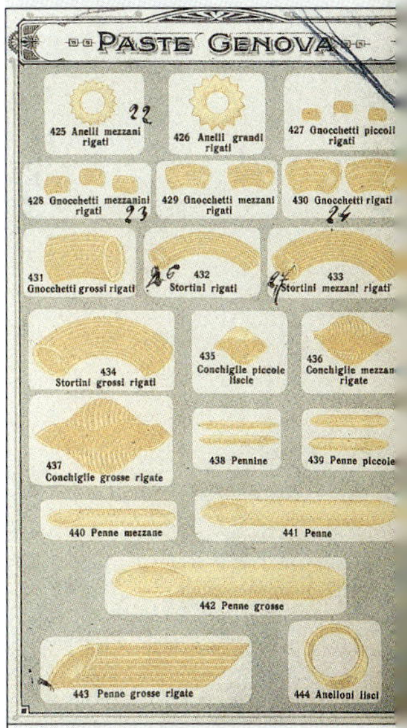

... hier etwa solche aus den Regionen Bologna (Bild ganz oben) und Genua (darunter).

Ernährungsphysiologie

Was steckt in der Nudel?

Nudeln, ob italienische Spaghetti, schwäbische Spätzle oder chinesische Mee, erfreuen sich wachsender Beliebtheit. Denn sie sind nicht nur preiswert, schnell und einfach zuzubereiten und gut auf Vorrat zu halten, sondern lassen sich auch mit vielen Zutaten fantasievoll kombinieren und schmecken zudem hervorragend. In den letzten zehn Jahren ist der Pro-Kopf-Verbrauch an Nudeln & Co. nicht nur in Deutschland erheblich gestiegen. Über fünf Kilogramm Nudeln (bezogen auf die getrocknete Ware) aß jeder Deutsche durchschnittlich in 2001. Weltweit Spitzenreiter und unerreichbar auf dieser Position sind jedoch die Italiener, die derzeit achtundzwanzig Kilogramm Pasta pro Person und damit im Vergleich mehr als das Fünffache pro Jahr verzehren.

Ihr Image als »Dickmacher« haben Teigwaren inzwischen längst abgelegt. Denn man weiß heute, dass es vor allem allzu reichhaltige Saucen und Beilagen sind, die für überflüssige Pfunde auf der Waage sorgen. Aufgrund ihrer Zusammensetzung aus nur wenigen, natürlichen Rohstoffen und kombiniert mit den richtigen Zutaten eignen sich Teigwaren in jeder Form für eine moderne, gesundheitsbewusste Ernährung und weisen darüber hinaus noch eine Reihe ernährungsphysiologischer Vorzüge auf. Von daher gibt es keinen Grund, aus Diätgründen auf köstliche Pasta-Gerichte zu verzichten.

Die mediterrane Küche gilt als Inbegriff der gesunden Ernährung: Sie enthält komplexe Kohlenhydrate, reichlich Gemüse und wertvolles Olivenöl.

Die wichtigsten Inhaltsstoffe

Grundzutat für alle Teigwaren ist das Getreidekorn. Und darin sind schon nahezu alle Stoffe, die unser Körper für eine gesunde Ernährung braucht, enthalten: Pflanzliche Eiweißstoffe, wenig Fett, viele komplexe Kohlenhydrate, Vitamine und reichlich Mineralstoffe.

Eiweiß, Fett und Kohlenhydrate

Eiweiß (Protein) benötigt der Organismus vor allem zum Aufbau und Erhalt von Körpersubstanz. Wichtiger als die Menge ist hier die Qualität. Etwa ein Drittel des zugeführten Proteins sollte pflanzlichen Ursprungs sein. Teigwaren enthalten bis zu 15 % des wertvollen pflanzlichen Eiweißes, das durch die Kombination mit Eiweißarten aus ande-

Soba-Nudeln | *Buchweizen ist die Grundlage dieser geschmackvollen Nudel-Variante aus Japan. Gegenüber Getreidearten wie Weizen oder Reis, enthält Buchweizen besonders viel Vitamin E.*

ren pflanzlichen oder tierischen Produkten noch aufgewertet werden kann. Als Beispiel für eine solch gelungene Kombination gilt die schwäbische Spezialität »Linsen und Spätzle« oder die geschmackvolle, vielfach variierte italienische Kombination von »Pasta und Käse«.

Fett in der Ernährung gerät mehr und mehr in die Kritik. Unser Verzehr liegt insgesamt viel zu hoch, Übergewicht und Fettstoffwechselstörungen können die Folge sein. Heute raten fast alle Wissenschaftler zu mehr pflanzlichen und weniger tierischen Fetten. Teigwaren zeichnen sich insgesamt durch einen geringen Fettanteil aus. Der Fettanteil aus einer Nudelmahlzeit resultiert also immer aus den Beilagen beziehungsweise der Sauce. Zum Kochen und Braten sollte man daher sparsam mit Fett umgehen und vorwiegend wertvolle pflanzliche Öle wie Olivenöl verwenden, da sie einen hohen Anteil an ungesättigten Fettsäuren enthalten.

Bei den Kohlenhydraten aus den Getreidesorten handelt es sich fast ausschließlich um so genannte »komplexe« Kohlenhydrate in Form von Stärke. Sie liefern dem Organismus wertvolle, langsam verfügbare Energie. Täglich 50 bis 55 % der Energie sollten aus Kohlenhydraten kommen, empfehlen Fachleute – und gerade davon haben Teigwaren reichlich zu bieten.

Der Bedeutung von Ballaststoffen sind die Ernährungsexperten erst seit etwa zwei Jahrzehnten auf der Spur. Zu Beginn des Jahrhunderts galten sie nämlich buchstäblich als überflüssiger Ballast. Heute weiß man, dass sie einen wertvollen Beitrag zu unserer Ernährung leisten: Ein regelmäßiger Verzehr von Ballaststoffen sorgt für eine geregelte Verdauung, eine günstige Zusammensetzung der Darmflora und vermindert zudem das Darmkrebsrisiko.

Im Vergleich zu den herkömmlichen Teigwaren enthalten Vollkornteigwaren einen erheblich höheren Anteil an Ballaststoffen. Mit einer großen Portion von 250 Gramm gekochter Vollkornnudeln nimmt man etwa acht Gramm Ballaststoffe und damit gut ein Fünftel der wünschenswerten Menge von täglich 30 Gramm auf.

Vitamine und Mineralstoffe

Vitamine und Mineralstoffe sind für die Regelung zahlreicher Stoffwechselvorgänge wichtig. Teigwaren enthalten vor allem die wasserlöslichen Vitamine B1, B2 und Niacin. Bei den Mineralstoffen sind mengenmäßig in erster Linie Phosphor, Kalium und Magnesium vertreten. Wie beim Ballaststoffgehalt gilt auch hier: Vollkornteigwaren weisen insgesamt die größeren Mengen der wertgebenden Inhaltsstoffe auf.

Will man sich gesund ernähren, sollte man dem Beispiel der mediterranen und der asiatischen Küchentraditionen folgen: Teigwaren in Verbindung mit viel knackig frischem Gemüse, wenig Fleisch oder Fisch und wertvollen pflanzlichen Ölen bieten nicht nur eine abwechslungsreiche, sondern auch eine gesunde Küche, die obendrein auch noch hervorragend schmeckt.

Mit viel frischem Gemüse der Saison kombiniert wird Pasta zum gesunden Genuss.

Warenkunde

Mehl, Eier und mehr

Das Schöne an Teigwaren ist, dass sie sich aus so wenigen Zutaten herstellen lassen und dabei so gut schmecken: Mehl, Wasser, eventuell noch Eier oder ein wenig Öl – und fertig sind Pasta & Co.
Umso mehr kommt es hier aber auf die Qualität der Zutaten an: hilfreich daher der kurze Überblick über die Ingredienzien der Teigwarenküche.

Verschiedene Getreidearten »aufs Korn« genommen

Getreide und Getreideerzeugnisse, die Grundzutaten für Teigwaren aller Art, sind seit Tausenden von Jahren eine der wichtigsten Nahrungsquellen für die Weltbevölkerung. Auch heute noch ist Getreide das wichtigste Erzeugnis der Agrarwirtschaft, ob konventionell, integriert oder ökologisch angebaut. Nach Weizen und Reis spielen insbesondere Mais, Gerste, Hirse, Hafer und Roggen eine große Rolle. Für die Teigwarenherstellung wird weltweit vor allem Weizen und Reis verwendet.

Längsschnitt durch ein Weizenkorn

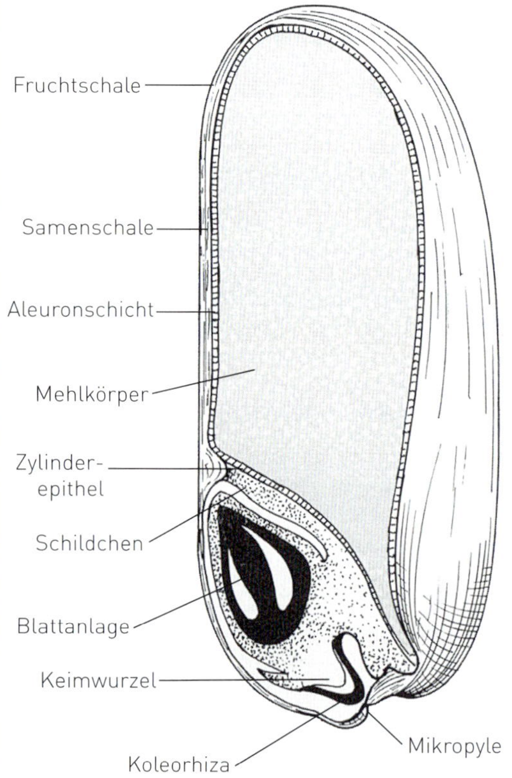

Das Getreidekorn

Mit »Korn« bezeichnet die Umgangssprache in Westeuropa meist den Weizen, denn dieser ist die hier gebräuchlichste Getreideart. In anderen Ländern wird der Begriff für andere Arten von Getreide verwendet, so etwa in Mittel- und Osteuropa für Roggen oder in den USA für Mais (engl. corn). Mit Ausnahme des Buchweizens, der zur Familie der Knöterichgewächse zählt, gehören die bei uns bekannten Getreidesorten botanisch gesehen alle zur Familie der Süßgräser *(Graminaceae)*. Alle Getreidekörner ähneln sich im Aussehen und im Aufbau. Am Beispiel des Weizens wird der Aufbau eines Getreidekorns in der nebenstehenden Grafik erläutert. Alle Getreidekörner bestehen, von außen nach innen betrachtet, aus drei Teilen: den Randschichten, dem Mehlkörper in der Mitte und dem Keimling.

Verschiedene Getreidearten: So unterschiedlich, wie die verschiedenen Getreideähren und -körner aussehen, so verschieden sind auch die Mehle in der Verarbeitung.

In den Randschichten, die die Frucht- und Samenschale enthalten, findet man vor allem Ballaststoffe, Vitamine und Mineralstoffe. Zur Herstellung von Weißmehlprodukten werden die Randschichten allerdings vorher entfernt, so dass man nur durch den Verzehr von Vollkornprodukten in den Genuss dieser Stoffe kommt.

Der Mehlkörper, der von der eiweißhaltigen Aleuronschicht umgeben ist, besteht, wie der Name sagt, vor allem aus Stärke. Daneben enthält der Mehlkörper auch Gluten, das so genannte Klebereiweiß, das für die guten Teig- und Backeigenschaften des Weizens verantwortlich ist. Das Klebereiweiß quillt mit Wasser stark auf und bildet beim Kneten ein Netz aus Eiweißketten, das für die Elastizität und Stabilität des Teiges sorgt. Mehlsorten, die kein Klebereiweiß enthalten, wie etwa Maismehl, können kein solches Netz ausbilden. Zur Herstellung von Teigwaren müssen diese Mehle daher mit klebereiweißhaltigen Mehlen gemischt werden oder in einem besonderen technologischen Verfahren (meist unter Verwendung von Wasserdampf) hergestellt werden.

Der Keimling enthält alles, was an Erstvorrat für eine sich neu entwickelnde Pflanze vonnöten ist: Er ist reich an Vitaminen, Mineralstoffen, Enzymen, Fett und hochwertigem Eiweiß. Bei den meisten Getreideprodukten wird der Keimling jedoch entfernt. Wegen seines hohen Fettgehaltes wird er leicht ranzig und setzt damit die Haltbarkeit von Mehlen herab.

Weizen | *Neben der Gerste war der Weizen die erste Getreideart, die von Menschen kultiviert und planmäßig in größerem Stil angebaut wurde.*

Getreide und Teigwaren

Teigwaren werden in der Hauptsache aus Weizen hergestellt. Grund ist der bereits erwähnte hohe Klebereiweißgehalt des Weizenkorns. Daneben findet man im reichhaltigen Teigwarenangebot auch Nudeln aus Roggen, Buchweizen, Grünkern oder Hirse. Die aus Asien bekannten Glasnudeln werden in einem besonderen Verfahren aus reiner Reis-, Soja- oder Mungobohnenstärke hergestellt.

Die Heimat des Weizens *(Triticum)* liegt in Eurasien. Durch Züchtung und Auslese der verschiedenen Wildarten sind unsere heutigen Kulturformen entstanden. Für die Herstellung von Teigwaren wird vor allem der Hartweizen *(Triticum durum)*, auch Durum-Weizen genannt, verwendet. Als Sommerweizen liebt er starke Wärme und kommt mit wenig Niederschlag aus – Bedingungen, die vor allem in Südeuropa, Nordamerika und Kanada den Sommer über gegeben sind. In Deutschland gedeiht Hartweizen nur an wenigen Standorten. Hartweizen zeichnet sich durch einen hohen Klebereiweißgehalt aus, der für die besonders gute Kochfestigkeit von Hartweizennudeln verantwortlich ist. Der Kleber umhüllt die Stärke und verhindert so, dass sie ins Kochwasser übergeht. Nur Nudeln aus Hartweizengrieß lassen sich aus diesem Grund wirklich »al dente« kochen.

Weichweizen *(Triticum aestivum)* stellt weniger Ansprüche an Boden und Klima. Er wird auch in Deutschland angebaut. Da er weniger Klebereiweiß enthält, mischt man ihn für die Herstellung von Nudeln mit Hartweizen oder stellt den Teig unter Verwendung von Eiern her. Das Eiweiß und das Lezithin der Eier sorgen für die nötige Elastizität und Festigkeit des Teiges.

Dinkel, eine alte Weizensorte, wird nicht nur in der Vollwertküche immer beliebter. Im Mittelalter wurde Dinkel hier zu Lande fast überall angebaut. Dinkel hat einen feinwürzigen Geschmack und eignet sich aufgrund seines Wasserbindungsvermögens gut für die Herstellung von Teigwaren. So gelingen beispielsweise die süddeutschen Spätzle mit Dinkelmehl besonders gut.

Mehle und Grieß

Auf die Type kommt es an

Weichweizen wird überwiegend zur Herstellung von frischen Eierteigwaren – pasta fresca – verwendet.

Hartweizen ist die Grundlage für eifreie, italienische Teigwaren – pasta secca –, die zum größten Teil industriell gefertigt wird.

Getreideerzeugnisse unterscheidet man nach ihrem jeweiligen Ausmahlungsgrad. Je höher er ist, desto mehr Mehl wurde aus einer bestimmten Menge Getreide gewonnen – das heißt, umso mehr Schalen- und Keimanteile sind enthalten. Vollkornmehl, das noch alle Kornbestandteile enthält, hat demnach einen Ausmahlungsgrad von 100 %. Weizenmehl der Type 405 hat lediglich einen Ausmahlungsgrad von etwa 50 %. Die verschiedenen Mehltypen einer jeden Getreideart unterscheiden sich schon auf den ersten Blick voneinander: Helle Mehle enthalten lediglich den weißen Mehlkörper, dunkle Mehle dagegen auch die dunkleren Schalenanteile des Korns. Ein dunkles Mehl ist im wahrsten Sinne des Wortes ein »vollwertiges« Mehl, da es neben dem Stärkeanteil auch die für die Ernährung so wichtige Kleie, das heißt die Aleuronschicht, die Frucht- und Samenschale und den nährstoffreichen Keimling enthält. Um die verschiedenen Mehltypen nach einem Standard einzuteilen, wird der Aschegehalt des Getreides ermittelt. Dieser besagt, wie viel Milligramm Asche (der Aschegehalt entspricht dem der Mineralstoffe) nach dem Verbrennen von 100 Gramm wasserfreien Mehles übrig bleiben. Dabei enthalten Roggenmehle bei gleichem Ausmahlungsgrad mehr Mineralstoffe als Weizenmehle. Diese werden im Handel in den Typen 405,

Weizenmehl Type 405. Die gängigste Mehlart zur Herstellung von Teigwaren, Kuchen und Gebäck.

Weizenmehl Type 550, höher ausgemahlen als Type 405. Für Teigwaren und Hefegebäck, enthält mehr Klebereiweiß.

Weizendunst. Feinkörnig, die Teilchengröße liegt zwischen griffigem Mehl und Grieß. Er enthält keine Schalenteile.

Weizengrieß aus Hartweizen. Aufgrund seiner ausgezeichneten Kochfestigkeit ist er ideal für Teigwaren.

Weizen-Vollkornmehl. Geeignet zur Herstellung von Vollkornteigwaren mit einem festen »Biss«.

Weizenkleie. »Abfallprodukt« der Mehlherstellung, sehr mineral- und ballaststoffreich. Meist mit Mehl gemischt.

Dinkel, robuste Unterart des Weizens, überwiegend in Süddeutschland angebaut.

Dinkel-Vollkornmehl, sehr aromatisch, in Schwaben als »Spätzle-Mehl« geschätzt.

Mais, ursprünglich aus Mexiko, dort viel zur Herstellung von Tortillas verwendet.

Maismehl. Mit kleberhaltigem Mehl gemischt, eignet es sich auch für Teigwaren.

Bruchreis entsteht beim Schleifen des Reises. Zur Herstellung von Reismehl.

Reismehl ist die Grundlage vieler asiatischer Nudelsorten. Spezielle Herstellung.

Grünkern entsteht durch Darren halbreif geernteter, entspelzter Dinkelkörner.

Grünkernmehl. Die Grundlage für Nudeln mit aromatischem Eigengeschmack.

Buchweizen wird geschält und erhält durch Rösten ein angenehm nussiges Aroma.

Buchweizenmehl, in Asien zur Herstellung der bekannten Soba-Nudeln verwendet.

Roggen, klassisches Brotgetreide in Mittel- und Osteuropa. Für Nudelspezialitäten.

Roggenmehl Type 1370. Nudeln aus Roggenmehl haben ein kräftiges Aroma.

550 und 1050 angeboten, Roggenmehle in den Typen 815, 997, 1150 und 1370. Weizenmehl der Type 550 ist besonders für die Herstellung von Teigwaren geeignet, da es einen höheren Klebereiweißgehalt enthält. Neben Ausmahlungsgrad und Typenzahl klassifiziert man Mahlerzeugnisse auch nach dem Feinheitsgrad.

Grundlage für die Einteilung ist der Durchmesser der einzelnen Partikel: Es wird zwischen Schrot (sehr grob), Grieß, Dunst (liegt in der Körnigkeit zwischen Mehl und Grieß) und Mehl (sehr fein gemahlen) unterschieden. Für die Herstellung von Teigwaren wird meist Grieß aus dem Mehlkörper des Hartweizens verwendet, seltener aus Weichweizen. Hartweizengrieß hat die besten Eigenschaften für die Teigwarenherstellung. Dank ihm wird der Nudelteig elastisch und formbar, zugleich erhält er eine feste Konsistenz. So bleiben die Nudeln auch nach dem Kochen in Form.

Wenige Zutaten – aber von höchster Qualität

Gutes Wasser | *Viele italienische Nudelhersteller verwenden eigenes Quellwasser. Hier die Quelle in Fara San Martino. Wie dieses, sollte das Wasser für die industrielle Nudelherstellung arm an Mineralstoffen und gelösten Eisensalzen sein.*

Feiner Hartweizengrieß und Wasser: Das sind die einzigen Zutaten, die man für die Herstellung der »pasta secca«, der traditionellen italienischen Pasta benötigt. Und damit ist sie ein reines Naturprodukt ohne irgendwelche Zusätze. Eben aus diesem Grund sind die Italiener besonders stolz auf ihre Pasta. Schon im Jahre 1574 verabschiedete die Zunft der Pastahersteller Genuas ein Gesetz, das besagt, dass Pasta nur aus Hartweizen und Wasser gemacht werden darf. An dieses »Reinheitsgebot« sind Italiens Nudelhersteller noch heute gebunden. Der Versuch, auch ausländische Hersteller zu diesem Reinheitsgebot zu verpflichten, scheiterte allerdings vor dem Europäischen Gerichtshof. Mittlerweile dürfen in Italien auch Eierteigwaren ausländischer Hersteller verkauft werden.

An den Rezepturen hat sich seit Beginn der Nudelherstellung bis heute nicht viel geändert, lediglich der Herstellungsprozess wurde stark industrialisiert. In Italien hat sich die Pasta-Industrie dort angesiedelt, wo die besten Bedingungen für die Herstellung von Nudeln gegeben waren, vor allem in Regionen mit dem richtigen Klima zum Trocknen der Nudeln. Dieses ist vor allem in der Gegend von Parma, in Neapel und in den Abruzzen zu finden. Der Trocknungsvorgang ist bei der Herstellung der schwierigste und kritischste Punkt: Trocknen die empfindlichen Nudeln zu schnell, können sie spröde und rissig werden und beim Kochen leicht brechen oder gar zerfallen. Ein zu lange andauernder Trocknungsprozess kann wiederum Geschmackseinbußen zur Folge haben. Heute spielt das Klima jedoch nicht mehr die Rolle von einst: Inzwischen übernehmen vollautomatische Klimakammern die Trocknung der Pasta – nach standardisierten Bedingungen und unter ständiger Kontrolle. Die Herstellung von Teigwaren beginnt heute mit einer ausführlichen Qualitätskontrolle. Nur beste Rohstoffe garantieren auch höchste Pastaqualitäten. Nicht nur der Weizen, auch die Wasserqualität ist wichtig. Das verwendete Wasser muss den strengen Vorschriften der Trinkwasserverordnung genügen.

Nach dem Abwiegen werden die Zutaten dann vermischt und anschließend zu einem homogenen Teig verknetet. Danach erhalten die Teigwaren ihre Form. Für Spaghetti, Makkaroni oder »pasta corta«, wie Hörnchennudeln oder Spiralen, wird der Teig durch feinste Matrizen gepresst; für Lasagne und Bandnudeln walzt man ihn in mehreren Stufen dünn aus und schneidet ihn in die entsprechenden Größen. Nach der Trocknungsphase, die meist nach wenigen Stunden abgeschlossen ist, werden die Teigwaren verkaufsfertig verpackt.

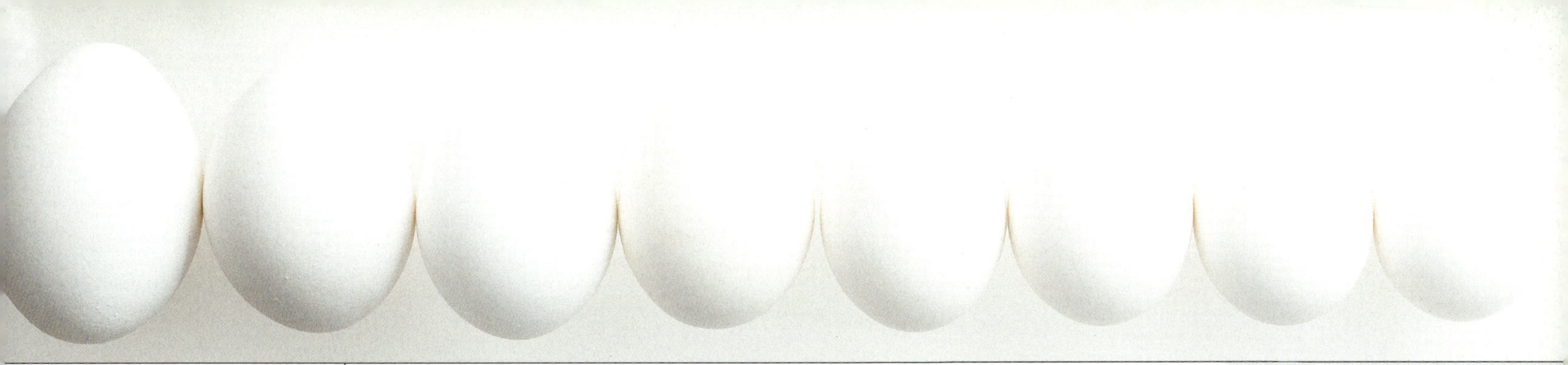

S, M, L oder XL

In der Europäischen Union werden Hühnereier in die vier Gewichtsklassen S, M, L, XL und die Güteklassen A, B und C eingeteilt. Eier der Gewichtsklasse S wiegen weniger als 53 Gramm, Eier der Größe XL 73 Gramm und mehr. Als Güteklasse findet man im Handel praktisch nur Eier der Güteklasse A.

Einkauf und Lagerung

Qualitätsware erkennt man an einer gleichmäßigen und transparenten Farbgebung und einer glatten Oberfläche. Das Zutatenverzeichnis gibt Auskunft über die verwendeten Zutaten. Getrocknete Teigwaren lassen sich problemlos an dunklen, trockenen, luftigen Lagerplätzen bis zu drei Jahren ohne Qualitätseinbußen lagern. Sie sollten jedoch nicht neben stark riechenden Lebensmitteln aufbewahrt werden, da sie leicht deren Geschmack annehmen können. Nicht so lange sollten Vollkornnudeln und Nudeln mit sehr hohem Eigehalt gelagert werden.

Eierteigwaren

Im Gegensatz zu Italien stehen bei den deutschen Verbrauchern die Eierteigwaren in der Gunst ganz oben. Mehr als die Hälfte der in Deutschland hergestellten Nudeln sind unter Verwendung von Eiern hergestellt. Die Zugabe von Eiern verleiht den Nudeln nicht nur ein goldgelbes Aussehen und verbessert die Kocheigenschaften, sondern verfeinert auch den Geschmack der Nudeln. Von der Deutschen Lebensmittelkommission wurden 1998 Leitsätze festgelegt, die die Nudelhersteller zur Einhaltung verschiedener Qualitätsmerkmale verpflichten: Eiernudeln müssen bezogen auf ein Kilogramm Weizenrohstoff mindestens 100 g Vollei enthalten, das entspricht etwas mehr als zwei Eiern. Nudeln, die auf der Verpackung auf einen hohen Eigehalt hinweisen, müssen mindestens 200 g Vollei, solche, die auf einen besonders hohen Eigehalt hinweisen, müssen 300 g Vollei, das entspricht etwa sechs Eiern, enthalten. Handelt es sich laut Packungsangabe um Frischeinudeln, müssen auch wirklich frische Eier verwendet worden sein. Ist auf der Verpackung kein solcher Hinweis zu finden, können auch pasteurisierte oder getrocknete Eier verwendet worden sein.

Ein hochgewölbtes Eigelb, umgeben von einem Hof aus dickem Eiklar, deutet auf absolute Frische hin. Bei älteren Eiern läuft das Eiklar wässrig auseinander.

Speziell »pasta fresca«, Teigwaren aus Eierteig, eignen sich sehr gut zum Selbstherstellen im eigenen Haushalt. Beim Einkauf sollte man jedoch auch hier unbedingt auf die Qualität der Zutaten, insbesondere auf die der Eier achten. Denn beim Umgang mit frischen Eiern ist wegen der Salmonellengefahr immer Vorsicht geboten. Nur frische Eier mit sauberer und unverletzter Schale sollten verwendet werden. Am besten schmecken Eier drei bis vierzehn Tage nach dem Legen. Doch nicht immer lässt sich die Qualität von Eiern auf den ersten Blick erkennen.

Wie frisch sie wirklich sind, kann man sich leicht selbst errechnen, wenn man auf die Verpackung schaut: Das Mindesthaltbarkeitsdatum, das auf der Schachtel immer angegeben sein muss, darf eine Frist von 28 Tagen nach dem Legen nicht überschreiten. Auf vielen Verpackungen ist jedoch bereits das Legedatum angegeben – und damit kann man leicht prüfen, ob die Eier für die Teigwarenherstellung noch in Frage kommen. Idealer Aufbewahrungsort im Haushalt ist der Kühlschrank.

Frischetest mit ganzen Eiern: Sinkt das Ei in einem Glas mit 10%iger Salzwasserlösung zu Boden, ist es frisch.

Bei einem 7 Tage alten Ei hat sich die Luftkammer am stumpfen Ende des Eies bereits etwas vergrößert, es richtet sich auf.

Bei einem mehrere Monate alten Ei hat sich die Luftkammer so weit vergrößert, dass das Ei deutlich sichtbar schwimmt.

Kartoffeln

Am besten mehlig

Für manche Spezialitäten aus der Teigwarenküche wie Gnocchi oder Schupfnudeln braucht man nicht nur oder auch gar kein Getreide, sondern **Kartoffeln** *(Solanum tuberosum)*. Genauer gesagt, nicht irgendwelche, sondern mehlig kochende.

Ähnlich wie bei der verwandten Tomate, hätte auch der Kartoffel nach ihrer Einführung in Europa im 16. Jahrhundert kaum jemand eine solche Karriere vorausgesagt. Das Nachtschattengewächs, das aus den Hochländern der Anden Südamerikas stammt, enthält nämlich in allen grünen Pflanzenteilen, besonders in den Beerenfrüchten, das giftige Alkaloid Solanin; daher begegnete man der Kartoffel zunächst mit großem Misstrauen. Hungersnöte zwangen allerdings im 18. Jahrhundert zum Umdenken: Die nahrhafte Knolle, die auch dort noch Ertrag bringt, wo Getreide nicht mehr gedeiht, und die sich ohne längere Weiterverarbeitung einfach kochen und verzehren lässt, wurde schließlich in ganz Mittel-, Nord- und Osteuropa zu einem Grundnahrungsmittel, und gelangte mit den Einwanderern auch nach Nordamerika – so schließt sich der Kreis beinahe wieder.

Die nahrhafte Stärke speichern die Pflanzen in den länglichen bis runden unterirdischen Knollen, die ihnen als Nährstoffreservoirs dienen. Und sie »horten« jede Menge davon: Stärke ist nach Wasser der mengenmäßig wichtigste Bestandteil der Kartoffel. Kartoffelstärke besteht, wie Getreidestärke auch, aus Amylose und Amylopektin, und zwar in einem ungefähren Verhältnis von 20 zu 80 %. Rohe Kartoffelstärke ist allerdings unverdaulich.

Der Gesamtgehalt an Stärke jedoch kann von Kartoffelsorte zu Kartoffelsorte stark schwanken, und zwar zwischen 15 und 21 g pro 100 g essbarem Anteil. Das hat entscheidende Auswirkungen auf die Konsistenz des Fruchtfleisches nach dem Garen: Man unterscheidet zwischen fest kochenden, vorwiegend fest kochenden und mehlig kochenden Kartoffelsorten. Für die Herstellung von Kartoffelteigen sind grundsätzlich immer nur mehlig ko-

'Aula', eine späte bis sehr späte deutsche Herbstkartoffelsorte mit kräftig gelbem, mehlig kochendem Fleisch. Mild bis kräftig im Geschmack.

'Freya', eine mittelfrühe, mehlig kochende Sorte aus der ehemaligen DDR. Die Knollen sind oval in der Form und haben flache Augen. Gelbes Fruchtfleisch.

'Adretta' wurde ebenfalls in der ehemaligen DDR gezüchtet. Die mehlig kochenden Knollen sind groß und rund, mit hellgelbem Fleisch.

Kartoffelschnee *aus noch warmen Kartoffeln gepresst, ist an sich schon eine hervorragende Beilage, aber auch die Grundlage für Kartoffel-Teigwaren von Knödeln bis Gnocchi. Am besten lässt er sich aus Kartoffeln herstellen, die – in Alufolie gewickelt – im Ofen gebacken wurden.*

'Novara', mehlig kochende Frühkartoffel mit langovalen Knollen, gelber Schale mit roten Augen, hellgelbem bis gelbem Fleisch und gutem Geschmack.

'Likaria' bringt recht große Knollen von tiefgelber Farbe und kräftig schmeckendem Fruchtfleisch hervor. Mehlig kochend, gut lagerfähig.

chende Sorten geeignet, und das ganz unabhängig davon, ob man die Knollen zu Nudeln, Gnocchi oder Klößen verarbeiten möchte.

Welche Sorte man im Einzelnen wählt, bleibt dem eigenen Geschmack, aber auch dem Marktangebot überlassen. Im Angebot sind – je nach Erntezeit – sehr frühe, frühe, mittelspäte und späte Sorten. Als Faustregel gilt hier: Je später eine Sorte reift, desto länger lässt sie sich aufbewahren; sehr frühe und frühe Sorten sind für den Sofortverbrauch bestimmt. Beim Einkauf sollte man darauf achten, dass die Kartoffeln fest und straff sind. Keime und grüne Stellen werden vor der Zubereitung entfernt, denn sie enthalten das giftige Solanin.

Möchte man Kartoffeln einlagern, müssen die Knollen trocken, unverletzt und gesund sein – es empfiehlt sich daher, sie vorher zu sortieren. Der Lagerraum sollte eine hohe Luftfeuchtigkeit aufweisen, dabei jedoch gut belüftet und dunkel sein. Unter Lichteinwirkung werden die Kartoffeln grün, bei Temperaturen unter 2 °C süß, da dann eine Umwandlung der Stärke in Zucker einsetzt. Bei Temperaturen von mehr als 5 °C beginnen die meisten Sorten zu keimen. Unter idealen Bedingungen jedoch halten sich die preiswerten Kartoffeln mehrere Monate lang – und sind damit eine ideale Zutat für bodenständige Gerichte der Alltagsküche wie Nudeln oder Knödel.

Brot für Knödel

Viele Sorten sind geeignet

Knödelbrot gehört in Süddeutschland und Österreich zum Sortiment der Bäckereien und Backwarenabteilungen der Supermärkte. Weißbrot oder Semmeln vom Vortag sind bereits in dünne Scheiben geschnitten, so spart man sich viel Arbeit.

Helle Semmeln vom Vortag sind das richtige Ausgangsprodukt für Knödel. Hergestellt aus Weizenmehl mit knuspriger Kruste und weicher Krume.

Auch in Würfel schneiden kann man die Brötchen vom Vortag. So sind sie beispielsweise die ideale Zutat für Serviettenknödel.

Im Süden Deutschlands und in Österreich beziehungsweise dem Gebiet der alten k. u. k.-Monarchie sind Knödel aller Art überaus beliebt. Grundlage für Semmelknödel, Serviettenknödel, Brezenknödel & Co. ist Brot, das gleich welcher Art, immer vom Vortag sein sollte. Zu frisch lässt es sich schlecht schneiden, älteres Brot ist zu trocken und nimmt die Flüssigkeit – in der Regel Milch – nicht mehr so gut auf.

Mit ein Grund dafür, warum sich dort gerade Semmelknödel und Serviettenknödel solcher Beliebtheit erfreuen, dürfte wohl darin zu finden sein, dass man in diesen Regionen Brot bevorzugt aus Weizenmehl oder zumindest mit einem hohen Anteil an Weizenmehl herstellt. Solches Brot ist angenehm im Geschmack, locker und schön knusprig, hält sich jedoch nicht allzu lange frisch. Da stellt die Weiterverarbeiung – mit Milch, Eiern, Mehl und Gewürzen zu lockeren Knödeln vermischt – eine ideale Art der Resteverwertung dar.

Heute muss man sein Brot für Knödel nicht mehr unbedingt selbst schneiden, sondern kann es – zumindest in den »Semmelknödelregionen« – bereits geschnitten und portionsweise abgepackt, erstehen, was eine Menge Arbeit und Zeit spart, ohne dass dabei ein Qualitätsverlust befürchtet werden muss. Üblicherweise entfernt man die Rinde von Semmeln und Weißbrot nicht, wenn man allerdings einen einfarbig hellen Serviettenknödel herstellen will, sollte man die Rinde vorher abreiben.

Wer den Geschmack der Knödel variieren möchte, kann dies einmal durch Zusätze im Teig tun – hier empfehlen sich Kräuter wie Thymian und Petersilie, Zwiebeln, Speck, Pilze oder auch würziger, geriebener Käse. Zudem lassen sich Knödel aber auch füllen, etwa mit Steinpilzen oder einer Mischung aus Frühlingszwiebeln und Schinken, wodurch die Knödel meist von der Beilage zum eigenständigen Gericht aufsteigen.

Aber auch die verwendeten Brotsorten selbst sorgen für Geschmacksvariationen: Die Herstellung von Knödeln ist nämlich keineswegs auf Rezepte mit Brötchen oder Weißbrot beschränkt. Hervorragend schmecken sie auch mit Laugengebäck. Vorsicht ist allerdings beim Salzen dieser Knödelmasse geboten: Die Oberfläche von Brezen und anderem Laugengebäck ist oft mit grobem Salz bestreut, da kann es ratsam sein, dieses vor dem Schneiden zu entfernen. Sehr herzhaft schmecken auch so genannte Schwarzbrotknödel: Solche aus Sauerteigbrot sind leicht säuerlich, kräftig jene aus Weizen- oder Roggenmischbrot, wobei man darauf achten sollte, dass das Schwarz- oder Bauernbrot neutral gewürzt ist. Zu viel Anis- oder Korianderaroma ist nicht erwünscht. Und sollte die Rinde zu dunkel oder knusprig sein, entfernt man sie besser, um einen homogenen Teig zu erhalten.

Weißbrot aus hellem Weizenmehl wird in unterschiedlichen Formen gebacken, etwa in Kastenform (links), als länglicher Laib oder Kipf (rechts).

Bauernbrot, Roggenmischbrot. Dunkler Teig aus einer Mischung von Roggen- und Weizenmehl. Ohne Sauerteig gebacken, daher relativ mild.

Laugengebäck, hier aus hellem Weizenmehl. Im Hintergrund Laugenbrezel/-breze, in der Mitte Laugenstange/-spitz, vorne Laugenbrötchen/-semmel.

Roggenmischbrot mit Sauerteig, Graubrot. Dunkler, relativ feuchter Teig, kräftig-würziger, leicht säuerlicher Geschmack und knusprige Kruste.

→ Brötchenvielfalt

Semmel, Weck, Kipf, Rundstück, Schrippe – die vielen regionalen Namen deuten es bereits an: Brötchen ist keineswegs gleich Brötchen. Auch die Formen sind unterschiedlich: Da gibt es runde und längliche – mit und ohne Muster auf der Oberseite –, solche, die paarweise oder zu mehreren in einer »Stange« zusammengebacken werden. Wie auch immer, aus fast allen lassen sich Knödel zubereiten. Ausnahme: Brötchen, die mit Milch im Teig hergestellt werden – sie sind zu weich in der Krume und zu süßlich im Geschmack.

Reispapier- oder Reisnudelblätter gibt es getrocknet mit unterschiedlichem Durchmesser. Vor dem Verarbeiten legt man die spröden, dünnen Blätter am besten kurz zwischen angefeuchtete Küchentücher, bis sie elastisch sind – dann lassen sie sich nach dem Füllen gut aufrollen.

Viele Küchen rund um die Welt, so unterschiedlich sie auch sein mögen, haben erstaunlicherweise etwas ganz Ähnliches hervorgebracht: hauchdünne Blätter aus einem elastischen Teig, die sich hervorragend pikant oder süß füllen lassen. Zum einen sind diese wohl so beliebt, weil sie kulinarische Überraschungen beinhalten können, zum anderen sind sie hervorragende und zugleich aromaschützende »Behältnisse« für kleine feine Happen.

Gerade in den asiatischen Küchen findet man eine Reihe köstlicher Beispiele dafür, dass man diese Möglichkeiten zu schätzen weiß. Schließlich gehört dort schon längst zur Tradition, was jetzt bei uns in letzter Zeit als »Snacks« und »Fingerfood« kulinarische Trends gesetzt hat.

Und so findet man dort nicht von ungefähr Teigblätter unterschiedlichster Art und Form. Hergestellt werden sie auf der Grundlage von Reismehl oder auch aus Weizenmehlteigen, mal mit, mal ohne Ei. Während Reisblätter vor allem in Südostasien anzutreffen sind – die vietnamesischen Glücksrollen beispielsweise werden damit zubereitet –, finden sich die Weizenmehlblätter vor allem in China. Dort verwendet man sie für Frühlingsrollen, aber auch für verschiedene Sorten von Dim-sums, kleinen Häppchen, die zum Tee gereicht werden, oder auch für Won-tans.

Gegart werden solche Köstlichkeiten zum einen, indem man sie in Wasser oder Brühe kocht, wie beispielsweise Won-tans, die auch als Suppeneinlage serviert werden können. Die kleinen Päckchen lassen sich aber auch im Bambuskorb dämpfen oder in Öl knusprig frittieren. Gereicht werden sie meist mit einer pikanten Sauce zum Dippen – schon ist der würzige Imbiss perfekt.

Won-tan-Blätter, Grundlage für die beliebten gefüllten chinesischen Teigtaschen. Die dünnen Blätter sind in quadratischer, ...

Quadratische Teigblätter für Frühlingsrollen. Sie werden je nach Bedarf in unterschiedlichen Größen tiefgekühlt angeboten.

... aber auch in runder Form in asiatischen Lebensmittelläden erhältlich. In der Regel findet man sie tiefgekühlt im Handel.

Dünne Teigblätter
Zum Füllen & Formen

Aber auch weiter westlich hat hauchdünner Teig zum Einwickeln einer Füllung Tradition – hier reicht die Spanne vom Strudelteig über türkischen Yufka-, griechischen Fil(l)o- oder Phyl(l)o- bis hin zum tunesischen Brikteig. Das Prinzip der Herstellung ist überall ähnlich: Man verknetet Weizenmehl mit Wasser, Salz und etwas Öl zu einem geschmeidigen Teig und zieht oder rollt ihn dann hauchdünn aus. Zuweilen werden auch hier die Teigblätter einzeln gefüllt und gebraten oder frittiert. Häufig verarbeitet man sie jedoch auch zu Pasteten, die dann im Ofen gebacken werden. Die Teigschichten bestehen in diesem Fall nicht aus einzelnen Blättern, sondern man legt mehrere Schichten übereinander, jedes Blatt sorgfältig mit Öl oder zerlassener Butter eingepinselt. Das ergibt eine Art Blätterteig, aus dem etwa die marokkanische Bastila, türkischer Börek, griechische Tiropita oder die Süßspeise Baklava hergestellt werden.

Weltweit wesentlich bekannter ist die Verwendungsweise, die die italienische Küche für Teigblätter »erfunden« hat: Lasagne. Sie wird zwar auch im Ofen gebacken, doch da hier die Blätter abwechselnd mit reichhaltigen Saucen in eine feuerfeste Form geschichtet werden, entsteht keine Pastete, sondern vielmehr eine Art Auflauf. Und dabei werden die Teigschichten nicht knusprig, sondern bleiben weich, im Idealfall »al dente« – wie es sich für echte Pasta gehört.

Yufka heißen traditionelle, hauchdünne türkische Teigblätter, die ganz nach Wunsch herzhaft oder süß gefüllt werden können. Sie werden als runde, ...

... dreieckige oder rechteckige Blätter in türkischen Lebensmittelläden oder gut sortierten Supermärkten vakuumverpackt angeboten.

→ Getrocknete Lasagneblätter sind in Italien, aber auch bei uns in den verschiedensten Formen und Farben im Handel. So gibt es gewellte »Lasagne ondine«, die besonders viel Sauce aufnehmen sollen, ebenso wie die klassische glatte Variation, darüber hinaus mit Spinat grün gefärbte »Lasagne verdi« oder auch »Lasagne integrali« aus Vollkorn-Hartweizen.

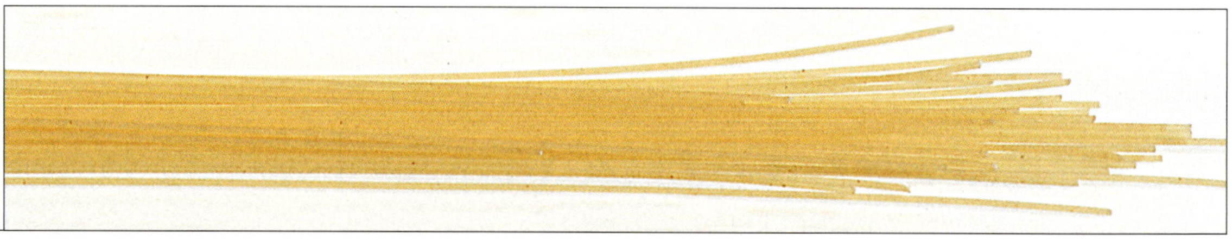

Capellini, »Härchen«, besonders dünne Fadennudeln.

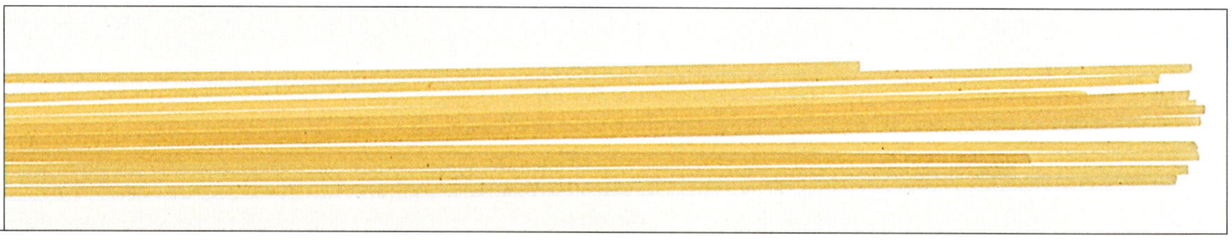

Spaghettini, »kleine Fädchen«, dünner als Spaghetti.

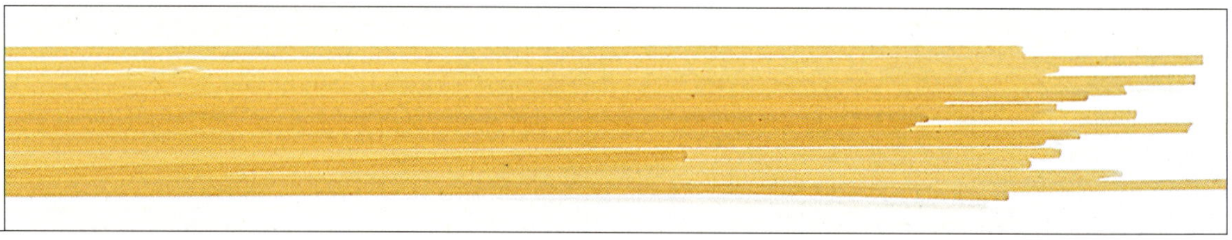

Spaghetti, »Fädchen«, geradezu ein Synonym für Pasta.

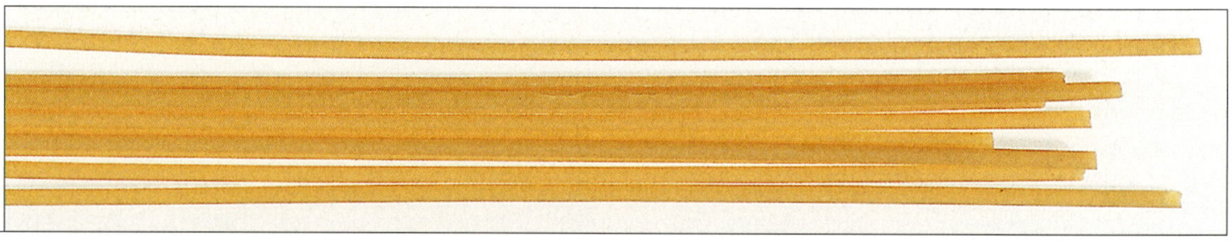

Spaghettoni sind etwas dicker als Spaghetti.

Spaghetti alla chitarra, mit quadratischem Querschnitt.

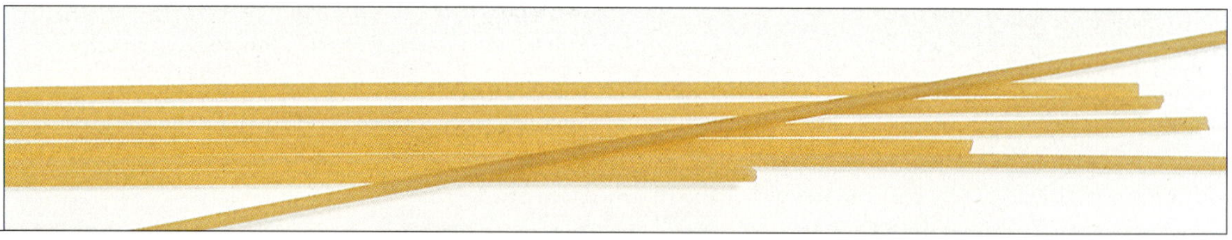

Bucatini oder **Perciatelli** sind dünne Röhrennudeln.

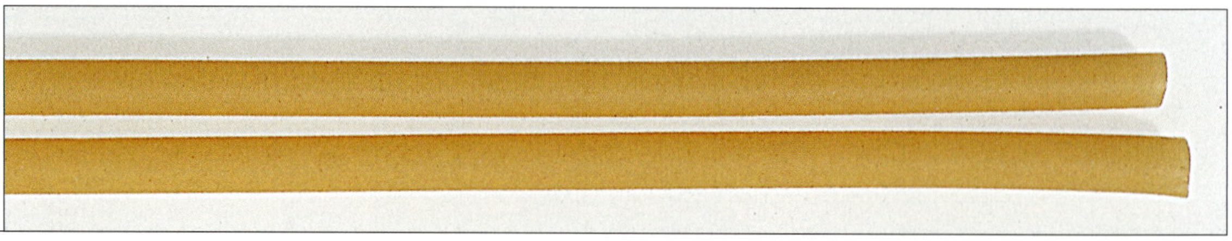

Zite aus Kampanien, Röhrennudeln ähnlich wie Maccheroni.

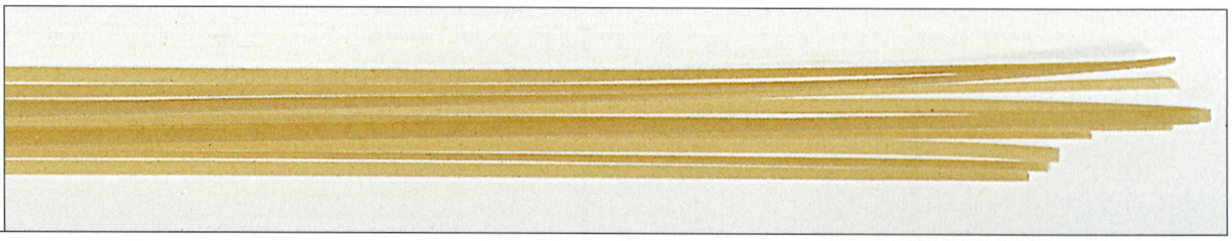

Linguine, »kleine Zungen«, sehr dünne Bandnudeln.

Pasta secca
Getrocknete Nudeln

Das Trocknen von Nudeln an der frischen Bergluft gehört auch in Italien mehr und mehr der Vergangenheit an. Heute vollzieht sich der traditionell mehrere Tage dauernde Prozess innerhalb weniger Stunden in Klimakammern: unter standardisierten Bedingungen, die gleich bleibende Qualität und Hygiene garantieren.

Ein Teig aus Mehl und Wasser, eventuell mit etwas Ei verknetet, geformt und getrocknet – das ist das ganze Geheimnis eines Lebensmittels, das auf der ganzen Welt glühende Anhänger gefunden hat: **getrocknete Nudeln**.

Aus guten Gründen: Sie sind monate-, wenn nicht gar jahrelang haltbar und damit immer schnell aus dem Vorrat verfügbar. Es gibt sie in den verschiedensten Größen und Formen, in Farben von Dottergelb über Tomatenrot und Spinatgrün bis hin zu Sepiaschwarz. Sie stellen keine großen Ansprüche an die Zubereitung und lassen sich bereits mit wenig weiteren Zutaten im Handumdrehen in wohlschmeckende Gerichte verwandeln. Selbst aus ernährungsphysiologischer Sicht schneiden getrocknete Nudeln hervorragend ab.

Vielfalt, Unkompliziertheit und gesunder Genuss in einem – so gesehen sind die Trockenteigwaren ein ausgesprochen zeitgemäßes Nahrungsmittel. Oder auch ein zeitloses, denn ihre »Karriere« begann vermutlich bereits im 12. Jahrhundert auf Sizilien: Convenience aus Tradition, könnte man sagen. Und bis heute gilt Italien unbestritten als das Traumland aller Pasta-Fans.

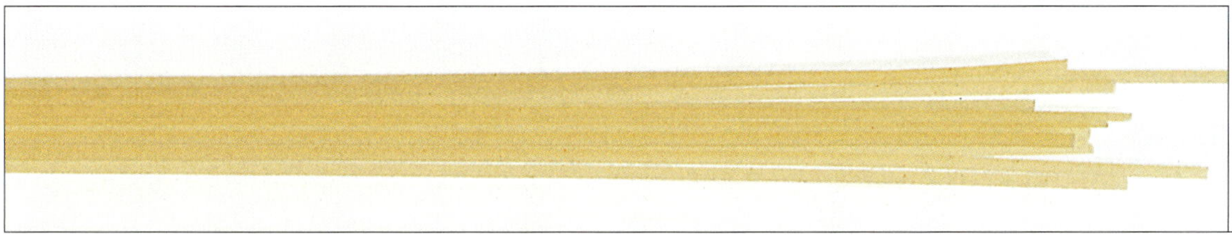

Bavette, etwas breiter als Linguine, mit ovalem Querschnitt.

Tagliatelle, Bandnudeln aus der Emilia-Romagna.

Letzte Kontrolle vor dem Versand: Original italienische Pasta secca ist heute rund um den Globus zu haben. Sorgfältige, bis ins Detail durchdachte Technik macht die industrielle Herstellung großer Mengen getrockneter Nudeln in stets gleich bleibender Qualität möglich.

Pasta secca ist das Lebensmittel, das als erstes in Italien industriell hergestellt wurde. Da man sie in der Regel mit Hartweizengrieß zubereitet, ist das nicht weiter verwunderlich: Wer jemals versucht hat, einen schweren, zähen Hartweizenteig von Hand geschmeidig zu kneten und dann weiter zu verarbeiten, wird verstehen, warum man selbst im Stammland der Pasta diese »Knochenarbeit« gern einer hoch spezialisierten Industrie überlässt. Zumal industriell gefertigte, getrocknete Hartweizennudeln in einer Qualität und Formenvielfalt zu haben sind, die man beim Selbermachen nicht übertreffen kann.

Lediglich bei Pasta aus Weichweizenteig mit Ei, wie sie traditionell im Norden des Landes zubereitet wird, schwören Kenner auf frische, selbst gemachte Sorten. Puristen gehen so weit, dabei auf maschinelle Hilfe komplett zu verzichten, sogar, wenn's nur ums Ausrollen und Schneiden geht.

Für Hartweizenteige jedoch setzte man bereits im ausgehenden 19. Jahrhundert hydraulische Knetgeräte zur Teigbearbeitung ein – zuvor war Teig, wenn er in größerem Maßstab verarbeitet werden sollte, einfach mit den Füßen geknetet worden.

Die industrielle Produktion von Pasta secca in Italien nahm bereits um die Wende zum 19. Jahrhundert solche Ausmaße an, dass man größere Mengen von Hartweizen aus dem Ausland einführen musste. Als absolute Spitzenqualität galt damals »Taganrog«, der von der russischen Schwarzmeerküste importiert wurde. Nach dem Ersten Weltkrieg und der Russischen Oktoberrevolution allerdings versiegte diese Quelle; heute beziehen die italienischen Hersteller gern den hochwertigen »Amber-durum«-Hartweizen aus Kanada.

1934 schließlich kam die erste Maschine auf den Markt, mit deren Hilfe man Pastateig in einem ununterbrochenen Arbeitsgang anrühren, kneten und ausrollen konnte. Schneiden und formen musste man sie freilich noch von Hand. Doch gelang es

Fettuccine, mittelbreite Bandnudeln, stammen aus Mittelitalien. Sie werden getrocknet meist zu Nestern aufgewickelt angeboten.

Pappardelle – breite Bandnudeln, hier mit gezackten Teigrändern – gehören zu den wenigen ursprünglich in der Toskana beheimateten Pastaformen.

Reginette (links) und **Lasagne festonate lunghe** (rechts).

Getrocknete Nudeln
Industriell hergestellt

bald darauf, auch diesen Arbeitsgang zu mechanisieren – und seither wird die maschinelle Produktion schrittweise immer weiter optimiert.

Heute überlässt man bei der Herstellung qualitativ hochwertiger Pasta nichts mehr dem Zufall: Hartweizengrieß und Wasser werden in einem automatisch gesteuerten Verhältnis – entsprechend dem Feuchtigkeitsgehalt des Getreides – gemischt. Angerührt wird beides unter Vakuum, damit auch ja keine Luftbläschen eingearbeitet werden, dann gelangt der Teig umgehend in eine Knetmaschine und wird in die gewünschte Form gezogen oder gepresst. Der Druck, dem die Pasta beim Formen ausgesetzt ist, hat übrigens entscheidenden Einfluss auf die Garzeit des fertigen Produkts. Faustregel: je niedriger der Druck, desto schneller sind die Nudeln später beim Kochen »al dente«.

All das vollzieht sich selbstverständlich unter konstanten, kontrollierten und hygienisch einwandfreien Bedingungen, ebenso wie das anschließende Trocknen, seit jeher der heikelste Vorgang: Es muss langsam genug vor sich gehen, damit der Teig nicht spröde wird und reißt, andererseits aber auch wieder so schnell, dass er nicht verderben kann.

Frisch geformte Pasta wird heute in zwei Phasen getrocknet: Während der ersten – sie dauert je nach Form der Nudeln 30 bis 60 Minuten, bei einer Temperatur von 90 °C – trocknet nur die Oberfläche; die Pasta verliert dabei etwa ein Drittel ihres Wassergehaltes.

Dann erfolgt in einer zweiten Phase das eigentliche Trocknen, das den Nudeln das restliche Wasser entzieht. Manche Industrieware kann heute schon nach einem Trocknen von 1 bis 5 Stunden bei 90 °C verpackt werden. Qualitativ höherwertigen Produkten jedoch gesteht man noch eine Trockenzeit von ungefähr 15 Stunden bei relativ niedrigen Temperaturen zwischen 60 und 70 °C zu.

Pappardelle passen hervorragend zu kräftigen Fleischsaucen – in der Toskana serviert man sie am liebsten zu Wildragouts, etwa von Hase oder Ente.

Tagliardi sind im Grunde in kurze Stücke geschnittene sehr breite Bandnudeln. Sie werden als Suppeneinlage verwendet, aber auch zu Saucen gereicht.

Lasagnette oder **Lasagne** können in Italien nicht nur die bekannten Nudelplatten, sondern auch breite Bandnudeln heißen, erstere sind meist gezackt.

Teigquadrate, »Short cut« aus Israel. Nudeln in dieser Form sind in einigen Landesküchen des östlichen Mittelmeergebiets recht beliebt.

→ **Als »Nidi«,** das heißt zusammengerollt als Nester, kommen viele getrocknete italienische Bandnudeln auf den Markt. Das hat Tradition, denn auch hausgemachte Tagliatelle oder Fettuccine lässt man in dieser Form – gut mit Mehl oder Grieß bestaubt, damit nichts zusammenkleben kann – vor der Zubereitung kurz antrocknen. Beim Kochen lösen sich die Nudeln dann jedoch wieder voneinander.

← **Farfalloni.** Schmetterlingsnudeln gibt es in verschiedenen Varianten – hier die größten Exemplare.

← **Farfallini.** Sie heißen auch **Nastrini**, »kleine Ordensbänder«, und kommen in dicken Suppen zum Einsatz

Galle rotonde, »runde Blasen«, ähneln in Form und Verwendung den Farfalle. Für kräftige Saucen. →

Maltagliati, »schlecht geschnittene Nudeln«. Die Rauten kombiniert man gern mit Hülsenfrüchten. →

← **Farfalle,** gut für eine Kombination mit Tomaten oder mit Schinken und Erbsen in einer Sahnesauce.

← **Conchiglie,** »Muscheln«, aus Kampanien. Lassen sich gut mit Gemüse- und Pilzsaucen kombinieren.

Conchiglioni da ripieno. → Diese »Riesenmuscheln« sind so groß, dass sie sich bequem füllen lassen.

Cappelletti, »Hütchen«. → Nicht zu verwechseln mit der gleichnamigen gefüllten Pasta aus Mittelitalien.

← **Caserecce, Gemelli,** »Zwillingsnudeln«, bestehen aus zwei miteinander verdrehten dünnen Röhren.

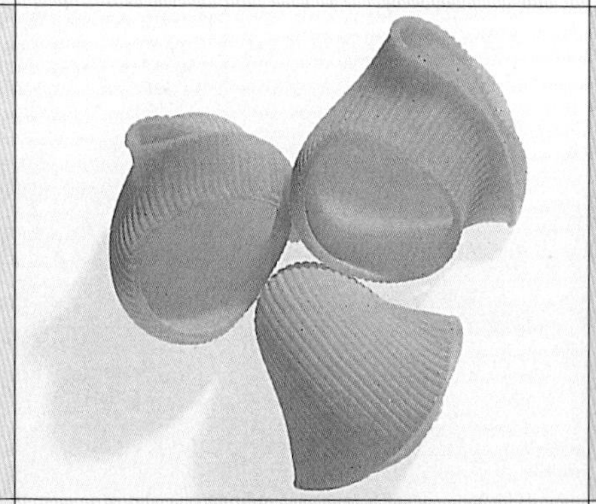

← **Lumaconi rigati grandi.** Durch ihre Größe eignen sich diese »Schnecken« hervorragend zum Füllen.

Radiatori, »Heizkörper«, → eine ungewöhnliche Form. Die »Rippen« können extrem viel Sauce aufnehmen.

Dischi volanti, »fliegende → Untertassen«, findet man auch unter dem Namen »Trulli« im Handel.

Spaccatelle sehen aus wie kurze gespaltene Makkaroni – und nehmen wegen dieser Form viel Sauce auf.

Lumacine, »kleine Schnecken«. Aus Süditalien; dort vor allem als Suppeneinlage verwendet.

Chifferoni rigati, große Hörnchennudeln mit geriffelter Oberfläche – sehr aufnahmefähig für Saucen.

Penne rigate, schräg geschnittene, geriffelte Röhrennudeln. Klassisch zu scharfer Tomatensauce.

Ditaloni rigati werden in Neapel und Umgebung gern zu chilischarfen Tomatensaucen serviert.

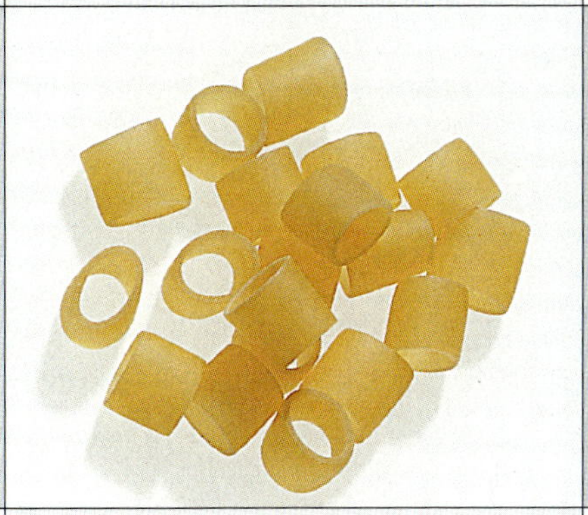

Ditali, »Fingerhüte«, kurze Röhrennudeln, in Kampanien und in Ligurien (dort schräg geschnitten) beliebt.

Mezze penne rigate. Penne mit geriffelter Oberfläche, aber nur etwa halb so lang wie »normale« Penne.

Penne lisce, Penne mit einer glatten Oberfläche. In verschieden großen Durchmessern erhältlich.

Pennette rigate. Der Name Penne, »Feder«, bezieht sich auf die Ähnlichkeit mit einer Schreibfeder.

Eliche, »Schrauben«, werden gewöhnlich mit kräftigen Fleisch- oder Tomatensaucen gereicht.

Strozzapreti. Die kordelartig gedrehten »Priesterwürger« sind eine für Apulien typische Form.

Millerighe giganti, große geriffelte Röhrennudeln. Zum Überbacken oder zu kräftigen Fleischsaucen.

← **Gnocchi**, muschelförmige Hohlnudeln mit breiten Riefen auf der Rückseite. Zu leichten Tomatensaucen.

← **Creste di gallo**, »Hahnenkämme«, sind Hörnchennudeln mit einem zusätzlichen, gewellten Rand.

Garganelli, ursprünglich aus der Emilia-Romagna. Zu Ragouts oder in Brühe mit Parmesan serviert. →

Gnocchetti sardi. Traditionell entsteht die Riffelung durch Abrollen des Teigs über einem Korbgeflecht. →

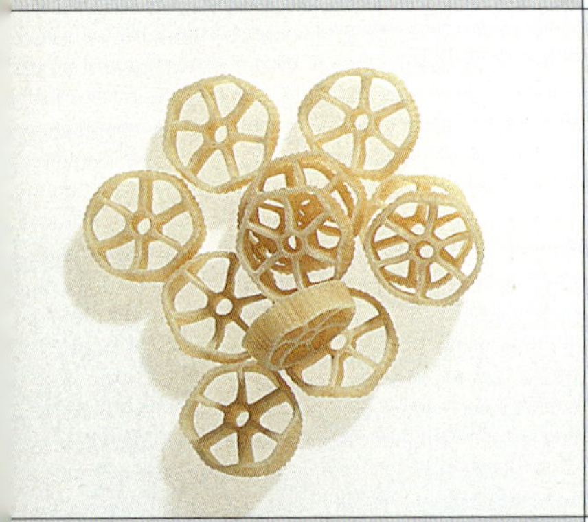

← **Rotelle rigate**. Die »Räder« können zwischen ihren Speichen besonders viel Sauce aufnehmen.

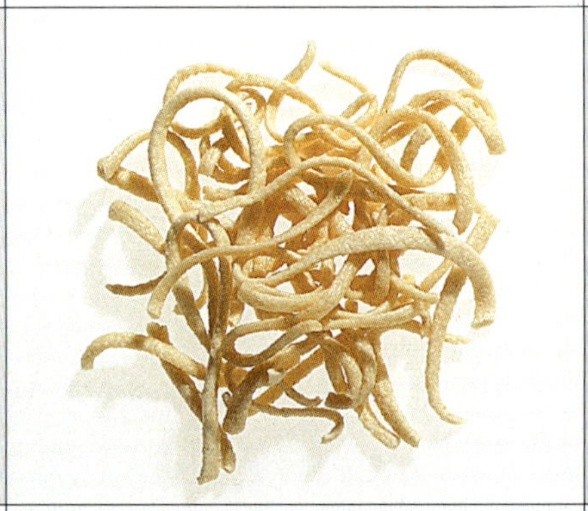

← **Getrocknete Spätzle** besitzen eine raue Oberfläche, verbinden sich deshalb gu mit Saucen.

Orecchiette, »Öhrchen«, eine Spezialität aus Apulien. Sie passen besonders gut zu Gemüsesaucen. →

Fusilli col buco, fusilli corti, Spiralnudeln aus Süditalien. Traditionell jedoch als »pasta lunga« hergestellt. →

← **Rigatoni**, kurze, dicke Röhrennudeln mit Riffelung, gehören zu den bekanntesten Pastaformen.

← **Malloreddus**, eine Gnocchetti-Variante aus Sardin en. Zu Speck- oder Tomatensauce und Pecorino.

Mezze maniche rigate, kurze, dicke Röhrennudeln mit geriffelter Oberfläche. Zu herzhaften Saucen. →

Elicoidali, schmale Röhrennudeln mit gerader Riffelung auf der Oberfläche. Ähnlich wie Tortiglioni. →

Pastaformen
Jede hat ihren Zweck

Im Laufe der Zeit haben sich in Italien Hunderte von Pastasorten entwickelt, und man darf getrost annehmen, dass damit der Formenreichtum noch immer nicht endgültig ausgeschöpft ist – selbst Stardesigner nehmen in der Heimat der Pasta die Aufgabe an, neue Sorten zu entwickeln. Bei dieser Vielfalt verwundert es nicht, dass sich Kriterien herausgebildet haben, nach denen man die Pasta zumindest grob in Gruppen einteilen kann.

Grundsätzlich gibt es zunächst einmal die beiden Kategorien Pasta und Pastina. Pasta, die »ausgewachsenen«, also größeren Sorten, werden mit Saucen, Ragouts oder auch Gemüse kombiniert, während Pastina, die »kleinen«, dagegen ausschließlich in die Suppe gehören. Aber auch Pasta ist nicht gleich Pasta: Hier unterscheidet man zwischen »Pasta lunga«, den langen Nudeln wie Spaghetti, Zite, Tagliatelle & Co. auf der einen sowie »Pasta corta«, also Rigatoni, Penne, Fusilli, Hörnchen und und und auf der anderen Seite.

Zu wissen, wie nun eine bestimmte Sorte aussieht, ist für Pasta-Kenner jedoch längst nicht alles. Die subtile Kunst besteht nämlich darin, den unterschiedlichen Nudelformen die jeweils passende Sauce zuzuordnen. Erfahrenen Köchinnen und Köchen ist es fast schon selbstverständlich, dass breite Bandnudeln wie Pappardelle am besten zu einem dunklen Fleischragout passen und dünnere wie Linguine zu Pesto oder einer Trüffelsauce. Orecchiette dagegen kombiniert man gern mit Brokkoli und Peperoncini, Penne mit einer »rabiaten« Tomatensauce – all'arrabbiata.

Alles andere als einfach ist es auch, einen Überblick über die Namen der vielen Pastasorten zu behalten. Schon feinste Nuancierungen in Durchmesser oder Länge entscheiden darüber, ob es sich um Linguine oder Fettuccelle handelt, um Bucatini oder Zite, Rigatoni oder Elicoidali. Die Möglichkeiten der italienischen Sprache, Vergrößerungs- und Verkleinerungsformen zu bilden und diese auch noch untereinander zu kombinieren, tun ein Übriges: Da sind bei den Bandnudeln Tagliolini schmaler als Taglierini und diese wiederum schmaler als Tagliatelle. Ganz zu schweigen von regional unterschiedlichen Namen für gleich aussehende Sorten: So heißen beispielsweise die apulischen Orecchiette in der Basilikata Strascinati.

Darüber hinaus tragen die Namensschöpfungen der Pasta-Hersteller, die sich mit ihrem Produkt möglichst von Mitbewerbern abheben möchten und daher eigene Bezeichnungen entwickeln, ebenfalls nicht wenig zur Verwirrung bei.

Am besten also, man richtet sich beim Einkauf weniger nach dem Namen als vielmehr nach Aussehen und Verwendungszweck der Pasta – nach dem Motto: Es schmeckt, was gefällt.

Pastina. Viele dieser kleinen Suppennudeln gleichen den großen Pastasorten, andere, wie sternchen-, buchstaben- oder reiskornförmige Nudeln, haben dagegen eigenständige Formen. Pastina bereichert nicht nur klare Suppen – in denen sie oft auch gleich gegart wird –, sondern auch Eintöpfe wie Minestrone oder andere nahrhafte »dicke Suppen« mit Hülsenfrüchten.

Pasta in Farbe und aus Vollkornmehl

Der Variationsfreude sind keine Grenzen gesetzt: Pasta aller Sorten lässt sich nach Lust und Laune einfärben. Beliebt ist die Kombination gleicher Formen in unterschiedlichen Farben, attraktiv und ausgefallen wirkt aber auch eine Verbindung unterschiedlich gefärbter Teige in einer Nudel, wie etwa bei den Blättern oben rechts.

Für manche Pasta-Puristen sind **gefärbte Nudeln** reine Spielerei, Liebhabern ungewöhnlicher Optik bieten sich damit jedoch ganz neue kulinarische Gestaltungsmöglichkeiten.

Tatsächlich sind die hübschen Bunten unter den Nudeln hauptsächlich etwas fürs Auge: Denn Spinat, Tomaten, Rote-Bete-Saft, Sepiatinte oder auch Safran entscheiden zwar über die Farbe der Pasta, haben aber auf den Geschmack nur vergleichsweise wenig Einfluss – es sei denn, man kocht die Teigwaren in einem entsprechend gewürzten Sud.

Wie dem auch sei: Ein Teller tiefschwarzer Sepianudeln ist ein spektakulärer Begleiter für feine Fisch- oder Krustentiergerichte.

Gedrehte Bandnudeln aus Vollkorn-Weizenmehl. Inzwischen gibt es nahezu alle international gängigen Nudelsorten auch in Vollkorn-Varianten.

Fusilli aus Mais-, Reis- und Sojamehl. Diese gänzlich farblosen Nudeln enthalten kein Gluten, eignen sich also für Weizenmehl-Allergiker.

Deshalb sollte jede Köchin und jeder Koch selbst entscheiden, in wieweit das Auge auch bei Nudeln mitessen darf.

Demgegenüber schmecken **Vollkornnudeln** im Gegensatz zu »normaler« Pasta intensiver nach Getreide. Der überwiegende Teil der getrocknet im Handel befindlichen Vollkornnudeln wird aus Hart- oder Weichweizen hergestellt; es finden sich aber auch Sorten mit Roggen-, Buchweizen-, Dinkel-, Grünkern-, Hirse- oder Maismehl auf dem Markt. Darüber hinaus sind in Reformhäusern und Naturkostläden Spezialsorten für besondere Ernährungsformen erhältlich, etwa glutenfreie Nudeln, die auf Grundlage kleberfreier Getreidesorten hergestellt werden. Vollkornpasta aus Italien erkennt man am Zusatz »integrale«.

Vollkorn-Gabelspaghetti. Solche »Gramigne integrali« werden in der Vollwertküche gern mit einer cremigen Käse-Gemüse-Sauce gereicht.

Radiatori integrali mit Zwiebeln. Außer Zwiebeln werden als Geschmacksgeber bei Vollwertnudeln auch Brennnesseln, Möhren oder Pilze verwendet.

Gedrehte Vollkorn-Bandnudeln mit Spinat. Die Farbwirkung fällt bei Vollwertpasta nicht ganz so intensiv aus wie bei »normalen« Nudeln.

Fettuccine mit Soja. Sojamehl wird in der Vollwertküche auch als Ersatz für Hühnerei verwendet, da es proteinreich und dabei cholesterinfrei ist.

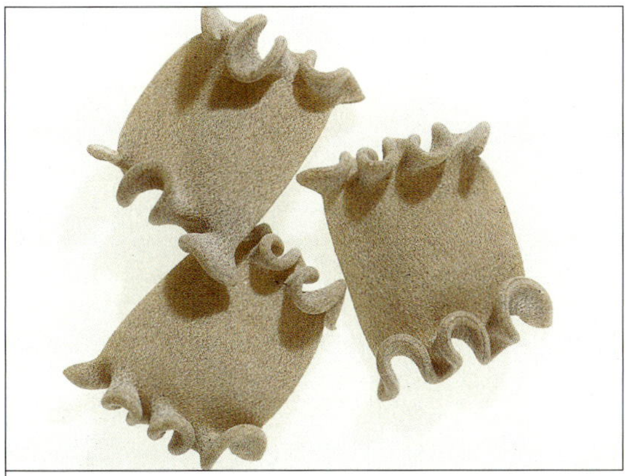

Dinkel-Vollkornnudeln lassen sich genauso wie Weizen-Vollkornnudeln verwenden, besitzen jedoch einen etwas ausgeprägteren Geschmack.

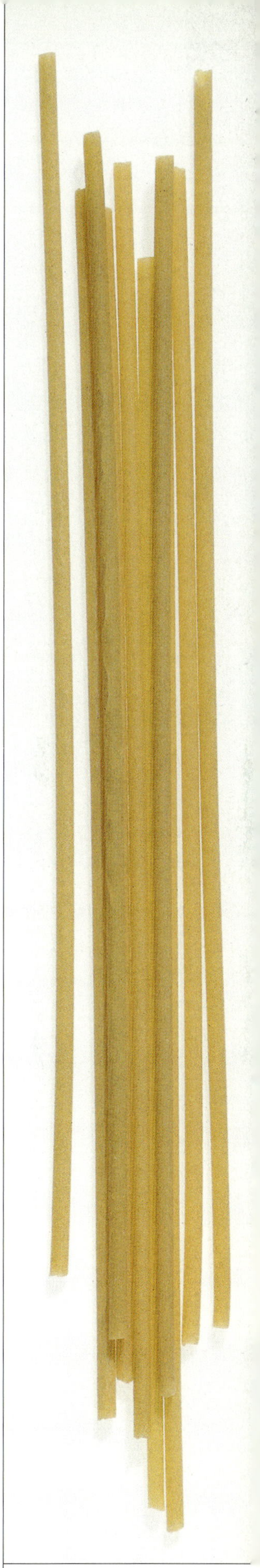

Spaghetti mit Soja lassen sich wie alle Sojanudeln im Rahmen einer eifreien Diät einsetzen.

Asiatische Nudeln aus Bohnen, Reis & Co.

Reisnudeln, frisch von Hand hergestellt, werden hier auf Stangen aufgehängt, bevor sie zum Trocknen in den Ofen kommen.

Mögen die Nudeln der fernöstlichen Küchen vielleicht nicht die ausufernde Formenvielfalt italienischer Pasta besitzen, so bieten sie dennoch Abwechslung genug. Denn **Nudelteig** wird in Asien keineswegs überwiegend aus Weizenmehl hergestellt: Auch Mungbohnen, Reis oder Yamswurzel können hier die Grundlage sein. In Japan liebt man darüber hinaus Nudeln aus Buchweizenmehl, »Soba« genannt, die sowohl kalt als auch warm gereicht werden können.

Ungewöhnlich für »Westler« erscheinen vor allem Reis- und Glasnudeln. Getrocknete **Reisnudeln** sind nahezu transparent und glänzen appetitlich, doch geht der gegarten Nudel beides verloren: Sie gleichen wieder dem Ausgangsprodukt Reis, sind milchig weiß und undurchsichtig.

Umgekehrt bei **Glasnudeln**: Hergestellt aus vermahlenen Mungbohnen, wirken sie im getrockneten Zustand undurchsichtig weiß und werden erst durch den Garvorgang glasig. Etwas gewöhnungsbedürftig erscheint bei beiden jedoch weniger das Aussehen als vielmehr die Konsistenz: Reis- wie Glasnudeln wirken »glitschiger« als glutenhaltige Nudeln aus Weizenmehl.

Garen kann man Reisnudeln auf dreierlei Arten: durch Kochen, durch Einweichen und anschließendes Blanchieren oder auch durch Überbrühen mit kochendem Wasser, in dem man die Nudeln dann bis zum gewünschten Garpunkt ziehen lässt. Auch Glasnudeln werden vor dem Kochen meist in warmem Wasser eingeweicht; die Garzeit beträgt deshalb oft nur wenige Minuten.

Für zusätzliches Aroma und Farbe ist bei vielen asiatischen Nudeln ebenfalls gesorgt: So finden sich auch hier mit Spinat gefärbte Sorten, in Japan solche, denen grüner Tee, roter oder grüner Shiso – eine Nesselart – eine ansprechende Färbung sowie eine interessante Geschmacksnote verleihen.

→ Zum Fast Food gehören viele Nudelgerichte in Asien. Ob in einer kräftigen Suppe zum Frühstück oder im Wok gebraten als Imbiss verzehrt, Nudeln sättigen und passen als kleine Mahlzeit zwischendurch eigentlich immer. Kein Wunder, dass viele Garküchen und Straßenstände in asiatischen Städten nahezu rund um die Uhr köstliche Nudelgerichte bereithalten.

Hime chuka soba, japanische Nudeln, die nach chinesischer Art in enge Spiralen gelegt werden und in rechteckigen Päckchen in den Handel kommen.

Chinesische Bandnudeln mit Spinat. Auch in Fernost nutzt man die Färbekraft dieses Blattgemüses für Nudelteige.

Chinesische Instant-Eiernudeln. Die dünnen Fadennudeln sind im Nu gegart und eignen sich dann gut zum Braten im Wok.

Mie oder Mee, chinesische Bandnudeln. Der Teig kann mit oder, wie hier im Bild, ohne Zugabe von Eiern hergestellt werden.

Lang & dünn

Fast alle asiatischen Nudeln, ob sie nun aus Weizen-, Reis- oder Mungbohnenmehl hergestellt sind, besitzen Faden- oder Bandform, sieht man einmal von Teigblättern zum Füllen ab. Ein Grund dafür ist sicherlich das asiatische Essbesteck: Lange Nudeln lassen sich mit Stäbchen einfach besser zum Mund befördern als kurze, zumal ein Einschlürfen der schier endlosen Fäden nicht als Verstoß gegen die guten Tischsitten gewertet wird. Noch wichtiger jedoch: Lange Nudeln symbolisieren ein langes Leben. Deshalb dürfen Nudeln etwa in China bei einem Geburtstagsessen auf keinen Fall fehlen. Und – je länger sie sind, desto besser!

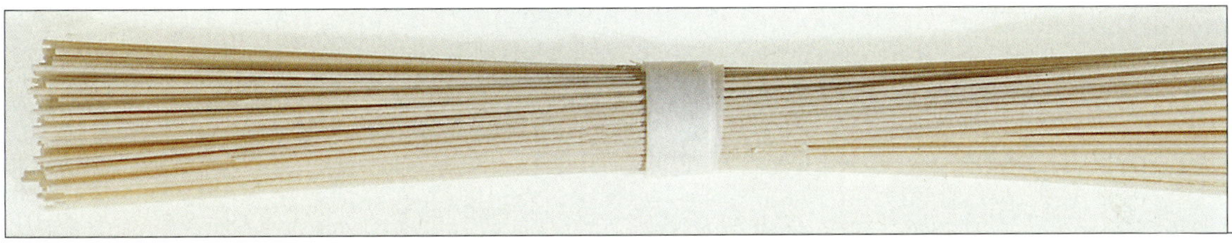

Somen, japanische »Spaghetti« aus Weizenmehl.

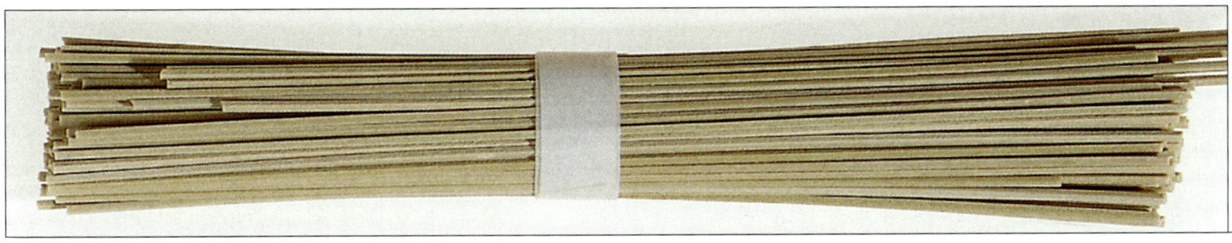

Chasoba. Der Buchweizenteig ist mit grünem Tee gefärbt.

Japanische Nudeln aus Buchweizen- und Weizenmehl.

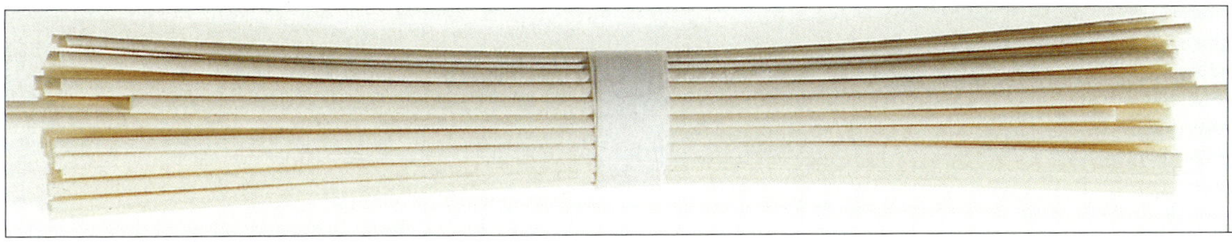

Ajo no udon, dicke japanische Weizenmehlnudeln.

Olio di oliva extra vergine, die beste und damit auch teuerste Qualitätsstufe für Olivenöl. In Deutschland heisst es »natives Olivenöl extra«, in Spanien »aceite de oliva virgen extra«, in Frankreich »huile d'olive vierge extra« und in Griechenland schließlich »exeretikó parthéno eleóladho«.

Pflanzenöle sind aus der Nudelküche nicht wegzudenken – und das gleich in mehrerlei Hinsicht: zum einen gibt mancher bei der Zubereitung vielfach schon einmal einen Schuss Öl mit in den Nudelteig, um diesem mehr Geschmeidigkeit zu verleihen. Zum andern ist Öl eine hervorragende Grundlage für simple bis aufwändige Pastasaucen. Die können geschmacklich vom Öl dominiert sein oder aber es wird benutzt, um Fleisch oder Gemüse anzubraten, die dann langsam darin schmoren, bis sich der volle Geschmack entfaltet hat. Als Pflanzenöle bezeichnet man übrigens alle pflanzlichen Fette, die bei Zimmertemperatur flüssig sind.

Da fast alle klassischen westlichen Pastasaucen aus dem Mittelmeerraum, vor allem natürlich aus Italien stammen, ist es nicht weiter verwunderlich, dass das Öl Nr. 1 für die Pastaküche das **Olivenöl** ist, hergestellt aus den Früchten des Oliven- oder Ölbaumes *(Olea europaea)*. Hochwertige, kaltgepresste Olivenöle ergeben, um nur wenige weitere

Für die Olivenernte braucht man nicht selten eine Leiter – bei hohen Bäumen sind die Früchte sonst unerreichbar.

Taggiasca, eine wichtige Olivensorte Liguriens, liefert relativ kleine, bei Vollreife rötlich schwarze Früchte.

Netze, auf dem Boden ausgebreitet, fangen die Oliven auf, die mit Stöcken vorsichtig heruntergeschlagen werden.

Möglichst unverletzt sollten die Oliven geerntet werden, wenn man daraus ein erstklassiges Öl pressen will.

Mühlsteine aus Granit zerkleinern die Olivenfrüchte, der ölhaltige Brei wird dann auf Matten gestrichen.

Abwechselnd mit Metallplatten werden die Matten mit dem Olivenbrei aufeinander geschichtet.

Das Eigengewicht des Aufbaus sorgt ohne zusätzliches Pressen dafür, dass das erste Öl herauszutropfen beginnt.

»Rohöl« vom Feinsten: Frisch ist das flüssige Gold trüb, die Schwebstoffe sind noch nicht herausgefiltert.

Speiseöle

Flüssiges Gold

Zutaten ergänzt, bereits die köstlichsten Saucen. Die Palette reicht hier in Italien beispielsweise vom einfachen »Aglio-olio-peperoncino«, einer Olivenölsauce mit Knoblauch und höllisch scharfen Chilischoten aus der ländlichen Küche der Abruzzen, bis hin zum raffinierten Genueser Pesto aus Olivenöl, Basilikum, Pinienkernen und würzigem Hartkäse oder den Tagliolini mit Trüffelstückchen in Olivenöl aus der Küche Umbriens.

Mit Olivenöl verhält es sich übrigens wie mit Wein: **Geschmack und Farbe** können je nach Anbaugebiet, verarbeiteter Olivensorte und Jahrgang gewaltig variieren. Allein im Pastaland Italien gibt es riesige Unterschiede: Ligurische Öle sind oft leicht, mild und feinfruchtig, toskanische kräftig und aromatisch, manchmal fast pfeffrig, diejenigen aus Süditalien – in Apulien und Kalabrien gibt es die größten Anbaugebiete Italiens, in denen zum Teil hervorragende Qualitäten produziert werden – kräftig-fruchtig und würzig.

Aber nicht die Anbauregion allein bestimmt über den Geschmack: Auch die Herstellungsweise entscheidet darüber. Die höchste **Qualitätsstufe** im Handel, das »**native Olivenöl extra**«, wird durch Kaltpressung hergestellt, wie in der Bildfolge links gezeigt. Natives Olivenöl extra darf nur einen Anteil von bis zu 1 % freier Fettsäuren besitzen, die nächste Stufe, natives Olivenöl, bis zu 2 %.

Wird das Öl unter Hitzeeinwirkung gepresst, muss es anschließend von unerwünschten Stoffen befreit und eventuell anschließend gebleicht werden; diesen Vorgang nennt man **Raffination**. Geschmacklich sind raffinierte mit nativen Ölen nicht zu vergleichen; ebenso wenig wie »Olivenöl«, das aus einer Mischung von nativem und raffiniertem Öl besteht.

Auch aus anderen Früchten als der Olive lässt sich Öl durch Kalt- oder Heißpressung gewinnen; entsprechend unterscheidet man auch dabei jeweils zwischen nativen und raffinierten Ölen. Zum Kochen haben **raffinierte Öle** ihre Vorteile: Sie sind länger haltbar, überwiegend relativ neutral im Geschmack und lassen sich entsprechend vielfältig einsetzen. Darüber hinaus ist raffiniertes **Soja-, Erdnuss-** oder **Sonnenblumenöl** deutlich höher erhitzbar als native Öle, da sie keine Stoffe mehr enthalten, die beim Erhitzen zu »rauchen« beginnen und für einen unangenehm verbrannten Geschmack sorgen würden.

Raffiniertes Erdnuss- oder Sojaöl beispielsweise ist aus diesem Grund aus vielen asiatischen Küchen nicht wegzudenken: Beide Öle eignen sich zum schnellen Braten im Wok ebenso wie zum Frittieren. In Asienläden und gut sortierten Supermärkten sind diese Sorten problemlos erhältlich, sie lassen sich aber auch ohne weiteres durch raffiniertes Sonnenblumen- oder **Maiskeimöl** ersetzen.

Asiatische Spezialitäten, die man dagegen vorsichtig dosieren sollte, sind die Öle aus Senf- oder Sesamsamen. Das gelbliche **Senföl** aus den Samen des Weißen oder Gelben Senfs *(Sinapis alba)*, das in der indischen Küche eine Rolle spielt, kann brennend scharf schmecken. Und auch bei **Sesamöl,** das aus Sesamsaat *(Sesamum indicum)* gepresst und gern in der chinesischen Küche verwendet wird, ist Vorsicht geboten: Vor allem das fast dunkelbraune geröstete Sesamöl schmeckt ausgesprochen intensiv und wird daher nur tröpfchenweise zum Aromatisieren, nicht zum Braten verwendet.

Olivenöl ist für Pastafans ein Geschenk der Götter. Ob man jedoch solches aus Italien, Spanien oder Griechenland bevorzugt, ist Geschmackssache. Am besten, jeder findet seinen persönlichen Favoriten selbst heraus.

Mit viel Geschmack: Sesam-Soja-Öl mit Chili, geröstetes Sesamöl, Sesamöl für die asiatische (Nudel-) Küche. Eher neutral: Erdnuss-, Soja-, Sonnenblumen-, Distel-, Maiskeimöl (von links nach rechts).

Speisefette pur oder mit Würze

Butter *ist ein seit Jahrtausenden genutztes Speisefett. Hier zu Lande versteht man unter »Butter« generell solche aus Kuhmilch; Butter aus anderen Milchsorten (Schaf-, Ziegen-, Büffelmilch) müssen extra ausgewiesen werden. Sauerrahmbutter, wie hier im Bild, wird aus gesäuertem Rahm hergestellt – das heißt, die Sahne reift vor dem Buttern einige Zeit unter Zusatz von Milchsäurebakterien, so genannten »Buttersäureweckern«.*

Rollenbutter, gesalzen. Basis für gesalzene Butter ist Süßrahmbutter, der Speisesalz zugesetzt wird. Bei einer Menge von mehr als 0,1 % muss dieses auf der Verpackung deklariert werden.

Mildgesäuerte Butter. Im Unterschied zur Sauerrahmbutter werden hier erst die Butterkörner mit Milchsäurekonzentraten gesäuert – die Buttermilch bleibt »süß« und lässt sich besser vermarkten.

Süßrahmbutter wird aus frischer, ungesäuerter Sahne gebuttert, ist mild und sahnig im Geschmack. Beim Erhitzen flockt sie nicht so schnell aus wie gesäuerte Butter – gut zum Saucenbinden.

Für die Pastaküche spielt **Butter** eine große Rolle – ist sie doch, ähnlich wie Olivenöl, die Basis für viele köstliche Saucen, die oft nurmehr weniger Zutaten bedürfen. Einfache und doch raffinierte Beispiele: **Nussbutter** – hierfür wird Butter solange erhitzt, bis sie eine appetitliche haselnussbraune Farbe angenommen hat – oder in zerlassener Butter kross gebratene frische Salbeiblätter. Beide Varianten sind eine hervorragende Ergänzung zu selbst gemachter Pasta.

In Deutschland unterscheidet man Buttersorten je nach **Herstellungsmethode** – je nachdem, ob die Butter aus frischem oder gesäuertem Rahm hergestellt, ob sie zusätzlich gesäuert oder gesalzen wird. Generell jedoch entsteht Butter immer nach demselben Prinzip: Der Rahm wird von der Milch getrennt und solange geschlagen, bis sich Fettklümpchen – die Butterkörner – von der Flüssigkeit, der Buttermilch, absetzen. Die Butterkörner, die zu diesem Zeitpunkt noch einen Wasseranteil von etwa 30 % aufweisen, werden geknetet, um den Wasseranteil noch weiter zu verringern. Handelsfähig ist Butter erst mit einem Wasseranteil von maximal 16 % und einem Fettgehalt von mindestens 82 %. Nach Qualitätskriterien wird die Butter anschließend in Handelsklassen – **Markenbutter, Molkereibutter, Kochbutter** – eingeteilt. Nicht in dieses Raster fällt die so genannte **Landbutter**, die direkt von den Milcherzeugern aus nicht pasteurisiertem Rahm hergestellt wird und die nicht mit Milchsäurekonzentraten gesäuert werden darf. Darüber hinaus sind verschiedene servierfertig gewürzte und unterschiedlich geformte Butterzubereitungen im Handel.

Ein weiteres wichtiges Speisefett tierischen Ursprungs ist **Schmalz**, gewonnen aus dem Fettgewebe von Schweinen, Gänsen, Enten oder anderen Nutztieren. Gewürzt ist es als Brotaufstrich beliebt, pur eignet es sich gut zum Braten. Es gibt Fleisch oder Gemüse einen besonders aromatischen Geschmack.

Da Butter nie ganz frei von Wasser, Eiweißen oder anderen Stoffen ist, lässt sie sich nicht sehr hoch erhitzen. Zum Anbraten bei großer Hitze oder auch zum Frittieren sind daher andere Fette besser geeignet; etwa spezielle Siede- oder Frittierfette, die meist aus **pflanzlichen Fetten,** etwa **Kokosfett,** bestehen und sich in der Regel durch eine hohe Hitzestabilität auszeichnen.

← **Ghee,** geklärte Butter oder Butterschmalz, ist in Indien das typische Bratfett. Für seine Herstellung wird Butter bei geringer Hitze gekocht, bis sich die festen Bestandteile absetzen.

Kräuterbutter ist eine klassische Würzbutter, die mit einer Mischung fein gehackter Kräuter – oft auch mit Knoblauch – aromatisiert wird. Der Handel bietet Kräuterbutter bereits fertig zubereitet an. →

← **Bärlauch** mit seinem knoblauchähnlichen Geschmack eignet sich hervorragend zum Aromatisieren von Butter. Auch Bärlauchbutter ist inzwischen als Fertigprodukt erhältlich.

Schweineschmalz gewinnt man, indem man Bauch- oder Rückenfett vom Schwein bei geringer Hitze auslässt und dann die entstandenen Grieben entfernt. Bei Zimmertemperatur ist es streichfähig. →

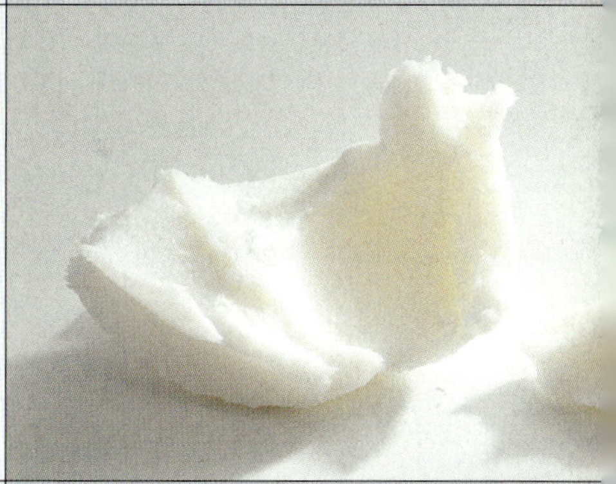

← **Frittierfett** auf rein pflanzlicher Basis. Es ist hoch erhitzbar, geschmacksneutral und enthält kein Wasser, so dass es beim Erhitzen nicht spritzt. Zum Ausbacken und Braten.

Kokosfett lässt sich ebenfalls hoch erhitzen und ist neutral im Geschmack. Es eignet sich zum Backen und Braten. Es wird auch, wie hier, schon in praktischer Plattenform angeboten und ist leicht zu portionieren. →

Tomaten
Perfekt für Saucen

Frisch oder getrocknet: Tomaten in jeder Form sind für die süditalienische Küche ein Muss. Der Marktstand in Palermo, links im Bild, bietet sowohl die länglichen Eier- oder Flaschentomaten als auch runde Tomaten an. Rechts sind kleine, ganze, dickschalige Pomodorini, »Tomätchen«, in Trauben zum Trocknen aufgehängt.

Pasta und **Tomaten** ist eine, wenn nicht die klassische Verbindung schlechthin in der Nudelküche. Das gilt zumindest heute, denn als die pralle Frucht mit dem botanischen Namen *Lycopersicon esculentum* aus Mittelamerika im 16. Jahrhundert nach Europa kam, wurde sie mit Misstrauen aufgenommen, für giftig und kaum genießbar gehalten und vorwiegend als Zierpflanze angebaut.

Erst etwa 200 Jahre später erkannte man auch in der Alten Welt den kulinarischen Wert der Tomate. Vorwiegend selbstverständlich in Gebieten, deren Klima für den Anbau besonders gut geeignet war, also vor allem in den Mittelmeerländern.

Seither hat sich eine schier unüberschaubare **Sortenvielfalt** entwickelt, und entsprechend groß ist das Marktangebot. Leider jedoch ist die Chance, hier zu Lande wirklich vollreife, aromatische Tomaten zu finden, nicht allzu hoch – denn für den Transport werden die empfindlichen Früchte grünreif geerntet. Sie reifen dann am Bestim-

'Roma', eine der wenigen Flaschentomaten, die auch bei uns unter ihrem Sortennamen im Handel zu finden ist. Häufig aus Freilandanbau, ideal für Saucen.

Eiertomaten haben im Verhältnis einen höheren Fleisch- und geringeren Samenanteil – deshalb sind sie für Tomatensaucen so gut geeignet.

'Miranda', eine aromatische Fleischtomate aus Sizilien. Gut für Saucen, da sie einen hohen Fruchtfleischanteil besitzt. Jedoch relativ schwierig zu schälen.

mungsort nach. Dabei entwickeln sie jedoch nur einen Bruchteil des Aromas, das am Stock ausgereifte Tomaten auszeichnet. Und gerade das braucht es für eine perfekte Pastasauce unbedingt.

Sichergehen kann man natürlich dann, wenn man Tomaten selbst anbaut; dafür genügt bereits eine Pflanze in einem Kübel auf einem sonnigen Balkon. Ansonsten sollte man zumindest beim Einkauf darauf achten, Sorten zu erstehen, die besonders gut fürs Saucenkochen geeignet sind. Am besten wählt man **Eier-** oder **Flaschentomaten**, auch Pflaumentomaten genannt. Sie besitzen nämlich relativ wenig von der gallertartigen Flüssigkeit, die die Tomatensamen im Fruchtinnern umgibt, dafür jedoch viel Fruchtfleisch.

'Cuore di bue', Ochsenherz, heißt diese Fleischtomate treffend nach ihrer Form. Die aromatischen, stark gerippten Früchte werden grünreif wie hier in Italien auch für Salate verwendet.

Sardische Weinbergtomaten. Kleine, dickschalige Sorte, die recht früh auf den Markt kommt. Guter Geschmack, ausgewogenes Zucker-Säure-Verhältnis.

Gesalzen und getrocknet. Diese Konservierungsmethode bekommt vollreifen Flaschentomaten hervorragend – so bewahren sie ein unglaubliches Aroma.

Cocktailtomaten sind eine gute Alternative, wenn hier zu Lande keine vollreifen »großen« Sorten auf dem Markt sind. Oft noch süßer als diese.

Getrocknete Tomaten lassen sich hervorragend in Olivenöl einlegen und dabei noch weiter aromatisieren, etwa mit Basilikum, Rosmarin und Knoblauch.

→ Trocknen

kann man Tomaten hier zu Lande kaum an der Sonne – dafür aber im Ofen! Dafür vollreife Eier- oder Cocktailtomaten ohne Druckstellen oder Verletzungen der Länge nach halbieren, mit der Schnittfläche nach oben auf ein Blech legen, mit Salz bestreuen und bei geringer Hitze (50 °C) je nach Größe einige Stunden trocknen. Dabei einen Holzlöffel in die Ofentür klemmen, damit die überschüssige Feuchtigkeit entweichen kann.

Tomaten-Produkte aus Dose und Glas

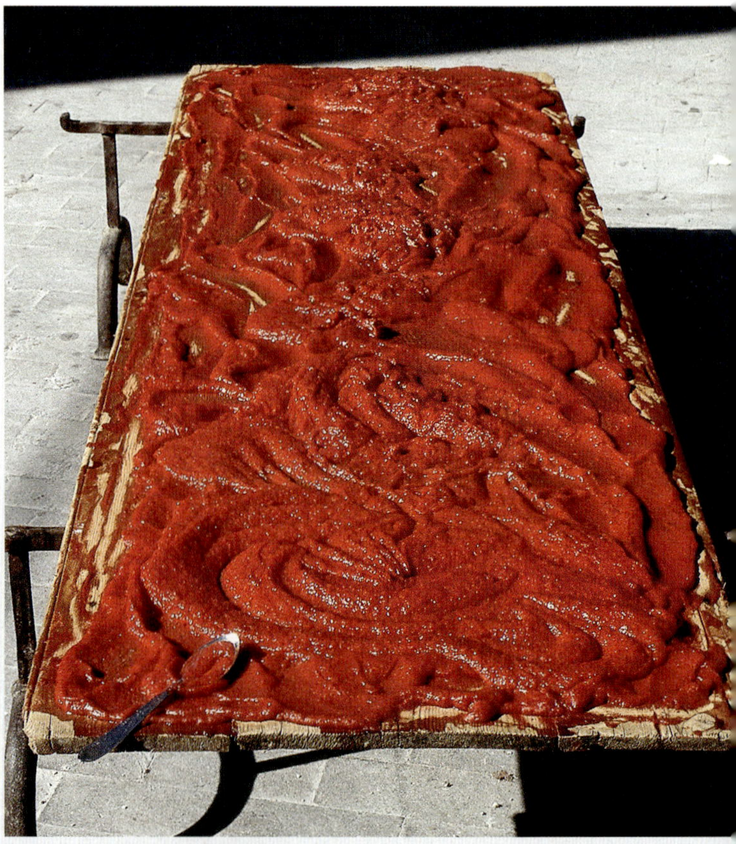

Tomatenmark *wird in manchen Haushalten in Süditalien heute noch für den Eigenbedarf hergestellt. Dazu schält man reife Tomaten, befreit sie von den Samen sowie der anhaftenden Flüssigkeit und püriert das Fruchtfleisch. Die so entstandene Paste wird auf gut gesäuberte Bretter gestrichen und in die pralle Sonne gestellt. Dort trocknet sie solange, bis die gewünschte Konzentration erreicht ist.*

Doppelt konzentriertes Tomatenmark kommt in verschieden großen Dosen sowie in Tuben in den Handel.

Tomatenstücke werden nicht nur »naturell« angeboten (links), sondern auch gewürzt, etwa mit Kräutern (rechts).

Ganze Tomaten, geschält. Der Klassiker unter den Tomatenkonserven. Hierfür werden Flaschentomaten verarbeitet.

Sonnengereifte Tomaten voller Aroma das ganze Jahr über: Davon träumen nicht nur Köchinnen und Köche in Italien. Was aber, wenn frische Früchte in guter Qualität gerade nicht verfügbar sind? Nun, in diesem Fall kann man getrost auf Konserven zurückgreifen – die sind im Vergleich den Treibhausfrüchten fast immer überlegen.

In Italien hat das Konservieren von Tomaten eine lange Tradition. Vor allem in Kampanien, der Emilia-Romagna und auf Sizilien haben sich ganze Tomaten-Industrien entwickelt – kein Wunder, sind dort doch auch die Pastazentren des Landes zu finden. Übrigens: Neben der Pasta war die Tomate das erste Nahrungsmittel, das in Italien industriell verarbeitet wurde.

Das Angebot an Tomatenprodukten lässt sich grob in zwei Konservierungsarten unterscheiden: Da gibt es zum einen das Trocknen, zum anderen das Einkochen. Mit der ersten Methode stellt man Tomatenmark, »concentrato di pomodoro«, und »pomodori secchi«, mit Salz bestreute und – im Idealfall an der Sonne – getrocknete Tomaten, her. Pomodori secchi wie Tomatenmark sind daher immer dann gefragt, wenn ein typischer Tomatengeschmack gewünscht ist. Pomodori secchi ergeben sogar fast für sich genommen schon eine ebenso einfache wie köstliche Pastasauce: In gutes Olivenöl eingelegt und mit Knoblauch und Kräutern gewürzt, braucht man sie nur noch klein zu schneiden und unter die gegarten Nudeln zu heben – fertig ist ein köstliches Essen.

Tomatenmark dagegen besitzt einen zu intensiven, süßlichen Geschmack, um daraus ganze Saucen herzustellen; es wird vielmehr benötigt, um Fleisch- und anderen Saucen eine Tomatennote zu verleihen. Brät man es dazu mit, darf es dabei auf keinen Fall bräunen oder gar anbrennen, sonst schmeckt es bitter. In Italien stellt man Tomatenmark verschieden »kräftig« her; es kann einfach, doppelt oder dreifach konzentriert sein. Eine sizilianische Spezialität ist Tomatenextrakt, »estratto di pomodoro«: es ist sechsfach konzentriert und zudem leicht gesalzen.

Zu den Tomatenkonserven, die durch Einkochen hergestellt werden, gehören die **»pelati«**, **geschälte Tomaten**, die meist in Dosen auf den Markt kommen. Sie haben inzwischen Konkurrenz bekommen von zwei weiteren Produkten, die im Conveniencegrad noch eine Stufe weitergehen: **»polpo di pomodoro«**, gehackte, geschälte Tomaten, die in Dosen und im Tetrapak angeboten werden, sowie **»passato di pomodoro«**, püriert und in Päckchen auf dem Markt. Letztere können ohne weitere Vorbehandlung aus der Packung verwendet werden, die ganzen geschälten Tomaten sollte man, je nach Rezept, zerkleinern und eventuell abtropfen lassen, da sie relativ viel Flüssigkeit enthalten.

Durchaus empfehlenswert ist es, in der Saison »pelati« selbst einzumachen, wie es viele Hausfrauen vor allem im Süden Italiens auch heute noch tun: Ausgereifte Tomaten werden mit kochendem Wasser überbrüht, gehäutet und leicht mit der Hand ausgedrückt, um einen Teil der Samen und der Flüssigkeit zu entfernen. Dann in Gläser legen, Schicht für Schicht würzen – viel Basilikum muss sein! – und sterilisieren: eine hervorragende Sauce für die »tomatenfreien« Jahreszeiten.

Zu den eingekochten Produkten gehören auch **Tomatensaft** und **-ketchup**. Ersterer spielt für die Pastaküche keine nennenswerte Rolle – er ist für eine Sauce einfach zu dünnflüssig und zu wenig konzentriert im Geschmack –, und wird eher, leicht gewürzt und eventuell mit einem Schuss Hochprozentigem gemixt, als Longdrink serviert. Guter Tomatenketchup dagegen ist ein hervorragender Dip. Gerade Kinder lieben die würzige, gesüßte Sauce auch pur zu gekochten Nudeln. Hergestellt wird Ketchup übrigens überwiegend aus doppelt konzentriertem Tomatenmark.

Passierte Tomaten mit ihrer dickflüssigen Konsistenz wirken fast schon wie eine fertige Sauce. Würzen muss man sie allerdings überwiegend noch selbst.

Tomate flüssig: Tomatensaft (in der Karaffe) ist ein gesundes Getränk, das sich vielfach variieren lässt. Und Ketchup passt nicht nur zu Hamburgern: Als Würzmittel für Saucen und Gemüse wirken 1 bis 2 EL manchmal Wunder.

→ **Ketchup**
stammt – zumindest was den Namen betrifft – ursprünglich aus Asien; eine Namensverwandtschaft mit dem indonesischen »Ketjap« lässt sich kaum verleugnen. Das Wort Ketjap bezeichnet dort eine dickflüssige Würzsauce. Auf Tomatenbasis wurde Ketchup zum ersten Mal im 19. Jahrhundert in Pittsburgh (USA) hergestellt; von dort kam er dann nach Europa.

Kräuter & Knoblauch
Am besten frisch

Basilikum ist das Kraut, das – leicht süß, mit pfeffriger Würze – wie kein zweites zu Tomaten passt – ganz gleich, ob diese roh oder gekocht verzehrt werden. Verschiedene Varietäten, darunter auch kleinblättrige und solche mit apart rot gefärbten Blättern, lassen sich bei uns über Kräuterspezialisten beziehen.

Eine Pastasauce ohne Kräuter und Knoblauch? Fast undenkbar, kann man bei der Begleitung zu Nudeln doch fast eher auf Tomaten verzichten als auf aromatisches Grün und die Würze von Knoblauchzehen. Ein Beispiel ist der Genueser Pesto, hergestellt aus viel Basilikum, Knoblauch, Käse, Pinienkernen und Olivenöl: Geschmack pur. Kräuter und Knoblauch sollte man daher stets im Vorrat haben. Und für beides gilt: vorzugsweise keine »Convenience«-Produkte verwenden. Denn viele Kräuter verlieren beim Trocknen an Aroma, und Knoblauchgranulat oder -flocken haben mit der intensiven Würzkraft des »echten« kaum noch etwas gemein.

← **Rosmarin** besitzt ein herbbitteres und etwas weihrauchähnliches Aroma. Er eignet sich vor allem für kräftige Pastasaucen, passt aber auch gut zu Fleisch.

← **Salbei.** Herbes, kampferartiges Aroma. Die lanzettförmigen, samtigen Blätte verlieren nach der Blüte an Geschmack. In Butter gebraten ideal zu Pasta.

Petersilie gibt es in krausen und, wie hier im Bild, in glattblättrigen Varietäten. Glatte Petersilie ist etwas milder und aromatischer als krause. →

Oregano entwickelt sein Aroma erst, wenn er in voller Blüte steht: Dann schmecken die Blätter würzig und leicht scharf. Lässt sich gut trocknen. →

Eines der wichtigsten Kräuter verändert gar sein Aroma durch das Trocknen geradezu ins Medizinisch-Unangenehme: die Rede ist vom **Basilikum** *(Ocimum basilicum)*. Sein vom griechischen Wort »basilikón« – königlich – abgeleiteter Name trifft seinen Aromareichtum voll und ganz. Und ein bisschen kapriziös ist es auch, denn der Geschmack büßt beim Erhitzen ganz erheblich an Intensität ein, weshalb man frisch zerzupfte oder in Streifen geschnittene Basilikumblätter erst unmittelbar vor dem Servieren zufügen sollte.

Basilikum ist inzwischen durch Treibhauskulturen fast ganzjährig in Töpfen erhältlich, sogar in den Gemüseabteilungen der Supermärkte. Temperaturen unter 10 °C verträgt er allerdings nicht. Für die Ernte sollte man nicht einzelne Blätter, sondern immer ganze Triebspitzen abknipsen, und zwar so, dass einige Blätter am Stängel verbleiben – dann treibt dieser wieder neu aus.

Möchte man Basilikumblätter so konservieren, dass möglichst viel seines Aromas erhalten bleibt, kann man sie nach italienischer Art in Gläser mit Schraubverschluss füllen, nach Geschmack mit Salz sowie eventuell etwas Chili bestreuen und das Ganze mit gutem Olivenöl bedecken: So halten sich die Blätter im Kühlschrank einige Wochen.

Ähnliches gilt für die meisten anderen Kräuter in der Pastaküche, mit Ausnahme von **Oregano** *(Origanum vulgare)* und **Thymian** *(Thymus vulgaris)*, die sich hervorragend trocknen lassen und dabei sogar noch an Geschmack gewinnen. Ihnen schadet übrigens, ebenso wenig wie dem robusten **Rosmarin** *(Rosmarinus officinalis)*, auch längeres Mitkochen nicht. Gerade für Marinaden, Suppen oder Schmorgerichte ist es ideal, wenn man die Kräuter in ganzen Zweigen zufügt, die man dann vor dem Servieren leicht wieder entfernen kann. Beim Selberziehen sollte man beachten, dass Thymian, Rosmarin, Oregano und **Salbei** *(Salvia officinalis)* sonnige, trockene Standorte bevorzugen, **Römische Minze** *(Calamintha* sp.*)* und **Petersilie** *(Petroselinum crispum)* es dagegen feuchter und schattiger lieben. Kräuter, vor allem solche mit zarten Blättern, finden in der Pastaküche zudem noch eine weitere, aparte Verwendung: man nimmt sie zum Aromatisieren selbst gemachter Teige.

Unabhängig von der Sorte – es gibt intensivere und mildere – kann man bei der Zubereitung den Geschmack von **Knoblauch** (*Allium sativum* var. *sativum*) entscheidend steuern. Zunächst einmal schmeckt er roh viel »durchschlagender« als gegart. Doch auch der Zerkleinerungsgrad spielt eine Rolle. Faustregel: je kleiner die Stücke, desto kräftiger das Aroma – Zehen von jungen Knollen, die ungeschält und im Ganzen mitgegart werden, sind vergleichsweise mild, fast süßlich. Beim Anbraten von Knoblauch heißt es ständig rühren, er darf nicht zu dunkel werden, sonst bekommt er eine unangenehm bittere Note.

Zum Aufbewahren ideal: Die Blätter der Knoblauchpflanzen werden zu Zöpfen geflochten. Diese hängt man dann bis zum Gebrauch an einem luftigen, schattigen Ort auf.

← **Thymian** ist eines der wenigen Kräuter, deren Aroma sich beim Trocknen noch verstärkt. Die würzig-scharfen Blätter erntet man am besten kurz vor der Blüte.

← **Frischer Knoblauch** ist eine der unverzichtbaren Grundlagen der Pastaküche – und das weltweit. Kaum eine Sauce kommt ohne ihn aus!

Römische Minze zeichnet →
ch durch ein frisch-würziges Aroma aus, das sich doch von dem der Pfeffer-
ıinze unterscheidet. Passt gut zu Fisch oder Fleisch.

Roter Knoblauch. Durch → das Trocknen wird der Geschmack etwas intensiver und schärfer. Getrockneten Knoblauch erhält man manchmal auch geräuchert.

Kapern & Oliven
Würzig eingelegt

Es sind die Knospen des Kapernstrauches, die – in Essig oder Salz eingelegt – als Kapern gehandelt werden. Hat sich die Blüte erst einmal zu filigraner Pracht entfaltet, ist sie für die Kapernernte verloren. Aus den Blüten entwickeln sich dann die so genannten Kapernfrüchte, die pikant eingelegt, einen delikaten Snack ergeben.

So unterschiedlich in Botanik und Geschmack die beiden in Kombination mit Pasta gern verwendeten aromatischen Zutaten auch sind – zweierlei ist Kapern und Oliven gemeinsam: Beide sind typisch mediterran und bedürfen für den Verzehr einer längeren Vorbehandlung.

Bei **Kapern** *(Capparis spinosa)* handelt es sich im Unterschied zu Oliven nicht um Früchte, sondern um Knospen. Geerntet werden sie auch heute noch in mühevoller Handarbeit, denn die Knospen eines Strauches sind nicht gleichzeitig pflückreif, so dass jede Pflanze mehrfach abgeerntet werden muss. Sind sie auch nur leicht geöffnet, haben sie schon einen Gutteil ihres Wertes verloren.

Die Qualität *richtet sich bei Kapern nach der Größe – die kleinsten gelten als die feinsten und sind auch am teuersten. Hier drei der kleinsten Handelssortierungen: links »Nonpareilles«, in der Mitte »Surfines« und rechts »Fines«.*

Nach der Ernte werden die Knospen nach Größen sortiert, müssen einige Stunden welken und werden dann gesalzen. Beides ist unabdingbar dafür, dass sich das typische, herb-würzige Kapernaroma entwickelt. Und so, einfach nur gesalzen, sind sie für die Pastaküche auch genau richtig: Jedes weitere Einlegen, etwa in Essig, verfälscht den Geschmack. Bevor man in Salz eingelegte Kapern verwendet, sollte man sie 10 Minuten wässern und dabei mehrfach das Wasser wechseln oder das Salz abschütteln beziehungsweise abbrausen. Gesalzene Kapern findet man mit etwas Glück in Feinkostgeschäften oder italienischen Spezialitätenläden. Beim Einkauf auf die Farbe des Salzes achten: Es muss rein weiß sein; hat es sich gelblich verfärbt, sind die Kapern schon älter und man sollte besser nicht zugreifen.

Auch **Oliven** *(Olea europaea)*, werden mit Salz behandelt – doch geschieht dies hier in erster Linie, um den Früchten die unangenehmen Bitterstoffe zu entziehen. Das kann allerdings auch durch ein Bad in Natronlauge geschehen. Hernach kommen die Oliven in frische Salzlake – oder auch in gewürztes Öl. Für die Haltbarkeit sorgt eine Milchsäuregärung, die durch entsprechende Bakterien auf den Olivenschalen ausgelöst wird. Bei der industriellen Verarbeitung freilich werden die Früchte pasteurisiert oder sterilisiert.

Eine andere Methode wird bei trocken eingelegten Oliven angewandt: Jede einzelne Olive – sie müssen dazu voll ausgereift sein – wird mehrmals eingestochen und anschließend trocken gesalzen. Das Ergebnis: Milde Oliven mit einer »schrumpelig« wirkenden Oberfläche und weichem Fruchtfleisch, das sich problemlos vom Stein lösen lässt. Doch für welche Olivensorte und Einlegemethode man sich entscheidet: Oliven sollten nicht zu lange mitkochen, sonst schmecken sie bitter.

Nizza-Oliven. Sehr kleine Früchte aus Frankreich, die jedoch ein gutes Aroma aufweisen. Hier sind sie in eine würzige Kräutermarinade eingelegt.

Frisch geerntet sind Oliven, egal ob schwarz oder grün, ungenießbar: Sie schmecken überaus herb und sehr bitter.

Mittelgroße grüne Oliven aus Italien. Festes Fruchtfleisch, herb-frisch und leicht bitter. Tafeloliven kommen überwiegend aus dem Süden des Landes.

Schwarze Kalamata- oder Kalamón-Oliven aus Griechenland. Sie gelten als eine der besten griechischen Tafeloliven-Sorten. Mandelförmig, fest, leicht herb.

Türkische Marmara-Oliven. Die mittelgroßen, mittelfesten, dunklen Früchte haben einen angenehmen Geschmack und sind in Lake eingelegt erhältlich.

Trocken eingelegte schwarze Oliven. Diese Art des Konservierens wird vor allem in Nordafrika angewandt und heißt dort »à la Grecque«.

→ Oliven in Grün oder in Schwarz?

Bei den Früchten des Ölbaumes ist das keine Frage der Sorte, sondern vielmehr der Reife: Sie färben sich von grün über violett bis hin zu fast schwarz, dann sind sie voll ausgereift. Grüne Oliven sind etwas herber und meist fester als schwarze, die dafür manchmal etwas öliger und »runder« schmecken. Generell enthalten Tafeloliven jedoch weniger Fett als solche für die Ölherstellung.

Aromatische Pilze
Frisch & getrocknet

Steinpilze, in Italien als »porcini« heiß begehrt, sind die klassischen Pilze für die Pastaküche. Sie ergänzen mit ihrem intensiven Aroma frische und getrocknete Nudeln ganz hervorragend. Beim Einkauf auf Wurmlöcher achten; im Zweifelsfalle sollte man sich die teure Ware aufschneiden lassen.

Pfifferlinge sind hervorragende Speisepilze, die man am besten frisch verwenden sollte, denn zum Trocknen eignen sie sich nicht, allenfalls zum Tiefkühlen. Saison haben sie von Juni/Juli bis Oktober.

Der Champignon ist der Zuchtpilz par excellence. Gute Qualität erkennt man an der festen, glatten Hutoberfläche sowie an der frischen, nicht eingetrockneten, hellen Schnittfläche.

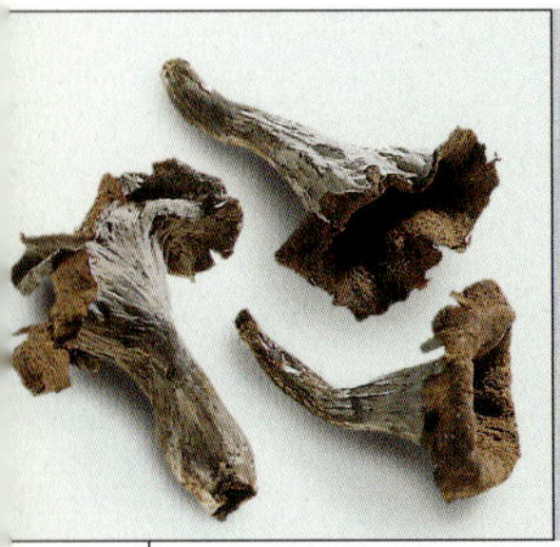

Totentrompeten gewinnen getrocknet noch an Aroma.

Braunes Wolkenohr, getrocknet. Schwammähnlich, nur wenig Aroma.

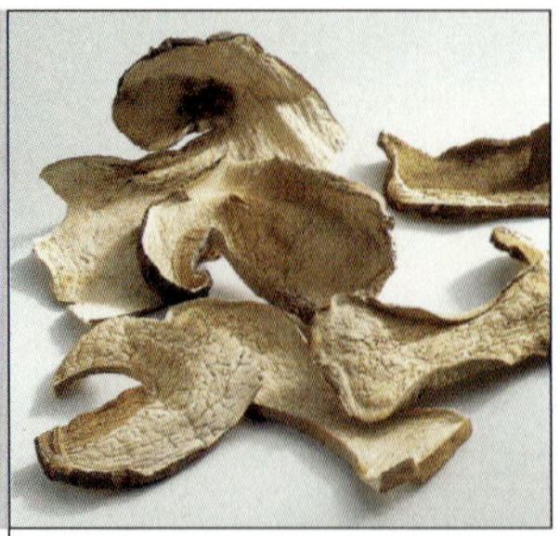

Getrocknete Steinpilze. Helle Scheiben lassen auf gute Qualität schließen.

Wenige andere Zutaten ergänzen sich so perfekt wie Pilze und Pasta. Das haben die Küchen im Westen genauso wie diejenigen im Osten erkannt – kein Wunder, dass beide gern Gebrauch von dieser köstlichen Kombination machen. Dabei muss man sich nicht einmal mehr auf sein Glück verlassen und selber sammeln – wer sich mit Pilzen aus Wald und Flur nicht gut genug auskennt, dem stehen verschiedene Sorten von Zuchtpilzen zur Verfügung, bei denen gefährliche Verwechslungen ausgeschlossen sind und die vor allem das ganze Jahr über in guter Qualität zu bekommen sind.

So erhält man längst **Champignons** *(Agaricus bisporus)* sowohl mit weißem als auch mit braunem Hut, **Austernpilze** *(Pleurotus ostreatus)*, **Mu-Err** *(Auricularia polytricha)* oder **Shiitake** *(Lentinus edodes)* aus Pilzzuchten. Darüber hinaus bereichern in letzter Zeit italienische **Pioppini** *(Kuehneromyces mutabilis)* und niederländische **Portabellapilze,** eine Art Riesenchampignons, das Angebot. Oder man ersteht **Pfifferling** *(Cantharellus cibarius)*, **Steinpilz** *(Boletus edulis)* oder **Kaiserling** *(Amanita caesarea)* einfach auf dem Markt, sobald die Saison gekommen ist.

Darüber hinaus sind viele unterschiedliche Sorten von Pilzen konserviert im Handel. Man erhält sie tiefgekühlt, sauer oder in Öl eingelegt, aber auch getrocknet. Die mit Abstand beste, weil zum Teil sogar noch Aroma steigernde Methode ist das Trocknen – es wird im Westen vor allem bei Steinpilzen oder **Spitzmorcheln** *(Morchella conica)*, im Osten bei **Holz-** und **Wolkenohr** sowie bei den Shiitake angewendet.

Getrocknete Pilze muss man vor der Verwendung meist einige Zeit (1/2 Stunde) in lauwarmem Wasser einweichen; in vielen Fällen ist es ratsam, das Einweichwasser nicht wegzuschütten, sondern es durch ein feines Sieb zu passieren und als »Aromaverstärker« für Saucen oder Suppen einzusetzen. Pilze aus Dose oder Glas sind dagegen meist weniger zu empfehlen – sie bekommen durch das Sterilisieren der Konserven häufig eine unangenehm schwammige Konsistenz.

Gewaltige Unterschiede bestehen jedoch zwischen den östlichen und westlichen Nudelküchen, wenn es darum geht, welcher Stellenwert den Pilzen zukommt. Im Westen dürfen sie, etwa mit ein wenig Knoblauch oder Zwiebeln in Butter gebraten und mit ein wenig Petersilie, Salz und Pfeffer gewürzt, ruhig die Hauptrolle in einem Pastagericht spielen. Kreative Nebenrollen kommen ihnen darüber hinaus beim Aromatisieren von Nudelteigen sowie in Füllungen von Tortellini, Ravioli & Co. zu.

Anders bei fernöstlichen Nudelgerichten: Dort ergänzen Shiitake & Co. lediglich Gemüse oder Fleisch zu einem harmonischen Ganzen. Ein Grund dafür mag sein, dass gerade die in der chinesischen Küche beliebten Holz- oder Wolkenohrpilze weniger wegen ihres Aromas als vielmehr der leicht glitschigen Konsistenz und der Heilwirkung wegen geschätzt sind.

← **Spitzmorcheln** sind im April und Mai auf kalkhaltigen Standorten in lichten Wäldern, Gärten und Parks zu finden. Exzellenter Speisepilz, lässt sich gut trocknen.

Der **Kaiserling** gehört zu den besonders wohlschmeckenden Speisepilzen. Schon die Römer der Antike schätzten ihn. Orangefarbener Hut; Lamellen, Stiel und Fleisch sind leicht gelblich. →

← **Austernpilze oder Austernseitlinge** besitzen graue, flache Hüte, am Stiel herablaufende weiße Lamellen. Sie sind heute ganzjährig als Zuchtpilze erhältlich.

Pioppini heißt die Kulturform des Stockschwämmchens, die seit kurzem aus Italien auf den Markt kommt. Sie wachsen in Gruppen mit weißen Stielen und kleinen braunen Hüten. →

← **Shiitake** sind in Ostasien frisch und getrocknet als Speisepilz beliebt und in beiden Formen auch bei uns zu bekommen. Meist entfernt man die harten Stiele.

Mu-Err. Die bizarr wirkenden, meist getrocknet gehandelten Pilze werden vor allem in der chinesischen Küche verwendet, etwa für Schmorgerichte mit Fleisch oder als Suppeneinlage. →

Kostbare Trüffeln
Einfach unwiderstehlich

Schwarze und Weiße Trüffeln. Liebhaber ihres exquisiten Geschmacks sind bereit, ein kleines Vermögen für sie auszugeben. Zum Glück entfalten aber schon ein paar Scheibchen, etwa frisch auf selbst gemachte Nudeln gehobelt, ihr unwiderstehliches Aroma.

Die raren, hocharomatischen und mittlerweile extrem teuer gehandelten **Weißen Trüffeln** (*Tuber magnatum* Pico) wachsen in Italien im waldreichen Piemont. Vornehmlich in der Gegend von Alba findet man die eher unscheinbaren, bräunlichen Knollen. Von Oktober bis Ende Dezember verwandelt sich die kleine alte Stadt dann zum Mekka der Trüffelliebhaber aus der ganzen Welt. Ihren Preis werden die Pilze wohl noch eine Weile behalten, denn trotz aller Anstrengungen und Versuche ist es bisher noch nicht gelungen, die ausschließlich unterirdisch wachsenden und deshalb so schwer zu entdeckenden Pilze zu züchten. Allenfalls lassen sich Bäume, etwa Eichen, mit den Sporen präparieren; bis die ersten der begehrten Trüffeln dann aber aus dem Boden geholt werden können, dauert es allerdings 10 Jahre.

Trüffelsuche

Nutzte man früher noch die feine Nase von Schweinen für die Suche nach den raren Pilzen, so gehen heute meist speziell abgerichtete Hunde auf Trüffelsuche. Verkauft wird die Beute dann auf Märkten oder auf speziellen Trüffelbörsen.

Die oft kugelförmigen Pilzkörper der Weißen Trüffel sind außen glatt und weißlich bis ockerfarben. Das helle bis schwarzbraune Fleisch ist von feinen weißen Äderchen durchzogen, was ihm das charakteristische, marmorierte Aussehen verleiht. Von alters her werden der Weißen Trüffel aphrodisische Eigenschaften zugesprochen. Schon die Römer schätzten diese Pilze; kannten sie doch bereits den Trüffelhobel, während die Gabel erst viele Jahrhunderte später »erfunden« wurde. Bis heute hält sich die Vorstellung von der Lust steigernden Eigenschaft dieses Pilzes, was sich wohl ebenfalls auf den Preis auswirkt.

Weiße Trüffeln werden im Gegensatz zu Schwarzen grundsätzlich roh verwendet, sie eignen sich nicht zum Erhitzen. Am besten hobelt man sie hauchdünn über Rührei, Carpaccio oder frische Pasta, so kann sich ihr Aroma am besten entfalten. Essig und Zitrone oder Käse vertragen sie weniger.

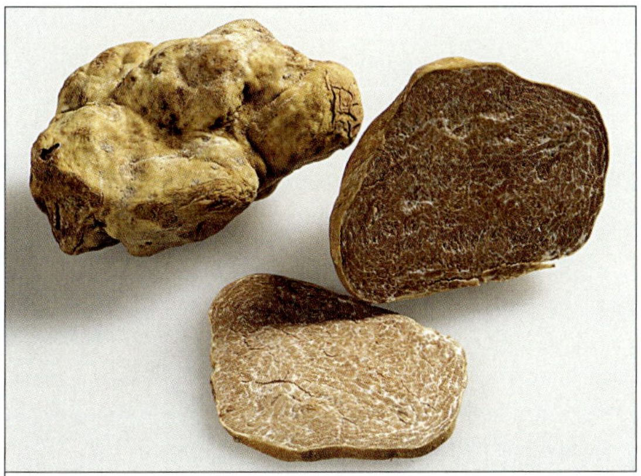

Weiße Piemont-Trüffel. Weißlich marmoriertes Fleisch, unregelmäßig in der Form, ausgezeichnetes Aroma. Gedeiht gut auf kalkhaltigen Böden.

Périgord-Trüffel, Schwarze Trüffel. Schwarzbraune, von kleinen Warzen bedeckte Knollen. Sehr aromatisch, wächst unter verschiedenen Laubbäumen.

Sommertrüffel. Schwarze, warzenartige Außenhaut. Inneres von weißlich-grauen Adern durchzogen. Nicht ganz so aromatisch, aber erschwinglich.

Neben dem weißen ist Italien aber auch für sein schwarzes Gold berühmt, das man in Umbrien zu Tage fördert. Speziell in den Hügeln um Norcia und Spoleto werden die Hunde fündig. Die Norcia-Trüffel hat eine schwarze, mit flachen Warzen überzogene Haut und schwarzviolettes, von feinen hellen Äderchen durchzogenes Fruchtfleisch. Im Gegensatz zur Weißen Trüffel kann die Norcia-Trüffel erwärmt werden und eignet sich deshalb, wie andere schwarze Trüffelarten auch, zum Verfeinern von Saucen und Pasteten. Saison hat diese umbrische Spezialität in den Wintermonaten von Dezember bis März.

Auch Frankreich hat in Sachen Trüffeln einiges zu bieten: Anhänger der schwarzen Knollen pilgern dort ins Périgord. Die rundliche, schwarzbraune mit kleinen Warzen bedeckte und von weißlichen Adern durchzogene **Schwarze** oder **Périgord-Trüffel** (*Tuber melanosporum* Vittad.) ist hocharomatisch und ebenfalls sehr geschätzt. Viele Spezialitäten der französischen Küche sind ohne die feinen Périgord-Trüffeln undenkbar.

Etwas preiswerter, allerdings auch weniger aromatisch, sind die **Sommertrüffeln** (*Tuber aestivum* Vittad.). Auch sie haben eine schwarze, warzige Außenhaut, jedoch ein helleres Fleisch als die schwarzen Trüffelarten. Das Weniger an Aroma lässt sich in manchen Fällen durch ein Mehr an Gewicht ausgleichen.

Welche Trüffel nun die Allerbeste ist, darüber streiten sich die Feinschmecker schon lange. Die Teuerste jedenfalls ist die Weiße aus Alba. Dennoch muss jeder für sich selbst herausfinden, ob und welche Trüffelart er am meisten schätzt.

Wichtiger ist jedoch der richtige Umgang mit der teuren Delikatesse. Schon beim Einkauf gilt es, aufzupassen, denn auch Trüffeln können madig sein, im Zweifel also lieber aufschneiden lassen. Aufbewahrt werden die Trüffeln dann entweder einzeln in Pergament gewickelt oder in feuchtem Sand, so halten sie sich einige Tage. Durch Konservierung büßen sie meist etwas Aroma ein. Vor der Zubereitung spült man Trüffeln kurz unter fließendem Wasser ab oder legt sie kurz ins lauwarme Wasser. Befinden sich noch Sand- und Erdreste in den Furchen der Schale, entfernt man diese am besten mit einer weichen Bürste, hilfreich ist eine kleine Zahnbürste, oder schneidet die Stellen mit einem kleinen scharfen Messer knapp aus.

Das besondere Aroma der weißen Trüffel kann man auch außerhalb der Saison genießen. Eingefangen ist es in aromatisierten Ölen sowie in einer Paste aus weißen Trüffeln.

Trüffelgeschmack in verschiedenster Form (erste Reihe von links nach rechts): Neben Trüffelpasten – hier eine aus Sommertrüffeln mit Sardellen – sind vor allem eingelegte Trüffeln, hier weiße, für die Gastronomie von Bedeutung. Trüffelöle gibt es verschiedene, dieses ist mit schwarzen Norcia-Trüffeln aromatisiert. Daneben Trüffelmehl aus Weißen Trüffeln. In der zweiten Reihe Trüffelabschnitte aus schwarzen Périgord-Trüffeln (Dose).

Käsevielfalt

Cremig-würzige Ergänzung

Eine große Käseauswahl ist in Italien nicht nur in spezialisierten Delikatessenläden, sondern auch an ganz normalen Marktständen, hier in Palermo, zu finden.

Käse und Pasta sind eine Kombination, die wohl so alt ist wie die Nudel selbst – bereits die römischen Quellen, welche die lagana genannte »Ur-Pasta« erwähnen, berichten davon. Und wirklich: schon ein wenig würziger, frisch geriebener Käse kann aus einem Teller gekochter Nudeln auch ohne Saucenbegleitung ein zwar simples, aber komplettes schmackhaftes Essen machen. Doch bietet Käse noch deutlich mehr Möglichkeiten: Nudeln lassen sich mit ihm füllen, überbacken oder überzogen von einer cremigen Käsesauce servieren. Denn so, wie ungezählte Nudelformen existieren, sind auch Geschmack und Verwendungsmöglichkeiten der einzelnen Käsesorten unglaublich vielfältig.

Dennoch gibt es einige Regeln, die es bei aller Kombinationsfreude zu beachten gilt – die Pastaexperten Italiens halten sich nicht ohne Grund daran: So kombiniert man Saucen, die mit Butter zubereitet werden, überwiegend mit Käse aus Kuhmilch, solche mit Olivenöl dagegen meist mit Schaf- oder Ziegenkäse. Pasta mit Fisch oder Meeresfrüchten wird überwiegend ganz ohne Käse gereicht, da dieser mit dem zarten Seafood-Aroma oft nicht gut harmoniert.

Für das Füllen, Überbacken oder für Saucen eignen sich besonders die auf diesen Seiten vorgestellten nicht ganz so harten Käsesorten – vom **Frisch-** über den **Blauschimmel-** bis hin zu den **halbfesten Schnittkäsen**. Gerade Italien hat hier eine Auswahl spezieller Käsetypen vorzuweisen.

← **Ricotta piacentina** wird aus der Molke hergestellt, die beim Käsen von Kuhmilch anfällt. Wird manchmal mitsamt dem Abtropftuch angeboten. Cremig, aber leicht krümelig.

← **Mozzarella** aus Kuhmilch. Für die Verwendung in Gastronomie oder Imbissbetrieben in Blockform gepresst – so ergeben sich gleichmäßige Scheiben.

Mozzarella di bufala, ein Filata-Frischkäse aus reiner Büffelmilch. Echte Büffelmozzarella kommt aus Kampanien oder Latium. Mindestens 52 % Fett i. Tr., mild-frischer Geschmack. →

Fontina, Rohmilchkäse aus dem Aostatal, mindestens 45 % Fett i.Tr. Würziger, etwas süßlicher Geschmack, mit hellem, leicht schmelzendem Teig. Gut zum Kochen oder Überbacken. →

Gründe für die Unterschiede in Konsistenz und Geschmack der Käse liegen zum einen in der Herstellungsart und der Reifezeit, zum anderen in den Milcharten, die für die verschiedenen Sorten verwendet werden. Im Norden Italiens wird häufig mit Kuhmilch gekäst, im Süden dagegen überwiegend mit Schaf- sowie Ziegenmilch und – eine Spezialität der Gegend um Rom sowie Kampaniens – sogar mit der Milch von Wasserbüffeln.

Das Herstellungsprinzip ist jedoch fast immer das gleiche: Milch wird mit Hilfe von Lab, Pflanzenextrakten oder Bakterien gesäuert. Dabei dickt sie ein, die Käser nennen das »Dicklegen«. Die dicke Milch wird anschließend in kleine Stückchen zerteilt, den so genannten »Käsebruch«. Diesen schöpft man in Formen – dabei bleibt die Molke zurück – und presst ihn. Zur Haltbarmachung werden die Käse gesalzen und lagern dann unter kontrollierten Bedingungen bis zur Genussreife.

Grundsätzlich lässt sich sagen: Je gröber der Bruch zerteilt wird und je kürzer der Käse reift, umso cremiger und milder schmeckt er anschließend. Auf das Aroma können aber auch **Mikroorganismen** Einfluss nehmen, die sich auf der Rinde des Käses ansiedeln wie beispielsweise beim Taleggio. Blauschimmelkäse wie Gorgonzola dagegen werden gezielt mit einer Edelschimmelart »geimpft«, damit die begehrten blauen Adern im Innern entstehen. Solche Käse sind grundsätzlich würziger als solche ohne »Flora«.

Auf eine besondere Art entsteht **Mozzarella,** ein so genannter Filata- oder Brühkäse: Der aus der Molke geschöpfte Bruch wird mit kochend heißem Wasser überbrüht und gerührt, bis eine elastische Masse entsteht, die sich leicht formen lässt. Mozzarella wird übrigens in Italien nicht nur als Frischkäse angeboten, sondern auch – dann freilich nicht in Salzlake – leicht gereift und sogar geräuchert; so ist er unter dem Namen Scamorza erhältlich.

Bei **Ricotta** dagegen handelt es sich um einen Käse, der quasi nebenbei anfällt. Denn Grundlage dafür ist die beim Käsen übrig gebliebene Molke. Sie ist relativ arm an Fett, aber reich an Eiweiß – und dieses fällt man aus, indem man die Molke erhitzt. Die festen Eiweißteilchen werden dann in Körbchen oder Schalen geschöpft, so dass überschüssige Flüssigkeit ablaufen kann.

Ricotta wird in Italien aus der Molke von Kuh- (Ricotta di vacca) und von Schafmilchkäsen (Ricotta di pecora) hergestellt. Vor allem im Süden des Landes wird sie häufig gesalzen, um sie länger haltbar zu machen, dadurch erhält sie jedoch auch eine etwas festere Konsistenz. Zudem wird Ricotta zuweilen auch geräuchert oder gar im Ofen gebacken. Alle Ricottasorten besitzen eine leicht krümelige, an Quark erinnernde Struktur und lassen sich deshalb leicht mit anderen Zutaten mischen – kein Wunder, dass der magere, leicht säuerliche Käse besonders gern etwa zum Füllen von Ravioli verwendet wird.

Gorgonzola, ein klassischer Blauschimmelkäse. Je nach Reifezeit unterscheidet man Gorgonzola dolce (2 bis 3 Monate) und piccante (3 bis 6 Monate).

Mimolette besitzt einen intensiv gelborangen Teig (mindestens. 40 % Fett i.Tr.), geschmeidig bis fest und mürb. Wird in den Niederlanden hergestellt und zum Reifen oft nach Frankreich gebracht.

← **Taleggio,** ein bekannter norditalienischer Käse in typischer Quaderform. Traditionell aus Rohmilch, heute zunehmend aus pasteurisierter Milch hergestellt. 48 bis 50 % Fett i.Tr.

← **Tomme de Savoie** wurde ursprünglich nur in Savoyen hergestellt, heute jedoch weit darüber hinaus. Ausgeprägter Geschmack, grau-bräunliche Oberfläche mit rötlichen Flecken.

Fontal heißen nach → Fontina-Art produzierte Käse aus pasteurisierter Milch. Hergestellt werden sie in Italien, aber auch in Dänemark und Frankreich.

Bel Paese, mit Fettgehalt → von 50 % Fett i.Tr., zählt zu den berühmten italienischen Käsesorten. Mit weichem, strohfarbenem Teig und eigenem, leicht säuerlich-zartem Geschmack.

Hartkäse
Intensiv im Geschmack

Provolone piccante. Ein würziger Brühkäse, der relativ lange reift und unter Zugabe von Zickleinlab hergestellt wird.

Als **Hartkäse,** so unterschiedlich sie in Geschmack und Herkunft auch sein mögen, bezeichnet man Käsesorten mit sehr festem Teig, der sich in manchen Fällen schneiden lässt, in anderen jedoch von rau-körniger, fast bröckeliger Konsistenz ist und dann besser in Stücke gebrochen werden sollte. Für welche Sorte man sich auch entscheidet, pikante Hartkäse sind bei den meisten Nudelgerichten das Tüpfelchen auf dem i. Sie werden frisch gerieben oder gehobelt und pur über die Gerichte gestreut, eignen sich aber auch zum Gratinieren.

Der klassische Hartkäse zu Pasta ist der **Parmigiano-Reggiano**. Beim Original, das keineswegs mit dem verwechselt werden darf, was fertig gerieben unter dem Namen Parmesan im Angebot zu finden ist, handelt es sich um einen Würzkäse der Extraklasse. Er darf nur in einem eng begrenzten Gebiet in der Emilia-Romagna produziert werden, ebenso wie seine nahen Verwandten Grana Padano und Trentino. Alle drei sind an den charakteristischen Siegeln auf der Rinde zu erkennen: Parmigiano trägt den Schriftzug Parmigiano-Reggiano in endloser Folge, Grana Trentino und Padano Rauten mit dem jeweiligen Namen, Padano zusätzlich ein eingebranntes Kleeblatt.

Nicht ganz so bekannt, in Italien für die Pastaküche jedoch nicht minder beliebt, ist **Pecorino**, Hartkäse aus Schafmilch. Es gibt ihn in unterschiedlichen Sorten, die generell besonders würzig, manchmal regelrecht scharf schmecken.

→ Kontrollierte Qualität mit Siegel

Über die Käse aus Italien, die ursprungsgeschützt sind und daher ein DOC-Siegel (denominazione di origine controllata) tragen dürfen, wachen Konsortien, die für geprüfte Qualität einstehen. DOC-Käse sind beispielsweise Parmigiano-Reggiano, Grana Padano und Trentino, Pecorino Romano oder Mozzarella di bufala campana.

Schweizer Emmentaler (45 % Fett i.Tr.) wird traditionell aus Rohmilch hergestellt. Geschmeidiger Teig, kleinere Löcher als andere Emmentaler.

Gruyère oder **Greyerzer** aus der Westschweiz und dem französischen Jura. Ein kräftiger, 4 bis 8 Monate reifender Käse mit oft mehr als 50 % Fett i.Tr.

Allgäuer Bergkäse, ein Rohmilch-Bergkäse aus der Alpenregion – hat 45 % Fett i.Tr. Hergestellt nach Emmentaler-Art, reift aber kühler und länger.

Gouda wird nach einer Reifezeit von mehr als einem Jahr – er heißt dann »overjarige Gouda« – zu einem pikanten Reibkäse mit dunkelgelbem Teig.

Pecorino Sardo, Schafkäse aus Sardinien. Mindestens 9 Monate gereift, 40 % Fett i.T. Auf der Rinde erkennt man noch das Geflecht des Abtropfkorbes.

Pecorino Romano, ein sehr würziger Schafkäse, der mindestens 8 Monate reift (mindestens 36 % Fett i.Tr.). Dunkle Rinde und heller, bröckeliger Teig.

Extrahart *nennt man diese Würzkäse, die sich gut zum Reiben eignen. Ganz oben der berühmteste: Parmigiano-Reggiano. Davor ein Grana Padano, rechts daneben Schweizer Schabziger. Vorne links ein »overjarige Gouda« aus Holland, rechts daneben Schweizer Sbrinz.*

Asiago Vecchio oder **Piccante,** eine für das Veneto typische Käsesorte. Nach 8 bis 24 Monaten Reifezeit ist er ein extraharter Reibkäse.

Montasio Vecchio oder **Piccante,** ein aromatischer Bergkäse (mindestens 40 % Fett i.Tr.) aus den Julischen Alpen und dem Friaul, reift über 1 Jahr.

Würzsaucen und -pasten in den unterschiedlichsten Geschmacksrichtungen sind für ostasiatische »Noodles« unentbehrlich, besitzen sie doch dort den Stellenwert, den bei uns Salz, Kräuter und Gewürze einnehmen. Und sie sind praktisch, da sich mit ihnen im Handumdrehen Nudel-Gerichte perfekt würzen und abschmecken lassen. Etwas Erfahrung ist allerdings notwendig, wenn man sie gezielt einsetzen möchte.
Im Bild oben: 1. Thai Style Tamarin Sauce (Sauce Kai Look-Kuey, scharf, säuerlich), 2. Chili-Garlic-Sauce, 3. Hot Sauce (beide scharf), 4. Hoisin-Sauce (dickflüssig, scharf und süßlich), 5. Süß-Sauer-Sauce (mit Tomaten und Früchten), 6. Chilisauce, 7. Thai-Chili-Sauce (beide sehr scharf), 8. Sweet Plum Sauce (mild, süßlich), 9. Fischsauce (salzig), 10. Ground Bean Sauce (pastenartig, aus fermentierten Sojabohnen, mild, salzig), 11. Plum Sauce (süß-scharf, leicht säuerlich).

→ Sojasauce

Das Brauen von Sojasauce ist eine Kunst, die in ganz Ostasien gepflegt wird. Die Sauce entsteht in einem monate-, bei besonderen Qualitäten sogar jahrelangen Prozess. Grundlage sind Sojabohnen, oft mit Getreide wie Weizen, Reis oder Mais gemischt, die mit Hilfe eines Pilzes fermentiert werden. In Japan unterscheidet man nach Geschmack, Farbe und Konsistenz fünf Haupttypen von Sojasauce, in China sogar sieben.

Dass asiatische Nudelspezialitäten einen so ganz anderen Charakter aufweisen als die westlichen, liegt zu einem Großteil an den völlig unterschiedlichen **Würztraditionen** – einmal abgesehen von den rund um die Welt geschätzten Zwiebeln und Knoblauch gibt es hier kaum Gemeinsamkeiten.

Kaum verzichtbar für asiatische Nudelgerichte sind etwa die Rhizome, die verschiedene Pflanzen aus der Ingwerfamilie liefern. Dazu gehören **Ingwer** *(Zingiber officinale)*, aber auch **Galgant** *(Alpinia galanga)*, Kurkuma und andere. Sollen sie im Wok mit angebraten werden, braucht man frische, saftige Ware – getrocknete oder gemahlene ist kein Ersatz. Zumindest bei Ingwer ist die Beschaffung kein Problem; er ist sogar aus biologischem Anbau zu haben. Achten sollte man beim Einkauf auf eine glatte, unverletzte Oberfläche.

Nicht minder wichtig ist die Schärfe von **Chilis** *(Capsicum annuum)*. Die grünen oder roten Schoten werden in Südostasien in Mengen verwendet, die Westlern die Tränen in die Augen treiben. Die Größe der Schoten lässt übrigens nicht auf den Schärfegrad schließen; gerade die kleinen, harmlos aussehenden »bird's-eye«-Chilis aus Thailand sind besonders »hot«. Wer sie entschärfen möchte, muss die Mühe auf sich nehmen, Samen und Scheidewände herauszukratzen; sie enthalten das Capsaicin, das für die Schärfe verantwortlich ist,

Ingwer besitzt ein kräftig-scharfes und zugleich leicht süßliches Aroma, das hervorragend mit anderen asiatischen Würzzutaten harmoniert.

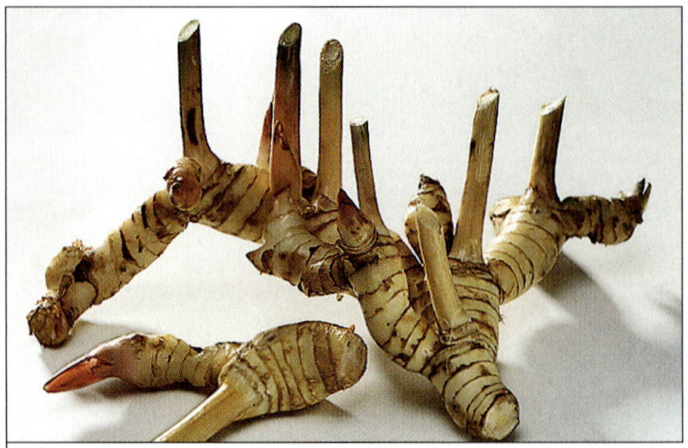

Großer Galgant besitzt einen ingwerähnlichen Geschmack, ist jedoch etwas milder als dieser. Er ist auch getrocknet und gemahlen erhältlich.

Würze aus Asien

Von mild bis scharf

geradezu in konzentrierter Form. Wer empfindlich ist, sollte beim Vorbereiten der scharfen asiatischen Schoten vorsichtshalber Handschuhe tragen.

Auch frische **Kräuter** werden für manche asiatische Nudelgerichte, vor allem für solche mit Seafood oder für Suppen, gern verwendet; dazu gehört das **Zitronengras** *(Cymbopogon citratus)*, das so robust ist, dass ihm das Braten im Wok nichts ausmacht. Anders bei zarterem aromatischem Grün wie etwa **Cilantro** *(Coriandrum sativum)* oder **Thai-Basilikum** *(Ocimum sp.)*: Starke Hitze zerstört ihr Aroma, weshalb sie erst ganz am Ende der Zubereitung zugefügt oder, fein gehackt, über die fertig angerichteten Speisen gestreut werden.

Ein weiteres Muss für Nudeln nach asiatischer Art sind verschiedene **Würzsaucen**. Viele – und vor allen Dingen diejenigen, die auch bei uns am bekanntesten sind – werden auf der Basis fermentierter Sojabohnen hergestellt. Aber Sojasauce ist nicht gleich Sojasauce: Von Region zu Region kann die Konsistenz von dünn- bis dickflüssig variieren, es gibt sogar pastenartige Soja-Würzprodukte wie das japanische Miso. Auch geschmacklich trifft man auf eine große Bandbreite, die von eher salzig bis malzig-süßlich reicht.

Ähnliches gilt für die in Südostasien häufig verwendete **Fischsauce**, die in Thailand »Nam plaa«, in Vietnam »Nuoc mam« heißt. Auch hier können Aroma und Salzgehalt stark schwanken, so dass es sich wie auch bei den Sojasaucen empfiehlt, so viele verschiedene auszuprobieren, bis man seinen Favoriten gefunden hat.

Beliebt sind auch pikante **Saucen auf der Basis von Früchten.** Essig oder Tamarinde können dabei für eine saure, klein gehackte Chilischoten für eine scharfe Note sorgen. Mit ihren fein abgestimmten Rezepturen sind sie als schnelle Würze für Nudelgerichte ebenso gut geeignet wie als separater Dip.

Chilischoten aus Thailand werden im internationalen Handel nach ihrem Schärfegrad, der Farbe und Größe unterschieden. Hier: Hot red.

Koriandergrün oder **Cilantro** mit seinem unverwechselbaren frischen Aroma ist für sehr viele asiatische Rezepte unverzichtbar.

Zitronengras besitzt einen kräftigen, an Zitone erinnernden Geschmack. Häufig verwendet man nur den unteren hellen Teil, meist in feine Ringe geschnitten.

Thai-Basilikum gehört zur großen Basilikumfamilie. Im Geschmack ähnelt er den »westlichen«, hier zu Lande besser bekannten Arten jedoch nur entfernt.

Helle Sojasauce ist dünnflüssig und hat ein mildes Aroma. Salzig.

Dunkle Sojasauce reift länger, ist dickflüssiger und etwas süßlich.

Austernsauce, dunkel und dickflüssig. Aus Austernextrakt hergestellt.

Vegetarische Austernsauce, eine dickflüssige Würzsauce für vegetarische Gerichte.

Küchenpraxis
Profi-Tipps

Alles über die Herstellung von Teigwaren, vom Rühren der verschiedenen Teige & Massen über das Formen und Schneiden bis hin zum richtigen Garen von Nudeln, Gnocchi und Knödeln.
Auch wie Farbe, Kräuter oder Trüffelscheiben in den Teig kommen, wird hier erklärt – ebenso wie das Füllen von Pasta oder Won-tans & Co.

Schnell & einfach

Nudelteige selbst gemacht

In der Bildfolge rechts wird die Herstellung von Nudelteig Schritt für Schritt erklärt. Danach lassen sich alle vier unten aufgeführten Nudelteige herstellen. Die Nr. 1 – der Standardteig – eignet sich für viele Nudelsorten. Nr. 2 zeichnet sich durch viel Biss aus, Nr. 3 ist ein spezieller Teig für gefüllte Pasta und Nr. 4 geht mit seinem hohen Eigelbanteil beim Kochen schön auf und ist somit ideal für Tagliatelle, Fettuccine und andere Bandnudeln.

Nudelteig Nr. 1

ERGIBT etwa 450 g

300 g Weizenmehl Type 405
3 Eier, 1 EL Olivenöl
1/2 TL Salz, eventuell 1 EL Wasser

Nudelteig Nr. 2

ERGIBT etwa 375 g

125 g feiner Hartweizengrieß
125 g Weizenmehl Type 405
2 Eier, 1 Eigelb, 1/3 TL Salz

Nudelteig Nr. 3

ERGIBT etwa 500 g

300 g doppelgriffiges Weizenmehl
2 Eier, 4 Eigelbe, 1/3 TL Salz

Nudelteig Nr. 4

ERGIBT etwa 525 g

300 g Mehl Type 405, 1 Ei
7 Eigelbe, 1 EL Öl, 1/2 TL Salz

Welcher Teig ist der richtige?

Reine Wasserteige aus Hartweizengrieß ohne Ei beherrscht die Industrie weit besser, als man es je selbst machen könnte; darum sollte man ihre Herstellung dann auch der Industrie überlassen und Pasta seca fertig kaufen.

Anders dagegen sieht es bei Nudelteigen mit Ei aus: Sie lassen sich im Handumdrehen selbst herstellen und bestens verarbeiten.

Aber auch unter den verschiedenen Teigen mit Ei oder Eigelbanteil muss man wählen. Je nach Verwendungsart und Sorte, denn die verschiedenen Nudelsorten verlangen teils eine bestimmte Teigzusammensetzung. Nach der Standardformel rechnet man auf 100 g Mehl 1 Ei; doch selbst damit geraten die Nudeln nicht immer gleich. Das Ergebnis hängt ebenso von Qualität und Beschaffenheit des Mehles ab wie von seinem Feuchtigkeitsgehalt oder der Größe der Eier. Wichtig ist auch, welche Mehlsorte in welchem Ausmahlungsgrad man verwendet sowie das Verhältnis von Eiweiß zu Eigelb oder von Ei zu Wasser.

Salz im Nudelteig – ja oder nein? Diese Frage wird unterschiedlich beurteilt: Einige Profis lehnen es ganz ab, da es beim Auswellen oft weiße Stippen hinterlässt. Dem kann abgeholfen werden, indem man ein besonders feinkörniges Salz verwendet.

a **Nudelteig herstellen:** In das gesiebte Mehl eine Mulde drücken.

b Nacheinander die Eier aufschlagen und in die Mulde geben.

c Das Olivenöl (falls im Rezept angegeben) sowie das Salz zufügen.

d Mit dem Löffel oder mit der Gabel die Zutaten in der Mulde verrühren.

e Nach und nach immer mehr Mehl vom Rand her mit einarbeiten.

f Ist ein dickflüssiger Teig entstanden, mit den Händen weiterarbeiten.

g Von außen nach innen arbeiten, dann das Mehl unter den Teig drücken.

h Nimmt der Teig das Mehl nicht völlig auf, etwas Wasser zufügen.

i Wasser mit beiden Daumen einarbeiten. Restliches Mehl unterkneten.

j Jetzt beginnt das eigentliche Kneten: Den Teig auseinander drücken ...

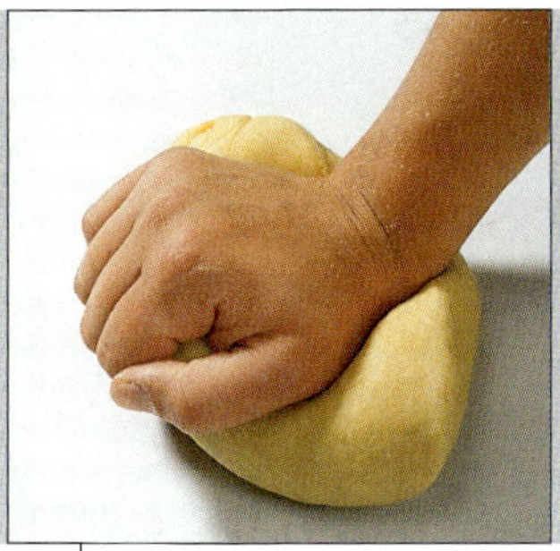

k ... und wieder zusammenlegen. Der Teig soll glatt und fest sein.

l Den Teig in Folie einschlagen und 1 Stunde kühl ruhen lassen.

Die Zutaten sollten gut temperiert sein, das heißt, Raumtemperatur haben. Nur so lassen sich Mehl, Eier und Flüssigkeiten schnell und mühelos zu einem glatten Teig verarbeiten.

Hilfreich ist zudem ein solides Backbrett aus Holz, wie es etwa von den »pastaie«, den italienischen Pasta-Profis verwendet wird. Sie ziehen es anderen Materialien wie Marmor vor, weil Holz die Wärme gut speichert. Allerdings spielt dieser Faktor heute keine entscheidende Rolle mehr. Gute Nudelteige lassen sich auf jeder Arbeitsfläche herstellen.

Das richtige Mehl ist für das Gelingen der Pasta das A und O. Zum Glück ist die Qualität im Handel heute konstant und sind die verschiedenen Ausmahlungsgrade in genauen Typenbezeichnungen festgelegt.

Dem italienischen Mehl »farina bianca 00« entspricht in etwa die deutsche Type 405, während »semola fine« dem doppelgriffigen Mehl oder Dunst – bei ihm liegt der Ausmahlungsgrad zwischen Grieß und Mehl – ähnlich ist.

Nudelteige aus verschiedenen Mehlsorten – von links nach rechts: Kastanien-Nudelteig, Mais-Nudelteig und Vollkorn-Nudelteig – bringen Abwechslung in die Pastaküche.

a **Kastanien-Nudelteig herstellen:** Eier, Eigelbe und Salz hineingeben.

b Zutaten in der Mulde verrühren, dabei etwas Mehl vom Rand einarbeiten.

c Mit den Handballen zu einem glatten, festen Teig verkneten.

Es muss nicht immer nur helles Weizenmehl sein: Auch Mehle aus Vollkorn-, Kastanien- oder Maismehl lassen sich zu köstlicher Pasta verarbeiten. Zudem enthält Vollkornmehl noch alle Bestandteile des Getreidekorns, so auch den wertvollen Keimling und die ballast- sowie mineralstoffreichen Schalen. Frisch gemahlen und sofort verarbeitet, entfaltet das Mehl sein volles Aroma. Damit auch Vollkornnudelteig geschmeidig wird, sollten Vollkornmehle zur Hälfte mit Weizenmehl Type 405 gemischt werden.

Eine Mischung aus Weizen- und Maismehl ergibt einen Nudelteig mit erstaunlichen Fähigkeiten: Er lässt sich leicht verarbeiten, da er über eine große Formstabilität verfügt und nicht klebt. Zudem besitzen Maismehlnudeln einen angenehmen »Biss«.

Kastanienmehl wiederum wird aus Edel- oder Esskastanien *(Castanea sativa)* gewonnen und zeichnet sich durch einen intensiven Eigengeschmack aus. Es wird für Nudelteig im Verhältnis 1 : 2 mit Weizenmehl Type 405 gemischt. Das besondere Aroma der Kastanien-Nudeln kommt am besten zur Geltung, wenn man sie mit brauner Butter und mild schmeckendem Käse serviert.

Vollkorn-Nudelteig

ERGIBT etwa 800 g

je 250 g Weizenvollkornmehl und Weizenmehl Type 405

2 Eier, 1/2 TL Salz, 1 EL Olivenöl

etwa 200 ml lauwarmes Wasser

1. Beide Mehlsorten auf eine Arbeitsfläche sieben. In die Mitte eine Mulde drücken und weiterverfahren, wie oben rechts gezeigt *[siehe a und b]*.

2. Das Mehl vom Innenrand her unter den dickflüssigen Teig rühren und den Teig fertig stellen wie in der Bildfolge weitergezeigt *[siehe c bis f]*.

Mais-Nudelteig

ERGIBT etwa 525 g

150 g Maismehl

150 g Weizenmehl Type 405

3 Eier, 3 Eigelbe

1 EL Olivenöl

1/2 TL Salz

frisch geriebene Muskatnuss

1. Beide Mehlsorten mischen und auf eine Arbeitsfläche sieben. In die Mitte eine Mulde drücken und Eier, Eigelbe, Öl, Salz sowie Muskatnuss hineingeben *[siehe a und b, rechts unten]*.

2. Den Mehlrand mit den Händen von außen nach innen über den Teig verteilen und weiterarbeiten wie rechts gezeigt *[siehe c]*.

Kastanien-Nudelteig

ERGIBT etwa 925 g

200 g Kastanienmehl

400 g Weizenmehl Type 405

4 Eier, 5 Eigelbe

1/2 TL Salz

1. Beide Mehlsorten miteinander vermischen, auf eine Arbeitsfläche sieben, in die Mitte eine Mulde drücken und weiterarbeiten, wie in der Bildfolge links gezeigt *[siehe a und b]*.

2. Mit beiden Händen den Mehlrand von außen nach innen über den Teig verteilen. Das Mehl zunächst unter den Teig drücken, dann den Teig wechselseitig mit den Handballen auseinander drücken, wieder zusammenlegen und zu einem glatten, festen Teig verarbeiten *[siehe c]*.

Nudelteige aus Vollkorn, Mais & Kastanie

a **Vollkorn-Nudelteig herstellen:** Die Eier einzeln aufschlagen und in die Mehlmulde gleiten lassen.

b Salz und Olivenöl zufügen und die Zutaten in der Mulde mit einer Gabel oder einem Löffel verrühren.

c Mit beiden Händen den Mehlrand von außen nach innen über den dickflüssigen Teig verteilen.

d Das Mehl unter den Teig arbeiten. Eine weitere Mulde in den Teig drücken und das Wasser einarbeiten.

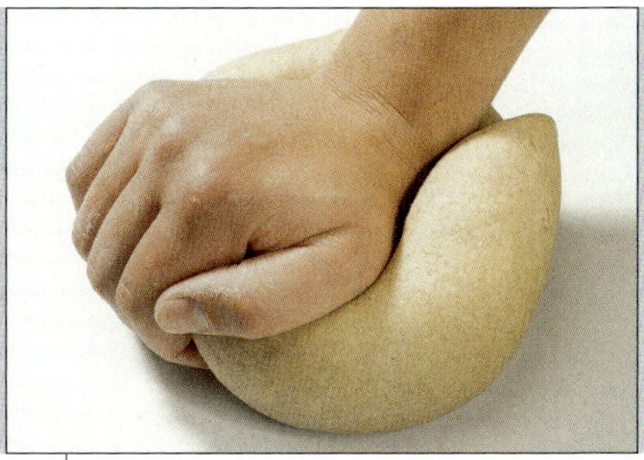

e Den Teig wechselseitig mit den Handballen auseinander drücken und wieder zusammenlegen.

f Den glatten, festen Teig zur Kugel rollen, in Folie wickeln und etwa 1 Stunde kühl ruhen lassen.

a **Mais-Nudelteig herstellen:** Eier und Eigelbe in die Mulde geben. Salz, Muskatnuss und Öl zufügen.

b Zutaten in der Mulde mit einer Gabel verrühren, bis ein dickflüssiger Teig entsteht. Etwas Mehl einrühren.

c Mehl unter den Teig drücken, mit den Handballen zu einer glatten Kugel verarbeiten. Ruhen lassen.

Nudelteig aus Buchweizenmehl

Buchweizenfelder sind inzwischen auch in unseren Breiten kein seltener Anblick mehr. Das Knöterichgewächs ist ernährungsphysiologisch sehr wertvoll und zudem eine recht anspruchslose Pflanze.

Das Mischen von Mehl und Wasser ist die entscheidende Phase der Buchweizenteigzubereitung. Denn dies muss zügig geschehen, damit der Teig nicht in harten Krümeln auseinander fällt. Aber auch ein mit Wasser verrührtes Ei hilft hier weiter.

Soba – Nudeln aus Buchweizen

Das Mehl aus dem Korn des Buchweizens *(Fagopyrum esculentum)*, der übrigens nicht zu den Getreidearten, sondern zur Familie der Knöterichgewächse zählt, war in Europa bis vor kurzem bis auf wenige Regionen fast gänzlich in Vergessenheit geraten. Auf dem Balkan und in einigen Teilen Italiens aber hat man an diesem Produkt für die Nudelherstellung, zumindest im privaten Bereich, festgehalten. Das Veltlin etwa ist für seine Pizzoccheri über die Landesgrenzen hinaus bekannt.

Ganz anders ist das in Ostasien, vor allem in Korea und Japan. In diesen Ländern hat die Herstellung von Soba – wie Buchweizennudeln in Japan genannt werden – eine lange Tradition. Das Wort »Soba« steht im Japanischen sowohl für die Pflanze als auch für die Samen des Buchweizens, aber auch für die dünnen bräunlichen Nudeln selbst. Gründe für die ungebrochene Popularität dieser Nudeln sind ihr großer Nährwert, aber auch der leicht süßliche, angenehme Geschmack.

In Japan kennt man 5 bis 6 unterschiedlich ausgemahlene Buchweizenmehltypen, die Palette reicht vom groben Vollkornmehl bis zum blütenweißen Mehl, welches auch für sehr feine helle Nudeln tauglich ist. Man schätzt »Soba« für rustikale Gerichte in der kalten Jahreszeit ebenso wie während der heißen Tage, wo sie gekühlt mit Salaten oder nur mit geriebenem Meerrettich serviert werden. Und sogar süß mit Früchten und Eiscreme werden sie gerne verspeist. Allein in Tokio bieten 7000 Läden Soba-Nudeln an, und viele davon sind noch »handgemacht«. In Tokio kann man auch die nicht gerade einfache Herstellung mitverfolgen, denn den Soba-Nudeln – mit einem Anteil von 90 bis 100 % Buchweizenmehl – fehlt der für einen geschmeidigen Teig so wichtige Weizenkleber. So bedürfen sie einer besonderen Verarbeitungstechnik, wenn daraus ein glatter Teig entstehen soll.

»Kiko-uchi« – was so viel bedeutet wie »reine Buchweizennudel« – ist somit auch ein Gütesiegel. Will man Soba-Nudeln selbst machen, dann ist ein Weizenmehlanteil von 1/4 bis 1/3 empfehlenswert.

Für die Pizzoccheri aus dem Veltlin etwa ist es immer eine Mischung aus Buchweizen- und Weizenmehl, die man beide zusammen in eine Schüssel siebt. Auf diese Weise werden die beiden Mehlsorten gemischt und nehmen gleich entsprechend Sauerstoff auf. Das ist wichtig, damit das Wasser schnell untergearbeitet werden kann und keine harten Klümpchen entstehen.

Man kann auch den Buchweizenanteil erhöhen, ohne dass der Teig dabei brüchig wird. In Japan bewerkstelligt man das mit kochendem Wasser, das den fehlenden Kleber des Buchweizens kompensiert, da es die Stärke im Mehl durchdringt und damit den Teig schneller bindet. Eine weitere, einfache Methode einer besseren Bindung ist die Verwendung von Ei. Dabei vermischt man das Ei mit kaltem Wasser und verrührt es mit dem Teig. Das bringt zwar keine deutliche Geschmacksnuance, jedoch erhält man einen glatten Teig. Das besondere Aroma der Buchweizennudeln mit dem bei uns erhältlichen Mehl eignet sich vor allem für Kombinationen mit Gemüse, im Besonderen mit Kohl, Speck und herzhaften Käsesorten.

Buchweizen-Nudelteig

ERGIBT etwa 750 g

300 g Buchweizenmehl

150 g Weizenmehl Tpye 405

1/2 TL Salz

300 ml Wasser

1. Beide Mehlsorten in eine Schüssel sieben und mit dem Salz vermischen. Das Wasser zufügen, wie im ersten Step rechts oben gezeigt *[siehe a]*. Den Teig fertig stellen *[siehe b]*.

2. Den Teig ausrollen und weiterverarbeiten, wie gezeigt *[siehe c und d]* und in breite kurze Nudeln schneiden *[siehe e und f]*.

a **Buchweizen-Teig zubereiten:** Mit einer Gabel das Wasser in die Mehlmischung einrühren. Dabei zügig arbeiten, damit der Teig nicht in harte Krümel zerfällt.

b Sobald das Mehl das Wasser aufgenommen hat, die Mischung auf einer bemehlten Fläche mit den Handballen zu einem Teig verkneten.

c Den Teig in 4 gleich schwere Stücke teilen und jeweils zu einer 2 mm dicken Platte ausrollen. Dabei die Teigplatten immer wieder mit Mehl bestauben.

d Die ausgerollten Platten mit Buchweizenmehl bestauben und etwas antrocknen lassen. Platten in etwa 5 cm breite Bänder schneiden.

e Die Bänder so aufeinander legen, dass sie bündig mit den Kanten abschließen. Aus den geschichteten Bändern etwa 1/2 cm breite, kurze Nudeln schneiden.

f Die Nudeln auf einem sauberen Küchentuch auslegen und die restlichen Teigplatten auf die gleiche Weise zu Nudeln verarbeiten.

Bunte Nudelteige mit Farbe & Geschmack

Gefärbter Nudelteig setzt besondere Akzente – mal harmonisch, mal kontrastreich oder einfach nur bunt nach Lust und Laune. So passen grüne Nudeln farblich sehr gut zu rotem Tomatensugo, und mit Sepiatinte schwarz gefärbte Nudeln sind aparte Begleiter zu hellen Meersfrüchten. Aromatisierter Teig wiederum gibt die Möglichkeit, verschiedene Geschmacksnuancen mit einzubringen. Puristen meinen zwar, dass Nudeln nach nichts anderem als nach Nudeln schmecken sollen – mit Steinpilzen, Safran, Kräutern oder auch mit Knoblauch gewürzte Teige schmecken aber ganz köstlich. Ob man also den Geschmack nur über die Sauce oder doch auch direkt in die Nudeln bringen möchte, bleibt somit jedem selbst überlassen.

Für den Gaumen spielt die Farbe nicht immer die entscheidende Rolle, da oft nur der Farbstoff, nicht aber der volle Geschmack zur Wirkung kommt. So wird etwa der grüne, geschmacksneutrale Nudelteig mit einer so genannten »Spinatmatte« gefärbt, für die das Chlorophyll aus den Spinatblättern herausgelöst wird. Von ähnlich intensiver Färbekraft sind Rote Bete, die dem Nudelteig eine sehr schöne, beinahe ins Purpur reichende Farbe verleihen. Vom Geschmack des Wurzelgemüses bleibt auch hier nicht viel übrig. Der Teig ist weitgehend geschmacksneutral und eignet sich daher auch gut für süße Pasta.

Anders sieht es dagegen aus, wenn man zum Färben nicht nur den Farbstoff (Blattgrün) – wie hier gezeigt – verwendet, sondern wenn pürierter Spinat, Tomatenmark & Co. selbst mit eingearbeitet werden. Auf diese Weise zubereitete Teige sind farbig und aromatisch zugleich. Gerade auch bei gefüllten Nudeln bieten aromatisierte Nudelteige viele Kombinationsmöglichkeiten. Hier können Füllung und Teig optimal aufeinander abgestimmt werden. Von angenehm frischem Aroma und schöner Farbe ist der mit Tomatenmark gefärbte Nudelteig, der sich in hellem Orange-Rot präsentiert. Das zerlassene Butterschmalz, das bei dieser Rezeptur mit unter das Mehl gemengt wird, sorgt für eine ausgezeichnete Geschmeidigkeit des Teiges. Gleichermaßen intensiv sind Farbe und Geschmack auch bei dem leuchtend gelben Safranteig, bei dem Safranpulver mit Wasser angerührt und dann untergeknetet wird. Vom Geschmack her etwas ganz Besonderes ist schließlich der mit getrockneten Steinpilzen aromatisierte Nudelteig, dessen intensives Aroma Pilzliebhaber sofort überzeugen wird.

a **Spinatmatte herstellen:** 200 g Spinatblätter nach und nach mit 2 bis 3 EL Wasser pürieren.

b Das Spinatpüree in ein Passiertuch füllen. Den Saft durch Zusammendrehen auspressen und auffangen.

c Spinatsaft auf 65° C erhitzen, das sich zusammenziehende Blattgrün mit einem Teesieb abschöpfen.

d **Grüner Nudelteig herstellen:** Eigelbe in die Mulde geben, die abgetropfte Spinatmatte dazu passieren.

e Öl, Salz, Butter und Muskat in die Mulde geben, mit der Gabel verrühren. Von Hand weiterarbeiten.

f Zu einem glatten Teig verarbeiten, zur Kugel formen, in Folie wickeln und etwa 1 Stunde ruhen lassen.

Grüne Nudeln

VORBEREITUNG: Spinatmatte kochen
ERGIBT etwa 350 g

Für 10 g Spinatmatte:

200 g Spinatblätter

Für den Nudelteig:

160 g Weizenmehl, 5 bis 6 Eigelbe

1 EL Olivenöl, 1/2 TL Salz

40 g weiche Butter

frisch geriebene Muskatnuss

1. Spinat waschen und daraus eine Spinatmatte herstellen, wie in der Bildfolge links gezeigt *[siehe a bis c]*.

2. Mehl auf eine Arbeitsplatte sieben, eine Mulde eindrücken und weiterverfahren, wie gezeigt *[siehe d bis f]*.

Safrannudeln

ERGIBT etwa 375 g

250 g Weizenmehl

2 Eier, 1 Eigelb

2 EL Öl, 1/2 TL Salz

1 Döschen Safran

1. Das Safranpulver mit 2 EL Wasser in einer kleinen Schüssel anrühren.

2. Mehl auf eine Arbeitsfläche häufen. Den Safran mit dem Wasser zu den anderen Zutaten in die Mehlmulde geben und alles zu einem glatten Nudelteig verkneten.

Rote-Bete-Nudeln

VORBEREITUNG: Rote Bete entsaften
ERGIBT etwa 400 g

250 g Weizenmehl

2 Eier, 1 Eigelb

2 EL Öl, 1/2 TL Salz

80 ml Rote-Bete-Saft

1. Rote Bete nach Möglichkeit frisch entsaften, das geht am besten im Entsafter. 80 ml der Flüssigkeit abwiegen und auf 30 ml einkochen lassen.

2. Das Mehl auf eine Arbeitsfläche häufen. Den konzentrierten Rote-Bete-Saft mit zu den anderen Zutaten in die Mehlmulde geben und alles zu einem glatten Teig verarbeiten.

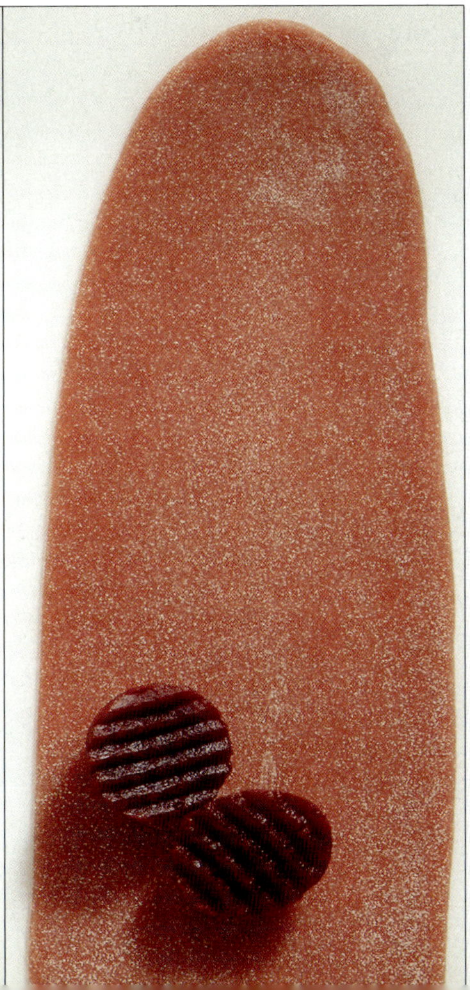

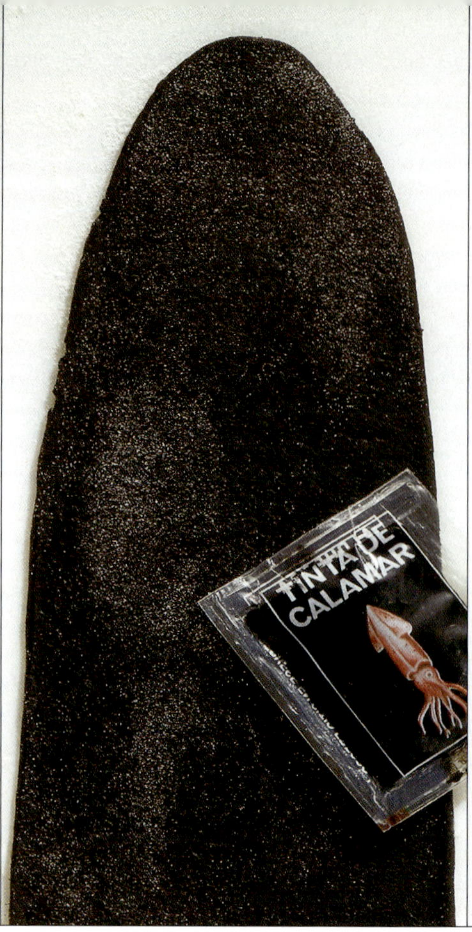

Chilinudeln

ERGIBT etwa 400 g

6 getrocknete rote Chilischoten

250 g Weizenmehl Type 405

2 Eier, 1 Eigelb

2 EL Olivenöl, 1/2 TL Salz

Wasser nach Bedarf

1. Die Chilischoten der Länge nach aufschneiden, von Samen und Scheidewänden befreien und sehr, sehr fein hacken oder im Mörser zerstoßen.

2. Aus den angegebenen Zutaten sowie den zerkleinerten Chilis – sie kommen mit in die Mehlmulde – einen Nudelteig kneten. Die Chili-Nudeln besitzen eine pikante Schärfe.

Krabbennudeln

ERGIBT etwa 400 g

250 g Weizenmehl Type 405

25 g gefriergetrocknete Krabben

2 Eier, 1 Eigelb

2 EL Öl, 1/2 TL Salz

Wasser nach Bedarf

1. Für den Nudelteig das Mehl auf eine Arbeitsfläche sieben und in die Mitte eine Mulde drücken.

2. Die Krabben sehr fein hacken – am besten eignen sich wirklich gefriergetrocknete und nicht die einfach getrockneten wie sie als Gewürz für asiatische Gerichte genutzt werden. Aus den angegebenen Zutaten sowie den fein gehackten Krabben – sie werden mit in die Mehlmulde gegeben – einen geschmeidigen Nudelteig kneten.

Schwarze Nudeln

ERGIBT etwa 400 g

300 g Weizenmehl Type 405

2 Eier, 10 ml Olivenöl, 1/2 TL Salz

20 g Sepia-Tinte (abgepackt im Handel zu bekommen)

1. Für den Teig das Mehl auf eine Arbeitsfläche sieben. In die Mitte eine Mulde drücken. Eier, Öl und Salz zufügen und die Sepiatinte mit den Zutaten in der Mulde vermischen.

2. Immer mehr Mehl vom Rand mit einarbeiten und alles zu einem geschmeidigen Nudelteig verkneten. Die aparten Nudeln verblassen übrigens beim Kochen nicht und passen gut zu hellem Fisch – beispielsweise zu Steinbutt – oder zu Meeresfrüchten.

Steinpilznudeln

ERGIBT etwa 400 g

- *10 g getrocknete Steinpilze*
- *1 EL Petersilie*
- *250 g Weizenmehl Type 405*
- *2 Eier, 1 Eigelb*
- *2 EL Öl, 1/2 TL Salz*
- *Wasser nach Bedarf*

1. Die getrockneten Steinpilze sehr fein hacken oder im Mörser zerstoßen. Die Petersilie waschen, trockentupfen und ebenfalls fein hacken.

2. Das Mehl auf eine Arbeitsfläche sieben. In die Mitte eine Mulde drücken. Eier, Eigelb, Öl, Salz, Pilze und Petersilie hineingeben und mit einer Gabel verrühren. Alles zu einem geschmeidigen Nudelteig verkneten, bei Bedarf noch etwas Wasser einarbeiten.

Knoblauchnudeln

ERGIBT etwa 400 g

- *3 Knoblauchzehen*
- *2 EL Olivenöl*
- *1/2 TL Salz*
- *250 g Weizenmehl Type 405*
- *2 Eier, 1 Eigelb*
- *Wasser nach Bedarf*

1. Die Knoblauchzehen schälen und zusammen mit dem Öl und dem Salz im Mörser fein zerreiben.

2. Mehl auf eine Arbeitsfläche sieben. In die Mitte eine Mulde drücken. Eier, Eigelb und Knoblauchpaste hineingeben und alles zu einem geschmeidigen Nudelteig verkneten, bei Bedarf noch etwas Wasser einarbeiten.

Tomatennudeln

ERGIBT etwa 500 g

- *50 g Butterschmalz*
- *250 g Weizenmehl Type 405*
- *3 bis 4 Eigelbe*
- *1/2 TL Salz*
- *30 bis 40 g Tomatenmark*
- *etwa 50 ml Wasser*

1. Das Butterschmalz zerlassen. Mehl auf eine Arbeitsfläche sieben und in die Mitte eine Mulde drücken.

2. Eigelbe und Salz in die Mulde geben und mit einer Gabel verrühren. Butterschmalz und Tomatenmark zufügen und mit den anderen Zutaten in der Mulde vermengen. Etwas Mehl einarbeiten und alles mit den Händen zu einem geschmeidigen Teig verkneten. Die Tomatennudeln haben ein angenehm feines, fruchtiges Aroma.

Kräuter im Teig
Aromatisch & attraktiv

Bei Kräuternudeln kann man, was Menge und Auswahl der Kräuter anbelangt, seiner Fantasie freien Lauf lassen: Petersilie, Zitronenmelisse, Basilikum, Dill oder auch Thymian und Salbei eignen sich hierfür gut.

Mit Kräutern lassen sich Nudelteige geschmacklich variieren. Meist kommen sie fein gehackt mit in den Teig und färben ihn dann mehr oder weniger grün. Optisch etwas ganz Besonderes sind jedoch dünn ausgerollte Teigblätter mit ganzen Kräuterblättchen dazwischen. Je nach Muster sollte man sich für das Ausrollen mit der Maschine oder von Hand entscheiden: Die Maschine presst den Teig vor allem in Längsrichtung. Rollt man ihn mit dem Wellholz aus, kann man ihn – mitsamt den Kräutern – auch in Querrichtung dehnen. Zwischen die Nudelblätter sollte kein Mehl gelangen, da sie sonst nicht mehr aneinander haften.

Frühlingskräuter-Nudeln

Für den Nudelteig:

120 g Frühlingskräuter nach Wahl

350 g Weizenmehl, 2 Eier, Salz, Pfeffer

1 EL Olivenöl, Wasser nach Bedarf

1. Die Frühlingskräuter waschen, trockenschleudern und fein hacken. Das Mehl auf eine Arbeitsfläche sieben, in die Mitte eine Mulde drücken und weiterverfahren, wie in der ersten Bildfolge unten gezeigt *[siehe a und b]*.

2. Den Kräuterteig ausrollen und Quadrate ausradeln, wie gezeigt *[siehe c]*. Die Kräuternudeln mit gebräunter Butter und Parmesan servieren.

Kräuterblättchen-Teig

225 g Weizenmehl, 2 Eier, 1 Eigelb

1/2 TL Salz, Kräuterblättchen nach Belieben

1. Aus den angegebenen Zutaten einen geschmeidigen Nudelteig kneten, in Folie wickeln und etwa 1 Stunde ruhen lassen.

2. Den Nudelteig zu Teigblättern ausrollen und die Kräuterblättchen einarbeiten wie in der unteren Bildfolge gezeigt *[siehe a bis c]*.

a **Frühlingskräuternudeln:** Eier, Gewürze, Kräuter und Öl in der Mehlmulde vermengen.

b Mit den Händen kneten, bis ein geschmeidiger Teig entsteht. In Folie gewickelt ruhen lassen.

c Nudelteig 3 mm dick ausrollen und mit dem gezackten Teigrädchen kleine Quadrate (4 cm) ausrädeln.

a **Nudelblätter mit ganzen Kräuterblättchen im Teig herstellen:** Teigstreifen zunächst dünn ausrollen.

b Jeweils 1 Teigblatt mit Kräuterblättchen nach Wahl belegen, das zweite Teigblatt bündig auflegen.

c Die doppelten Teigblätter mit den Kräutern dazwischen in mehreren Durchgängen dünn ausrollen.

Dünn ausgerollte Teigblätter mit grünen Salbeiblättchen dazwischen. Der typische Salbeigeschmack passt gut zu Kalbfleischgerichten. →

Mit Dill, dem klassischen Gurkenkraut, erzielt man besonders filigrane Muster. Dill-Nudelblätter schmecken leicht herb und passen hervorragend zu Lachs in sahniger Sauce. →

← Farbenfroh gestalten lassen sich Nudeln mit bunten Kräuterblättchen. Hier etwa mit verschiedenen Salbeiarten, wobei die roten ein noch intensiveres Aroma als die grünen Blätter besitzen.

← Glatte Petersilie lässt sich gut mit anderen Kräutern mischen. Hier wird sie von Salbeiblüten begleitet. Diese Mischung harmoniert mit beinahe allen Gemüse- und Fleischarten.

Schnittsellerieblätter haben ein kräftiges Selleriearoma. Nudeln, in die dieses Kraut eingearbeitet wurde, schmecken beispielsweise sehr gut in Suppen. →

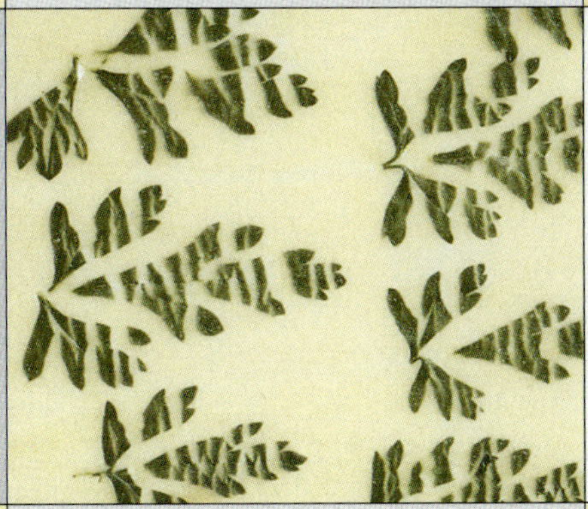

Kleine grüne Salbeiblättchen und blaue Rosmarinblüten sorgen für ein kräftiges mediterranes Aroma. Beide harmonieren farblich wie geschmacklich gut miteinander. →

← Pimpinelle besitzt ein eigenwilliges Aroma und eine hübsche Form. Besonders harmonisch begleiten Pimpinelle-Nudeln Gerichte mit leichtem Essig- oder Zitronenaroma.

← Estragon zeichnet sich durch einen recht markanten Geschmack aus. Man sollte ihn nur vorsichtig mit anderen Kräutern mischen. Estragon-Nudelblätter passen gut zu Huhn.

Optisch sehr attraktiv und mit kräftigem Salbeiaroma sind Nudelblätter, in die grüne Salbeiblätter und die geschmacklich intensiveren roten Blätter einarbeitet wurden. →

Kerbel im Nudelteig bringt eine süßlich-frische Note. Das Aroma passt bestens zu Kartoffeln, Fisch und vielen Salaten. Sehr gut lässt sich Kerbel auch mit Petersilie mischen. →

a | **Nudeln von Hand schneiden:** Teig auf der bemehlten Fläche ausrollen.

b | Antrocknen lassen, Teig mit Mehl oder Grieß bestauben und einklappen.

c | **Für Parpadelle und Lasagnette:** 1,5 cm breite Teigstreifen abschneiden.

d | **Für Tagliatelle:** Nudelteig mit dem Messer in 5 mm breite Streifen schneiden.

e | **Für Taglioni oder Taglierini:** Den Teig 2 bis 3 mm breit abschneiden.

Nudelteig ausrollen & schneiden von Hand

Bei »pasta fresca« ist »selbst gemacht« noch immer gleich zu setzen mit guter Qualität. Und das gilt nicht nur für die Teigzubereitung selbst, sondern auch für die Weiterverarbeitung des Nudelteiges: Vom Ausrollen über das Schneiden bis hin zum Füllen und Formen. Nicht identisch sein muss jedoch »selbst gemacht« und »frisch«: In Italien, vor allem in der Emilia-Romagna, gibt es noch viele Spezialistinnen, meist sind es Frauen, die Tag für Tag frische Nudeln produzieren – sei es für das eigene Restaurant oder zum Verkauf.

Die Produkte dieser »pastaie« sind sehr gefragt; da kann es durchaus ratsam sein, rechtzeitig vorzubestellen, will man am nächsten Tag seine Tagliatelle oder Tortellini sicher haben. Denn auf seine »pasta fresca« will in der Nudelregion rings um Bologna niemand verzichten.

Auch von einem guten Restaurant kann man erwarten, dass die Nudeln »fatta in casa«, also hausgemacht sind. Auch dieser Job ist noch immer überwiegend Frauensache: Das »Nudelmachen« überlässt man nicht Männern oder Maschinen, das ist Sache der »pastaía«, der Nudelköchin. Sie knetet den Teig und rollt ihn mit unglaublicher Geschwindigkeit und Geschicklichkeit zu »sfoglie« aus, wie die großen, dünnen Teigblätter genannt werden. Die »sfoglie« werden dann über Stangen gehängt und eine exakt begrenzte Zeit getrocknet, denn der Teig darf weder zu weich noch zu trocken sein, wenn er dann zum Schneiden zusammengefaltet wird. Mit einer enormen Präzision wird er dann in die gewünschte Breite geschnitten und zu Tagliatelle, Taglierini oder auch den breiten Pappardelle verarbeitet. Locker zu Nestern geformt, warten sie dann auf den Kochtopf.

Das Auswellen des Teiges von Hand bedarf allerdings großer Erfahrung: Weniger Geübte tun sich mit der Nudelmaschine hier wesentlich leichter. Wer es dennoch versuchen will, verwendet am besten ein langes Rollholz aus Hartholz.

Frische Pasta sollte noch am selben Tag gekocht werden, dann sind die Nudeln trocken genug, um beim Kochen die Form zu halten und weich genug, um mit einer kurzen Garzeit auszukommen. Das gilt für Bandnudeln ebenso wie für die diversen gefüllten Sorten wie Ravioli oder Tortellini; und dies um so mehr, wenn die Füllung aus Fleisch oder Fisch besteht und daher leicht verderblich ist.

Nudelteig von Hand so dünn auszurollen, wird wohl nur wenigen gelingen. Schließlich haben die »pastaie« darin auch jahrelange Erfahrung.

Ausgerollt wird der Teigfladen – die »sfoglia« – mit einem langen, dünnen und gleichmäßig dicken Rollholz – am liebsten aus Hartholz gefertigt.

Exaktes Arbeiten *ist hier ein Muss: Beim Ausrollen und Schneiden der Pasta von Hand sollte man darauf achten, dass alle Nudeln gleich breit und gleich stark sind. Nur so ist gewährleistet, dass sie dann alle auch zur selben Zeit gar sind.*

Beim Schneiden der Nudeln von Hand verwendet man am besten ein langes und vor allen Dingen scharfes Messer, wobei die Klinge nicht zu stark sein sollte. Achten sollte man darauf, dass die Nudeln alle dieselbe Stärke und Breite haben. Denn nur so ist gewährleistet, dass sie auch alle gleichzeitig gar sind.

Als Unterlage ist die bewährte Arbeitsfläche aus Holz einfach immer noch ideal. Inzwischen haben sich aber auch Kunststoffbretter durchgesetzt – sie sind leichter sauber zu halten und schonen die Messerschneide ebenso wie das Holz. Weniger gut zum Schneiden geeignet sind dagegen Marmor oder andere Oberflächen moderner Küchen. Damit die Pasta beim Schneiden nicht zusammenklebt, bestreut man den Teigfladen vor dem Zusammenklappen mit Mehl oder –besser noch – mit etwas feinem Grieß (Dunst). So lässt sich der Teig besser schneiden und die Nudeln lösen sich später gut voneinander.

Ein weiterer Vorteil ist, dass man mit Dunst oder Hartweizengrieß bestreute Pasta auch mal einen Tag im Kühlschrank aufbewahren kann, ohne dass sie zusammenklebt. Hilfreich ist das etwa für die Herstellung von Lasagne: Die Teigblätter lassen sich also in aller Ruhe einen Tag im Voraus herstellen. Am andern Tag kann man sich dann ganz auf die Zubereitung der Saucen konzentrieren.

Scheinbar mühelos geht auch das Schneiden: Sämtliche Bandnudeln sind gleich breit, gleich lang und vor allen Dingen gleich stark. Einfach perfekt!

Bis zum Kochen am Mittag oder Abend wickelt man die Nudeln mit Hilfe einer kleinen Schüssel zu Nestern; so erhalten sie genau die richtige Konsistenz.

Mit der Maschine Ausrollen & Schneiden

Wer gerne und oft frische Pasta isst, der ist mit der Anschaffung einer Nudelmaschine gut beraten. Die gängigen Modelle sind meist aus Edelstahl gefertigt und mit einem Walzsystem sowie verschiedenen Schneidevorsätzen ausgestattet. Wer ohnehin eine hochwertige Küchenmaschine besitzt, kann für die Nudelherstellung meist dazu passende Aufsätze erwerben. Diese werden – ganz praktisch – dann direkt an der Küchenmaschine befestigt.

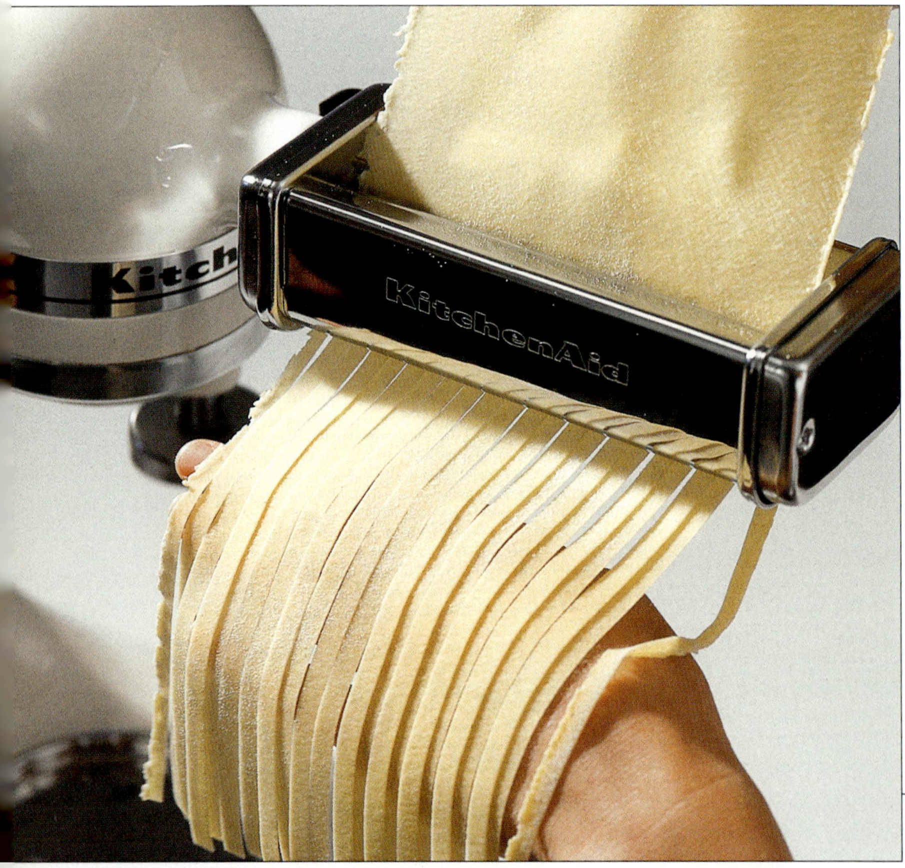

Solch gleichmäßig geformte Nudeln lassen sich für den Unerfahrenen nur mit einer Nudelmaschine herstellen.

Egal, ob mit der Nudelmaschine oder mit dem speziellen Aufsatz für Küchenmaschinen: Durch die maschinelle Hilfe ist das Ausrollen wie auch das Schneiden von Nudelteig ein Kinderspiel.

Arbeitet man mit einer herkömmlichen Nudelmaschine, wird der Nudelteig zunächst in Portionen geteilt und dann zwischen zwei Walzen ausgerollt, wofür einfach an einer Kurbel gedreht wird. Der Abstand der Walzen ist variabel und lässt sich über eine Rasterskala (meist von 1 bis 7) regulieren. Zum Auswellen beginnt man in der Regel mit dem größten Abstand und verringert diesen von Durchgang zu Durchgang, bis die gewünschte Teigstärke erreicht ist. Zwischen den Auswellvorgängen sollte man regelmäßig prüfen, ob der Teig zu kleben beginnt – dann einfach wieder mit etwas Dunst bestauben. So erhält man gleichmäßig dick ausgewellte Teigbahnen, die dann, je nach gewünschter Sorte, nur noch durch den entsprechenden Schneideaufsatz gedreht werden müssen – und fertig sind Fettucine, Tagliatelle & Co.

Zum Antrocknen der Nudeln kann man sie entweder leicht bemehlen und dann locker zu Nestern formen, oder man hängt sie über einen eigens dafür gedachten Nudelständer. Dünne Bandnudeln, wie Taglioni und Taglierini sollten zum Trocknen nicht zu dicht nebeneinander gehängt werden, man läuft sonst Gefahr, die Nudeln miteinander zu verkleben.

Noch einfacher geht die Nudelherstellung mit einer modernen Küchenmaschine. Kein Kurbeln von Hand ist mehr nötig, die Teigbahnen können zum Ausrollen und Schneiden bequem mit beiden Händen festgehalten werden und sie produziert mit einem entsprechenden Zusatz sogar fertig gefüllte und geformte Ravioli.

Ausrollen und schneiden mit der Küchenmaschine: Den Nudelteig in mehreren Durchgängen durchlassen.

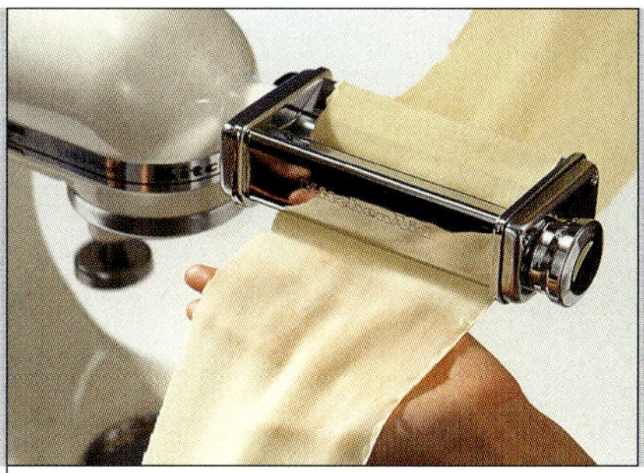

Nach und nach die Walzen immer enger stellen, bis die gewünschte Teigstärke erreicht ist.

Den entsprechenden Aufsatz für Tagliatelle befestigen und die Teigbahnen damit zu Nudeln schneiden.

Ausrollen und schneiden mit der Nudelmaschine: Den Teig in mehreren Durchgängen ausrollen.

Den Vorsatz für Parpadelle oder Lasagnette wählen und die Teigbahnen damit in breite Nudeln schneiden.

Für Taglioni oder Taglierini den entsprechenden Vorsatz wählen und den Teig in schmale Nudeln schneiden.

Fantasievolle Vielfalt

Nudeln schneiden & formen

Maltagliati schneiden: Den Teig mit Mehl oder Dunst bestauben und zu mehreren Lagen zusammenklappen.

Erst die Ecken schräg und dann ein Stück quer abschneiden – hierbei muss es nicht so genau zugehen.

So entstehen spitz zulaufende Nudeln. Auseinander falten und zum Trocknen auf einer bemehlter Fläche auslegen.

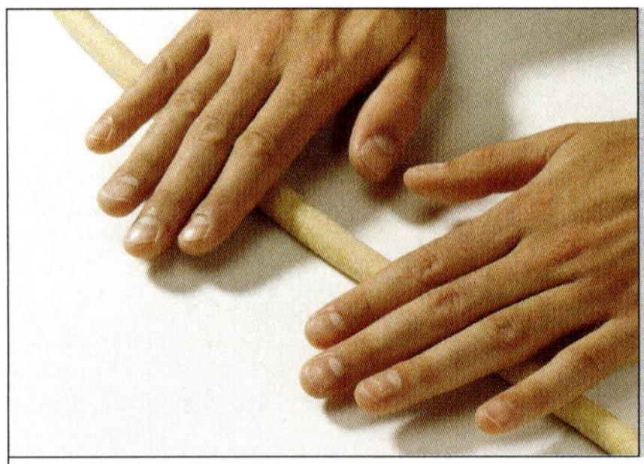

Orecchiette formen: Den Teig von Hand zu mehreren Strängen von etwa 1 cm Durchmesser rollen.

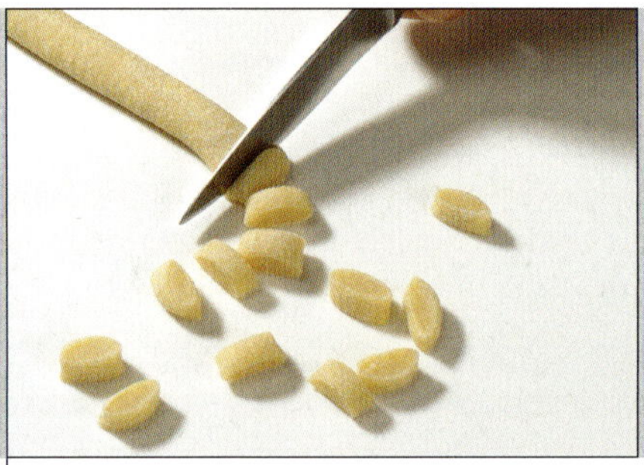

Von jeder Rolle mit einem scharfen Messer etwa 1 cm dicke, gleichmäßig große Stücke abschneiden.

Diese mit dem Daumen oder mit einem Messer mit abgerundeter Spitze zu Orecchiette formen. Antrocknen lassen.

Garganelli formen: Teigquadrate von 6 cm Kantenlänge ausschneiden und um ein Rundholz (5 mm Ø) wickeln.

Das eng aufgewickelte Teigquadrat mit leichtem Druck über ein geriffeltes Holzbrett abrollen.

Das Rundholz vorsichtig herausziehen, dabei die Nudeln aber nicht flach drücken. Etwas antrocknen lassen.

Farfalle formen: Aus dem ausgerollten Teig je nach gewünschter Größe Rechtecke von 1,5 x 3 bis 3 x 6 cm ausradeln.

Einfach geht es, wenn man erst Quadrate ausradelt und diese dann mit einem Teigrädchen längs durchtrennt.

Die Rechtecke in der Mitte mit Zeigefinger und Daumen etwas zusammendrücken. Farfalle antrocknen lassen.

Viele der hier vorgestellten Nudelformen lassen sich mit etwas Zeit und Geduld leicht selbst herstellen. Etwas aufwändiger sind Nudelsorten wie Orecchiette, Garganelli, Farfalle oder Fusilli: Diese müssen nämlich Stück für Stück von Hand in Form gebracht werden. Einfacher und schneller stellt man geschnittene Nudeln her. So muss man etwa beim Schneiden von Maltagliati keine große Sorgfalt walten lassen, denn diese werden – wie der Name »schlecht geschnitten« schon sagt – einfach als Ecken vom zusammengeklappten Nudelteig abgetrennt. Und auch Fleckerln oder Quadrucci machen wenig Mühe. Auch sie schneidet man einfach aus übereinander gelegten dünnen Teigschichten – dazwischen etwas Mehl oder Dunst streuen – in der gewünschten Größe einfach ab.

Besonders attraktiv, aber auch wieder etwas zeitaufwändiger sind bunt gestreifte Nudelblätter. Dafür werden zunächst zwei unterschiedlich farbige Teige hergestellt und bis auf die vorletzte Stufe ausgerollt. Dann schneidet man beide in Streifen und fügt sie dann abwechselnd wieder zusammen, dabei die Kanten mit etwas Wasser befeuchten, so halten die Teigstreifen besser aneinander. Anschließend rollt man die gestreifte Platte vorsichtig aus.

Fleckerln, Quadrucci schneiden: Ausgewellte, 10 cm breite Teigblätter zusammenklappen und in Streifen schneiden.

Die Streifen quer in Quadrate schneiden – beliebte Größen sind etwa Quadrate mit 1,5 bis 2 cm Kantenlänge.

Zweifarbige Nudelblätter herstellen: Mit Teigrädchen und Lineal beide Teige in 1,5 cm breite Streifen schneiden.

Kanten leicht anfeuchten und abwechselnd grüne und helle Streifen überlappend aneinander legen. Erneut ausrollen.

Fusilli formen: Aus einer ausgewellten Teigplatte etwa 2 mm breite und 8 cm lange Streifen abschneiden.

Streifen spiralförmig über ein Rundholz wickeln, das Holz vorsichtig herausziehen. Die Fusilli kurz antrocknen lassen.

Fingerfertigkeit & Gefühl braucht es für diese Nudeln

Spannend, einem chinesischen Dim-Sum-Spezialisten wie Sang Koon Sung, Kanton-Chinese und Spezialist für Teigwaren, bei der Herstellung hauchdünner Fadennudeln zuzuschauen. Die Aufnahmen entstanden im Mandarin-Hotel in Singapur.

Lediglich aus Wasser und Weizenmehl besteht der Teig für die Kanton-Nudeln: Das Mehl wird auf eine Arbeitsfläche geschüttet, hinzu kommen dann nur noch Salz und nach und nach kaltes Wasser. Der Teig hat die Konsistenz eines üblichen Wasserteiges, muss nur sehr kurz ruhen und wird dann auf der zunächst unbemehlten Arbeitsfläche bearbeitet. Der Teig wird zu einem Strang gezogen, zusammengefaltet, wieder gedehnt, zusammengefaltet und so weiter. Dabei wird er in der Luft gedreht, wobei langsam die einzelnen Stränge sichtbar werden, aber immer noch zusammenkleben. Wenn sie etwa einen halben Zentimeter stark sind, werden sie mit reichlich Mehl bestaubt. Der Teig wird dann wieder auseinander gezogen und zusammengefaltet und zwischendurch zu einer Spirale aufgedreht, dabei immer wieder in Mehl gewälzt, so dass sich die immer dünner werdenden Nudeln voneinander trennen. So geht es weiter, bis die gewünschte Stärke erreicht ist. Zum Schluss werden die dicken Teigenden, die etwa die Hälfte des Gewichtes ausmachen, mit einem Messer abgeschnitten. Die fertigen Nudeln trocknen über einer Stange, während die zweite Teighälfte zu neuen Nudeln gezogen wird. Die kulinarische Überraschung dieser Kantoneser Nudeln ist, dass sie – vorausgesetzt, sie werden nicht zu lange gekocht – trotzdem noch einen guten »Biss« haben.

In dreierlei Form

Ravioli mit Ricotta gefüllt

Handarbeit ist bei dieser Methode gefragt: erst die Füllung genau auf der Teigplatte platzieren, das Ganze mit der zweiten Nudelplatte abdecken und dann mit einem Teigrädchen ausradeln.

Traditionell radelt man Ravioli mit einem glatten oder gezackten Teigrädchen aus oder verwendet einen entsprechenden Ausstecher. Aber es gibt auch noch andere Methoden:

Weniger ausradeln oder schneiden muss man, wenn die Füllung nur auf einer Hälfte der Teigbahn sitzt und die andere dann darüber geklappt wird – wie am Beispiel der Paprika-Ravioli zu sehen: hier genügt jeweils ein Schnitt zwischen der Füllung. Zudem gibt es spezielle Bleche, bei welchen die Ravioli einfach mit dem Rollholz abgetrennt werden. Achten sollte man generell darauf, nicht zu viel Füllung zu verwenden. Denn zum einen muss man die Teigränder noch gut andrücken können, ohne dass Füllung austritt, und zum andern geht diese beim Garen noch auf.

Mit Ricotta und Spinat

500 g frischer Nudelteig Nr. 3

Für die Füllung:

300 g junger Blattspinat, 200 g Ricotta

1/2 TL Salz, frisch gemahlener Pfeffer

a **Ravioli »di magro« zubereiten:** Spinat, Ricotta, Gewürze, Parmesan und Eigelbe vermengen.

b In jede Vertiefung etwas Füllung einsetzen und die Teigränder mit Eiweiß bestreichen.

c Eine Teigbahn darüber legen, mit dem Nudelholz darüber rollen; dabei die Füllung nicht verschieben.

a **Kräuter-Ravioli herstellen:** Teig dünn ausrollen und gezackte Kreise von 6 bis 7 cm Ø ausstechen.

b Den Teig ringsum entfernen und jeweils in die Mitte des Kreises 1 TL Füllung setzen.

c Die Teigkreise zusammenklappen und die Ränder – diese eventuell vorher anfeuchten – festdrücken.

frisch geriebene Muskatnuss
100 g frisch geriebener Parmesan, 2 Eigelbe
Außerdem:
1 Eiweiß zum Bestreichen

1. Spinat für die Füllung putzen, in leicht gesalzenem Wasser 2 Minuten blanchieren, in Eiswasser abschrecken, abtropfen lassen und sorgfältig ausdrücken. Die Blätter grob hacken und fortfahren, wie links gezeigt *[siehe a, obere Reihe]*.

2. Nudelteig zu dünnen Teigbahnen ausrollen und eine bemehlte Ravioliform damit auslegen. Die Ravioli füllen, wie gezeigt *[siehe b und c]*. Teig mit den Fingern um die Füllung leicht andrücken.

3. Die Ravioli vorsichtig aus der Form nehmen. In sprudelnd kochendes Salzwasser einlegen, die Hitze reduzieren und die Ravioli in 4 bis 5 Minuten gar ziehen lassen. Herausheben, abtropfen lassen und mit Salbeibutter servieren.

Mit Ricotta und Kräutern

500 g frischer Nudelteig Nr. 3
Für die Füllung:
250 g Ricotta, 1 Ei, 1/2 TL Salz, Pfeffer
1 EL gehackte Petersilie und je 1 TL gehackter Liebstöckel, Thymian und Salbeiblätter
einige Rosmarinnadeln
80 g frisch geriebener Parmesan
Für die Sauce:
60 g Zwiebel, 1 Knoblauchzehe
400 g reife Tomaten, 1 Peperoncino
3 EL Olivenöl, je 1/2 TL Salz und Zucker
Außerdem:
frisch gehobelter Parmesan zum Bestreuen

1. Für die Füllung Ricotta, Ei, Gewürze, Kräuter und Parmesan in einer Schüssel gut verrühren. Zwiebel und Knoblauchzehe für die Sauce schälen und sehr fein hacken. Tomaten blanchieren, kalt abschrecken, häuten, Stielansatz und Samen entfernen und das Fruchtfleisch in kleine Würfel schneiden. Peperoncino von Samen und Scheidewänden befreien und sehr fein schneiden.

2. Das Olivenöl erhitzen, Zwiebel und Knoblauch darin hell anschwitzen und die Tomatenwürfel zufügen. Salz, Zucker und Peperoncino zufügen und alles 10 bis 15 Minuten im offenen Topf köcheln lassen.

3. Die Ravioli formen und füllen, wie in der Bildfolge links unten beschrieben *[siehe a bis c]*. 8 bis 10 Minuten in Salzwasser kochen, herausheben und die Ravioli auf vorgewärmten Tellern anrichten. Mit der Sauce und Parmesan servieren.

Mit scharfer Ricotta-Paprika-Füllung

500 g frischer Nudelteig Nr. 3
Für die Füllung:
1 rote Chilischote, ohne Samen
100 g Paprikafruchtfleisch (geschält)
30 g Frühlingszwiebeln, 1 Knoblauchzehe
50 g luftgetrockneter Schinken (etwa Parma)
30 g geriebener Pecorino
1 EL gehackte Petersilie, 1 Ei
Salz, gemahlener Pfeffer, 250 g Ricotta
Außerdem:
1 Eiweiß zum Bestreichen

1. Chili- und Paprikafruchtfleisch fein würfeln. Frühlingszwiebeln putzen, Knoblauch schälen und beides wie den Schinken in feine Würfel schneiden. Das Ei trennen. Die zerkleinerten Zutaten, Pecorino, Petersilie, Eigelb, Salz und Pfeffer mit der Ricotta vermengen.

2. Teig mit der Maschine zu dünnen Bahnen ausrollen (10 x 40 cm) und füllen, wie rechts gezeigt *[siehe a bis d]*. Paprika-Ravioli in kochendem Salzwasser 6 bis 7 Minuten garen, herausheben, gut abtropfen lassen. Dazu passt eine gelbe Paprikasauce.

a **Paprika-Ravioli**: Füllung auf 1. Hälfte setzen. Rand mit Eiweiß bestreichen.

b Die 2. Hälfte der Teigbahn darüber schlagen; gut festdrücken.

c Teig zwischen der Füllung mit einem Kochlöffelstiel andrücken.

d Die Bahn mit einem glatten Teigrädchen in einzelne Ravioli trennen.

Tortellini
Delikate Kunstwerke

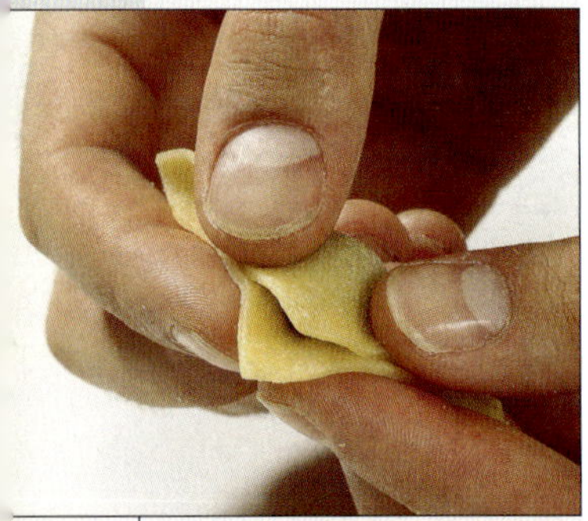

a **Tortellini formen:** Die gefüllten Quadrate dreieckig zusammenfalten. Die Ränder andrücken.

b Dreiecke mit der Spitze nach unten um den Zeigefinger schlingen; Enden gut festdrücken.

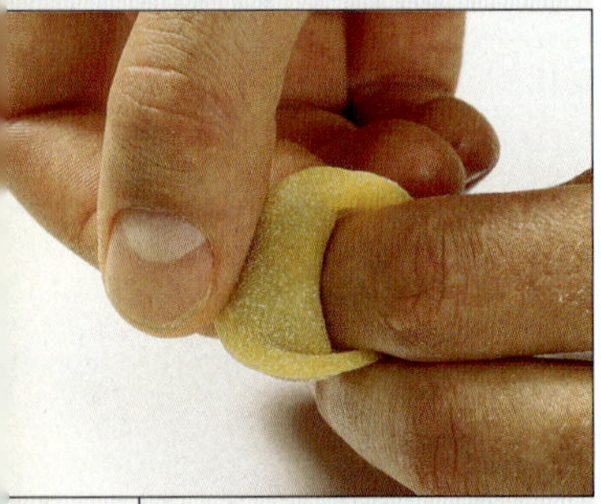

c Die Teigspitzen mit der anderen Hand umklappen und das Teigtäschchen vom Finger ziehen.

Ein Maximum an Füllung auf einer kleinen Teigfläche unterzubringen – das ist die Kunst der handgemachten Tortellini aus Bologna. Und von Hand sorgfältig hergestellt werden sie auch heute noch, zumindest in den Restaurants oder von den »pastaie«. So bereiten Familienbetriebe Tag für Tag viele hunderte dieser winzigen gefüllten Nudeln frisch zu. Dafür sind unzählige Handgriffe nötig – angefangen vom Auswellen des Teiges, so dünn wie möglich, versteht sich, so dass man die Buchstaben der Zeitung dahinter lesen kann – bis hin zum Falten. Geschnitten werden die kleinen Teigquadrate mit dem Messer – doch alle sind sie am Ende gleich groß, was übrigens auch für die Füllung gilt. Jede flinke Hand ist dann nötig, um die Quadrate zu Dreiecken zu falten und über den Zeigefinger zu rollen. Darauf folgt das Zusammendrücken, die Spitzen umschlagen und wieder vom Finger ziehen – und das alles geht so schnell, dass das Auge kaum folgen kann. Warum die Bologneser Pasta-Profis diese Handgriffe nicht den Maschinen überlassen, hat neben der besseren Qualität sicher auch etwas mit Tradition zu tun. Und diese wird vom Verbraucher honoriert. Es sind aber nicht nur die Gourmets, die in den Luxus-Restaurants von Hand hergestellte Tortellini genießen möchten: In Bologna gehören diese Teigwaren zu einem »gut bürgerlichen« Essen einfach dazu.

Die Basis für die Füllung der Tortellini ist meistens Kalb- und Schweinefleisch sowie Geflügel wie Huhn oder Truthahn. Zu einer echten Bologneser Füllung gehört auch Mortadella, die nicht nur Geschmack, sondern zudem Fett und Bindung mitbringt. Und der luftgetrocknete Parmaschinken ist ein willkommener geschmacklicher Kontrapunkt, der jedoch nicht immer verwendet wird.

Tortellini alla bolognese

500 g frischer Nudelteig Nr. 3

Für die Füllung:

je 120 g Schweine- und Kalbfleisch

100 g Hühnerbrust

50 g Butter

125 g Mortadella, 60 g Parmaschinken

3 Eigelbe

100 g frisch geriebener Parmesan

Salz, frisch gemahlener Pfeffer

frisch geriebene Muskatnuss

Für die Salbeibutter:

20 Salbeiblättchen, 60 bis 80 g Butter

Außerdem:

frisch geriebener Parmesan zum Bestreuen

1. Den frisch zubereiteten Nudelteig in Folie einschlagen und den Teig im Kühlschrank 1 Stunde ruhen lassen.

2. Für die Füllung das Fleisch parieren, das heißt, alle Sehnen und Hautreste entfernen. Das Fleisch in kleine Würfel schneiden.

3. Die Butter in einer Pfanne zerlassen und das Schweine-, Kalb- und Hühnerfleisch bei geringer Hitze von allen Seiten hell anbraten. Anschließend etwa 10 Minuten gar ziehen lassen. Aus der Pfanne nehmen. Die Mortadella klein schneiden und kurz anbraten. Das gesamte Fleisch zusammen mit dem Schinken und der Wurst durch die feine Scheibe

Etwas Salbeibutter *und Parmesan sind die richtigen Begleiter für diese kleinen Teigtäschchen. Dank ihrer feinen Füllung schmecken die Tortellini solo so gut, dass eine zu kräftige Sauce das delikate Aroma nur erdrücken würde.*

des Fleischwolfs drehen. Eigelbe und Parmesan zufügen und alles zu einem Fleischteig verarbeiten. Mit Salz, Pfeffer und Muskatnuss würzen und die Masse zugedeckt im Kühlschrank 2 bis 3 Stunden durchziehen lassen.

4. Den Nudelteig von Hand oder mit der Maschine möglichst dünn ausrollen und in Quadrate von etwa 4 cm Kantenlänge schneiden. Die Füllung in haselnussgroßen Häufchen in die Mitte der Teigquadrate setzen und die Tortellini formen, wie in der Bildfolge links *[siehe a bis c]* gezeigt. Auf ein gut bemehltes Brett legen und antrocknen lassen.

5. Tortellini in sprudelnd kochendes Salzwasser einlegen, die Hitze reduzieren und gar ziehen lassen, bis sie an die Oberfläche steigen.

6. Inzwischen die Salbeiblättchen je nach Größe ganz lassen oder in Streifen schneiden. Butter zerlassen und den Salbei darin kurz schwenken. Tortellini aus dem Wasser heben, gut abtropfen lassen und auf Tellern anrichten. Mit Salbeibutter beträufelt und mit Parmesan bestreut sofort servieren.

Geschickt schneiden die »pastaie« die kleinen Teigquadrate mit dem Messer – sie sind so geübt, dass sie nicht einmal ein Lineal zur Hilfe nehmen.

Für die folgenden Arbeitsgänge werden gleich mehrere Hände gebraucht. Diese falten, rollen und klappen die Teigdreiecke zu wohlgeformten Tortellini.

Mit köstlicher Kruste

Zweimal Cannelloni

Große Röhrennudeln sind zum Füllen bestens geeignet. Fleisch, Meeresfrüchte oder auch Gemüse machen sich gut als Innenleben.

Getrocknete Cannelloni füllt man am besten mit einem Spritzbeutel. Besonders geeignet sind »Einmalbeutel«, die ohne Tülle im Handel angeboten werden.

Für die Herstellung von Cannelloni gibt es mehrere Methoden. Solche aus frischem Nudelteig kann man aufrollen wie einen Strudel – wie bei den aufrechten Cannelloni rechts gut erkennbar. Die getrockneten Röhren gibt es als Fertigprodukt im Supermarkt. Sie lassen sich im rohen Zustand ganz leicht mit Hilfe eines Spritzbeutels füllen. Zum Backen benötigen sie dann ausreichend Flüssigkeit – beispielsweise in Form einer Béchamelsauce.

Cannelloni mit Kaninchen-Füllung

12 weiße getrocknete Cannelloni-Rollen

Für die Kaninchen-Füllung:

80 g Zwiebeln, 1 Knoblauchzehe
60 g Möhre, 40 g Stangensellerie,
80 g geschälte rote Paprikaschote
1 rote Chilischote
500 g pariertes Kaninchenfleisch
4 EL Olivenöl, 1 EL Tomatenmark, Salz
Pfeffer, 100 ml Geflügelfond, 1 Ei, 1 Eigelb
20 g frisch geriebener Parmesan
1 EL gehackte Kräuter (Petersilie, Thymian, Salbei, Rosmarin)

Für das Gemüsebett:

100 g Auberginen, 120 g Zucchini
je 100 g rote und gelbe Paprikaschote
80 g Zwiebeln, 1 Knoblauchzehe
200 g Tomatenfruchtfleisch, 3 EL Olivenöl
150 ml Gemüsefond, 1 EL gehackte Kräuter
40 kleine schwarze Nizzaoliven
Salz, frisch gemahlener Pfeffer

Für die Béchamel-Sauce:

10 g Butter, 15 g Mehl, 1/4 l Milch, 1/4 TL Salz
Pfeffer, 1 kleines Eigelb, 50 ml Sahne

Außerdem:

20 g frisch geriebener Pecorino, 20 g Butter

1. Für die Füllung Zwiebeln, Knoblauch, Möhre und Stangensellerie schälen beziehungsweise putzen und jeweils in sehr kleine Würfel schneiden. Das Paprika- und Chilifruchtfleisch ebenfalls fein würfeln. Das Kaninchenfleisch durch die feine Scheibe des Fleischwolfs drehen.

2. Das Öl in einer Pfanne erhitzen und die Zwiebeln sowie den Knoblauch darin anschwitzen. Gemüse und Chili einige Minuten mitschwitzen.

Kaninchenfleisch untermengen und bei starker Hitze anbraten. Tomatenmark einrühren, salzen und pfeffern. Fond angießen und fast völlig einkochen lassen. Die Mischung vom Herd nehmen und abkühlen lassen. Die Füllung in kleinen Portionen in der Küchenmaschine pürieren – aber nur kurz, sonst gerinnt die Masse! Ei, Eigelb, Parmesan sowie die Kräuter untermischen, abschmecken.

3. Für das Gemüsebett Auberginen und Zucchini putzen. Paprikaschoten halbieren, Stielansatz, Samen und Scheidewände entfernen. Auberginen, Zucchini und Paprika etwa 1 cm groß würfeln. Zwiebeln und Knoblauch schälen, beides fein hacken, das Tomatenfruchtfleisch würfeln. Öl erhitzen und das Gemüse – mit Ausnahme der Tomatenwürfel – 2 bis 3 Minuten darin braten. Tomaten zufügen, den Fond angießen und alles 2 bis 3 Minuten köcheln. Kräuter und Oliven zufügen, die Gemüsemischung salzen, pfeffern und auf dem Boden einer feuerfesten Form verteilen.

4. Für die Béchamelsauce die Butter zerlassen, das Mehl darin farblos anschwitzen und nach und nach mit der Milch glatt rühren. Mit Salz und Pfeffer würzen und die Sauce unter häufigem Rühren 10 Minuten köcheln lassen. Das Eigelb mit der Sahne verquirlen, die Sauce vom Herd nehmen und mit dem verquirlten Eigelb legieren. Die Béchamelsauce durch ein Sieb passieren.

5. Die Füllung in einen Spritzbeutel füllen und in die Cannelloni spritzen. Die Cannelloni nebeneinander auf das Gemüsebett legen, mit der Béchamel-Sauce übergießen, mit dem Käse bestreuen und mit Butterflöckchen belegen. Im vorgeheizten Ofen bei 190 °C etwa 20 Minuten backen.

Die Mischung aus Bröseln, Parmesan und Butter hält die Füllung der Cannelloni schön saftig und sorgt für eine goldbraune Kruste.

Aufrechte Cannelloni

500 g frischer Nudelteig Nr. 3
Für die Pilz-Füllung:
300 g Austernpilze, 60 g Butter
80 g sehr feine Zwiebelwürfel
2 Knoblauchzehen, fein gehackt
350 g gehacktes mageres Schweinefleisch
150 g gehackte Schweineleber
400 g geputzter frischer Spinat
Salz, frisch gemahlener Pfeffer
Außerdem:
20 g Butter, 2 EL gehackte Frühlingszwiebeln
je 2 EL gewürfelte Möhre und Stangensellerie
1 Eiweiß, 100 g zerlassene Butter
10 g Semmelbrösel mit 10 g geriebenem Parmesan vermischt

1. Für die Füllung Austernpilze putzen und in Streifen schneiden. Butter zerlassen und die Zwiebel- und Knoblauchwürfel darin anschwitzen. Das Hackfleisch mitbraten, bis es krümelig zerfällt. Leber, Spinat und Austernpilze kurz mitbraten, die Mischung salzen, pfeffern und beiseite stellen.

2. Den Nudelteig ausrollen und zu Cannelloni verarbeiten, wie rechts gezeigt *[siehe a bis c]*.

3. Inzwischen in einer Kasserolle die Butter zerlassen und die Frühlingszwiebel-, Möhren- und Selleriewürfel darin kurz anschwitzen. Die Gemüsemischung auf dem Boden einer Auflaufform verteilen. Die angefrorenen Cannelloni in Stücke schneiden und auf das Gemüse setzen, wie gezeigt *[siehe d]*. Die Rollen mit der Hälfte der zerlassenen Butter beträufeln und bei 200 °C im vorgeheizten Ofen backen. Nach 15 Minuten mit der Semmelbrösel-Parmesan-Mischung bestreuen, die restliche Butter darüber träufeln und weitere 10 Minuten backen. Herausnehmen und servieren.

a **Aufrechte Cannelloni:** Den Nudelteig ausrollen und 4 Platten von 15 x 30 cm ausschneiden.

b Die Füllung darauf verteilen und den oberen freien Teigrand mit Eiweiß bepinseln.

c Teigplatten aufrollen, fest andrücken und für 20 Minuten in den Gefrierschrank legen.

d Die Cannelloni in 3 cm breite Stücke schneiden und aufrecht in die Auflaufform legen.

Appetitlich gelb und mit leichtem Biss – so sollen Nudeln sein! Sie lassen sich frisch mit Sauce, Ragù & Co. genießen oder auch fantasievoll weiterverarbeiten.

Öl ins Kochwasser gibt man nur in Ausnahmefällen – etwa bei Lasagneblättern.

Abbrausen ist selten nötig, allenfalls dann, wenn Nudeln nicht kleben sollen.

Beim Kochen von Pasta – ob frisch hergestellt oder getrocknet – sollte man mindestens so viel Sorgfalt walten lassen, wie bei der Herstellung der Pasta selbst. Werden aber einige Grundregeln beachtet, so steht dem Genuss nichts mehr im Wege.

Die erste Voraussetzung für schmackhafte Pasta ist der richtige Topf: Der ideale Pastatopf ist von guter Qualität, leitet somit die Wärme gleichmäßig und ist natürlich groß und hoch genug, um ausreichend Wasser zu fassen. Die Faustregel lautet: 1 l Wasser für 100 g Nudeln – das ist das Minimum, damit Pasta immer vom Wasser umspült wird! Eine erhöhte Wassermenge ist für ein gutes Ergebnis nur von Vorteil, denn Nudeln brauchen nicht nur Platz, sondern auch eine möglichst konstante Temperatur, und die lässt sich mit einer größeren Wassermenge einfach leichter aufrechterhalten.

Ein passender Deckel ist zudem nötig, damit das Wasser nach dem Zufügen der Pasta schnell wieder seine nötige Temperatur erreicht. Kocht es wieder, schiebt man den Deckel etwa zu einem Drittel zur Seite, damit der Dampf beim Kochen abziehen kann. Pasta lässt sich auch im offenen Topf kochen, dadurch kann man den Kochvorgang besser überwachen. Der Nachteil ist hier der erhöhte Energieverbrauch! Während des Garens sollte sich das Wasser deutlich bewegen, erkennbar an der gekräuselten Oberfläche, aber nicht unbedingt sprudeln. Die Nudeln bewegen sich dann im Wasser automatisch. Trotzdem rührt man am besten ab und zu mit einem Holzlöffel um, so hängen die Nudeln nicht an und bilden keine Nester.

»Al dente« – ist der Begriff, der den richtigen Biss der Pasta bezeichnet. Den exakten Garpunkt zu bestimmen, ist tatsächlich nicht ganz so einfach. Nur durch mehrmaliges Prüfen gegen Ende der Garzeit kann man ihn genau herausfinden. Der Grund dafür besteht darin, dass die Nudeln beim Kochprozess schnell Wasser aufnehmen. Sie werden also von außen nach innen immer weicher und quellen auf. Der richtige Garpunkt ist dann erreicht, wenn sie sich insgesamt weich anfühlen, beim Hineinbeißen aber noch einen deutlich festen, weißen Kern (etwa nadelspitzgroß) haben. Wichtig: Immer nur eine Nudel testen. Beißt man nämlich in mehrere Nudeln gleichzeitig, so fällt das Urteil viel schwerer. Der Garprozess verläuft bei getrockneten und frischen Nudeln natürlich unterschiedlich schnell.

Frische Nudeln haben teilweise sehr kurze Garzeiten, die man ebenfalls genau überwachen sollte. Gar sind sie dann, wenn sie an die Oberfläche steigen. Hervorragend schmeckt die Pasta, wenn man sie etwa 1 Minute vor Ende der Garzeit abgießt, kurz abtropfen lässt, unter die Sauce mischt, darin noch kurz fertig gart und die Pasta dann sofort serviert. Vom Kochwasser der Pasta sollte man stets etwas zurückbehalten, denn fällt die Sauce mal zu dick aus, kann man sie damit bestens verdünnen.

Zudem werden die Nudeln in der Regel nicht mit Wasser abgebraust. Denn dadurch wird auch die anklebende Stärkeschicht abgewaschen. Für die typischen Pastagerichte hingegen ist die an den Nudeln klebende Stärkeschicht gerade willkommen. An ihr bleiben Sughi oder Ragù nämlich besonders gut haften, und so können sich Nudeln und Sauce besonders gut verbinden. Eigens hierfür haben sich die findigen und in Sachen Pasta erfahrenen Italiener noch etwas einfallen lassen, um ihre Pasta zu perfektionieren: »Rigati« heißen Nudeln, die eine gerippte Oberfläche besitzen – an der dann Sughi und Käse noch besser haften. Abbrausen sollte man gegarte Nudeln nur, wenn ausdrücklich eine glatte Oberfläche der Pasta gewünscht wird, eventuell für eine Beilage. Bei der Zubereitung eines Pastasalats hingegen stört die Stärkeschicht nicht: Damit die Nudeln nicht zusammenkleben, breitet man sie nach dem Kochen zum Auskühlen auf einem Blech aus, beträufelt sie mit ein paar Tropfen Olivenöl – so kühlen die Nudeln schnell ab und können gleich mit der Marinade vermengt werden.

Pasta richtig kochen

Al dente, also »mit Biss«

Viel Wasser ist wichtig, damit die Pasta gut garen kann. Faustregel: 1 Liter Wasser benötigt man für 100 g Pasta.

Das Kochwasser salzen: Man rechnet etwa 10 g – das ist 1 schwach gehäufter Teelöffel – auf 1 Liter Wasser.

Nudeln einlegen: Erst wenn das Wasser sprudelnd kocht, die Nudeln einlegen oder auf einmal hineinschütten.

Mit einem Holzlöffel oder einer -gabel umrühren, damit die Nudeln nicht zusammenkleben.

Deckel auflegen: Den Topf so abdecken, dass der Dampf abziehen kann. So wird schnell die nötige Temperatur erreicht.

Während des Garens soll sich die Wasseroberfläche leicht kräuseln. Die Nudeln bewegen sich dann gleichmäßig.

Garprobe machen: Für Nudeln mit »Biss« am Ende der Garzeit mehrmals eine Nudel auf ihren Gargrad testen.

Sobald die Nudeln »al dente« sind, also noch einen festen Kern haben, abgießen und gut abtropfen lassen.

Etwas vom Kochwasser aufbewahren. Um die Nudeln kurz warm zu halten oder falls die Sauce zu trocken gerät.

Hauchdünn & knusprig
Pikant gefüllte Teigblätter

a **Filoteig-Förmchen backen:** Je 3 Teigquadrate so in eine Vertiefung des Muffinblechs legen, dass die Ecken jeweils etwas in die Höhe stehen.

b Die Teigförmchen bei 180 °C im vorgeheizten Ofen nach Sicht 6 bis 8 Minuten backen. Herausnehmen, vorsichtig aus dem Blech lösen und abkühlen lassen.

c Etwas Rührei in die Filoteigförmchen füllen. Je ein Stück Räucheraal auflegen, mit Schnittlauchspitzen, Chiliringen und gekochten Erbsen garnieren.

→ **Übrige Teigblätter** kann man entweder, fest in Folie verpackt, im Kühlschrank aufbewahren. Dort halten sie sich noch 3 bis 4 Tage. Oder gut verpackt, lassen sie sich aber auch tadellos einfrieren. Bei Bedarf nimmt man sie dann aus dem Gefriergerät und lässt sie bei Zimmertemperatur auftauen. Dabei darauf achten, dass die Teigblätter nicht austrocknen. Sonst werden sie spröde und sind nicht mehr zu verwenden.

Im Mittelmeerraum – von Griechenland über die Türkei bis nach Nordafrika, kennt man die hauchdünnen Teigblätter, die süß oder pikant gefüllt und dann gebacken werden. Egal, ob Filoteig, Yufka-, Brik- oder Warkha-Blätter, einmal aus der Packung genommen, dürfen sie nicht lange offen liegen bleiben, da sie recht schnell austrocknen. Am besten wickelt man die Teigblätter in ein leicht feuchtes Tuch.

Filoförmchen mit Rührei

1 Filo-Teigblatt (48 x 36 cm, 40 g)

etwas zerlassene Butter

Für die Füllung:

200 g Räucheraal, 80 g ausgepalte Erbsen

1 kleine rote Chilischote, 4 Eier

Salz, frisch gemahlener Pfeffer, 20 g Butter

Außerdem:

1 Mini-Muffin-Blech mit 12 Vertiefungen

ein paar Schnittlauchspitzen, Chiliringe

a **Briks zubereiten:** Je 1/8 der Füllung darauf verteilen, 1 Ei zufügen.

b Den Rand mit Eiweiß bestreichen und die Teigblätter halb zusammenklappen.

c Den oberen Rand erneut mit Eiweiß bestreichen und auf ein Viertel zusammenfalten.

d Öl auf 180 °C erhitzen. Gefüllte Taschen von jeder Seite etwa 2 Minuten ausbacken.

1. Filo-Blatt ausbreiten, dünn mit Butter bepinseln und in 6 cm große Quadrate schneiden. Das Blech mit Butter auspinseln und weiterarbeiten, wie in der Bildfolge links gezeigt *[siehe a]*. Teig am Boden leicht festdrücken und backen *[siehe b]*.

2. Für die Füllung den Aal von Haut und Gräten befreien und in 2 cm große Stücke schneiden. Die Erbsen in kochendem Salzwasser 5 bis 6 Minuten garen, abschrecken und gut abtropfen lassen. Chilischote waschen, vom Stielansatz befreien und in feine Ringe schneiden, dabei die Samen entfernen.

3. Die Eier mit Salz und Pfeffer in einer Schüssel verquirlen und die Chiliringe unterrühren. Butter zerlassen und die Eimasse hineingießen, kurz stocken lassen und rühren, bis das Rührei gleichmäßig cremig aussieht und noch feucht glänzt. Die Förmchen füllen, wie gezeigt *[siehe c]*.

Briks

16 Warkha-Teigblätter (22 cm Ø), 1 Eiweiß, Öl

Für die Füllung:

350 g rote Spitzpaprika

250 g hellgrüne Zucchini, 1 grüne Peperoni

120 g weiße Zwiebeln, 2 Knoblauchzehen

2 EL Olivenöl, Salz, frisch gemahlener Pfeffer

1/4 TL gemahlener Kreuzkümmel

1 TL edelsüßes Paprikapulver

1 EL gehackte Petersilie

1 EL gehacktes Koriandergrün, 8 Eier

1. Paprikaschoten für die Füllung halbieren, Samen und Scheidewände entfernen und sehr klein würfeln. Zucchini putzen und ebenfalls klein würfeln. Peperonifruchtfleisch fein hacken. Zwiebeln und Knoblauch schälen und fein hacken.

2. Öl erhitzen, Zwiebeln und Knoblauch darin glasig schwitzen. Paprika-, Zucchini- und Peperoniwürfel kurz mitschwitzen. Mit Salz, Pfeffer, Kreuzkümmel und Paprika würzen, Kräuter einstreuen und auskühlen lassen. Je 2 Teigblätter in einen tiefen Teller legen und weiterverfahren, wie links unten gezeigt *[siehe a bis d]*.

a **Fetatäschchen zubereiten:** 1 EL Füllung auf jeden Streifen setzen. Die Teigkante diagonal darüber klappen. Diagonal weiterfalten, bis der Teig aufgebraucht ist.

b Das Ende mit Eiweiß bestreichen, festdrücken. Die Täschchen auf ein leicht gebuttertes Blech legen und mit Eigelb bestreichen.

c Die Feta-Täschchen bei 200 °C im vorgeheizten Ofen in 10 bis 12 Minuten knusprig backen. Herausnehmen und servieren. Dazu passt gut ein leichter Salat. Wer möchte, kann die Täschchen auch im 180 °C heißen Öl frittieren, dann wird allerdings die Oberfläche nicht ganz so glatt.

Feta-Täschchen

3 Yufka-Blätter (45 x 40 cm, je 80 g)

1 Eiweiß, Öl zum Ausbacken

Für die Füllung:

1 Knoblauchzehe

60 g weiße Zwiebel

80 g blanchierter Spinat, gut ausgedrückt

250 g Feta, zerbröckelt

Salz, frisch gemahlener Pfeffer, 1 Eiweiß

1. Knoblauch und Zwiebel schälen, fein würfeln. Spinat klein schneiden. Mit dem Feta vermengen, salzen, pfeffern und das Eiweiß untermengen.

2. Teigblätter (leicht feucht halten) in 6 cm breite und 32 cm lange Streifen schneiden. Weiterverfahren, wie oben gezeigt *[siehe a bis c]*.

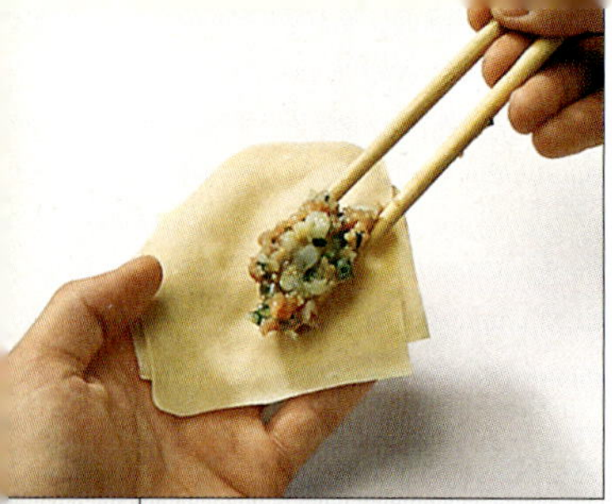

a **Won-tans formen:** Je etwas Füllung auf das untere Teigdrittel setzen.

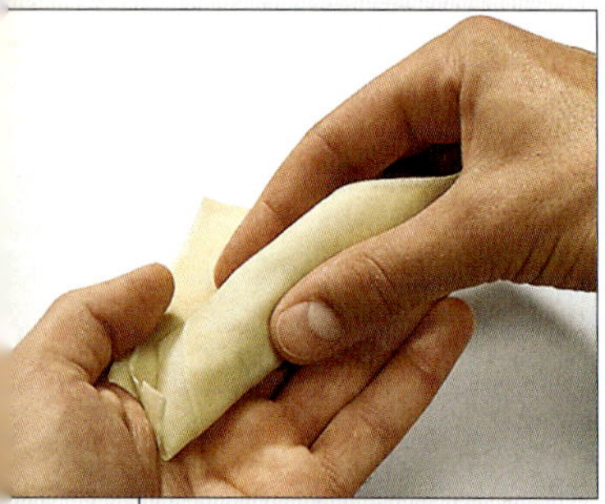

b Die untere Ecke über die Füllung schlagen und zu zwei Drittel aufrollen.

c Die Enden ringförmig biegen, mit Eiweiß bestreichen und gut festdrücken.

d Die Spitzen der beiden Teigblätter vorsichtig auseinander ziehen.

Auch in Asien beliebt

Teigblätter mit Füllung

In vielen asiatischen Ländern schätzt man köstlich gefüllte und knusprig ausgebackene Teigtaschen – wobei die Größe durchaus variieren kann, von den Mini-Won-tans bis zu den größeren Frühlingsrollen. Die Teigblätter für beide Spezialitäten sind hier zu Lande gefroren im Handel erhältlich; Selbermachen lohnt hier nicht. Vor der Verwendung lässt man Frühlingsrollen- oder Won-tan-Blätter im Kühlschrank langsam auftauen; dann lassen sie sich einzeln aus der Packung nehmen und verarbeiten. Etwas anders sieht es bei den getrockneten Reisblättern aus: Sie müssen kurz in Wasser oder zwischen zwei feuchten Tüchern eingeweicht werden. Und auch beim Rollen sollte man besonders vorsichtig sein, da der Teig leicht reißt: Am besten man rollt Teigtaschen aus Reisblättern mit Hilfe eines Tuches – wie einen Strudel – auf.

Frittierte Won-tans gibt es mit den unterschiedlichsten Füllungen: In diesen steckt eine gut gewürzte Mischung aus Fleisch, Garnelen und Sojasprossen.

Won-tans

ERGIBT 40 Stück

80 Won-tan-Blätter

200 g mageres Schweinefleisch

100 g rohe Garnelenschwänze, geschält

60 g Frühlingszwiebeln

10 g frische Ingwerwurzel, 1 Knoblauchzehe

50 g frische Sojasprossen, 1 rote Chilischote

2 TL Sesamöl, 1 EL helle Sojasauce

1 Eigelb, Salz, frisch gemahlener Pfeffer

Außerdem:

1 Eiweiß zum Bestreichen

Erdnussöl zum Ausbacken

1. Für die Füllung der Won-tans das Schweinefleisch und die geschälten Garnelen sehr fein würfeln. Frühlingszwiebeln putzen, sehr fein hacken. Ingwerwurzel und Knoblauch schälen, beides fein hacken. Die Sojasprossen ebenfalls fein hacken. Die Chilischote halbieren, Samen und Scheidewände entfernen und das Fruchtfleisch in sehr feine Streifen schneiden.

2. In einer Schüssel Fleisch, Garnelen, Frühlingszwiebeln, Ingwer, Knoblauch, Sojasprossen und Chiliringe vermengen. Mit Sesamöl und Sojasauce übergießen und das Eigelb unterrühren. Mit Salz und Pfeffer würzen und alles gut vermengen.

3. Je 2 der aufgetauten Won-tan-Blätter leicht überlappend aufeinander legen, füllen und zu Won-tans formen, wie in der Bildfolge links gezeigt *[siehe a bis d]*. Die Won-tans bis zum Frittieren mit einem feuchten Tuch abdecken.

4. Das Erdnussöl im Wok oder in der Fritteuse auf 180 °C erhitzen und die Won-tans darin schön goldbraun frittieren. Herausheben, gut abtropfen lassen, die Won-tans auf Küchenpapier entfetten und servieren.

Frühlingsrollen mit Garnelen-Gemüse-Füllung

ERGIBT 8 Stück

8 Frühlingsrollenblätter (21,5 x 21,5 cm)

300 g rohe Garnelenschwänze, geschält

60 g Frühlingszwiebeln, 2 Knoblauchzehen

1 rote Chilischote, 80 g Bobby-Bohnen

80 g Stangensellerie, 100 g Möhren

150 g rote, gelbe und grüne Paprikaschoten

80 g Sojasprossen, 4 EL Erdnussöl

4 EL helle Sojasauce

2 EL Fischsauce, Salz, Pfeffer

Außerdem:

1 Eiweiß zum Bestreichen

Erdnuss- oder Sojaöl zum Frittieren

1. Für die Füllung die Garnelenschwänze längs halbieren, Darm entfernen und das Garnelenfleisch fein würfeln. Frühlingszwiebeln putzen, in feine Ringe schneiden. Knoblauch schälen, fein würfeln. Chilischote vom Stielansatz befreien und in feine Ringe schneiden, dabei die Samen entfernen. Bohnen und Stangensellerie putzen, die Bohnen quer in dünne Scheiben schneiden. Möhren schälen und wie den Stangensellerie in feine 5 cm lange Streifen schneiden. Paprikafruchtfleisch ebenfalls in feine Streifen schneiden. Sojasprossen verlesen, waschen und gut abtropfen lassen.

2. Das Erdnuss- oder Sojaöl im Wok erhitzen und das Garnelenfleisch darin unter Rühren 2 bis 3 Minuten braten. Herausnehmen. Frühlingszwiebelringe, Knoblauch und Chiliringe kurz im heißen Öl braten. Bohnen, Sellerie und Möhren 3 bis 4 Minuten unter Rühren mitbraten. Paprika zufügen und alles weitere 3 Minuten pfannenrühren. Sojasprossen zufügen, noch 1 Minute mitbraten. Garnelenfleisch wieder untermischen und noch 1 bis 2 Minuten braten. Sojasauce und Fischsauce zugießen, salzen, pfeffern und die Füllung etwas abkühlen lassen. Weiterverfahren, wie in der Bildfolge rechts gezeigt *[siehe a bis d]*. Die Frühlingsrollen herausnehmen, abtropfen lassen und nach Belieben mit Chilisauce servieren.

Frühlingsrollen *kommen schön knusprig aus dem heißen Öl. Mit einer selbst gemachten Füllung aus Garnelenfleisch und viel Gemüse schmecken sie einfach köstlich. Wer will, serviert sie mit einer heißen Chilisauce.*

a **Frühlingsrollen füllen:** Die aufgetauten Teigblätter auf einer Arbeitsfläche auslegen und jeweils einen Löffel von der Garnelen-Gemüse-Füllung darauf setzen.

b Die untere Hälfte des Frühlingsrollenteigblattes weit über die Füllung schlagen und die Ränder ringsum mit Eiweiß bestreichen.

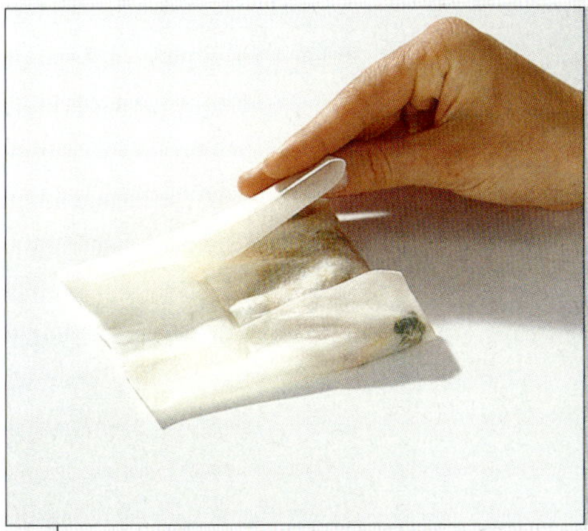

c Die beiden überstehenden Teigstreifen rechts und links von außen zur Mitte hin einschlagen und leicht festdrücken. Die Frühlingsrolle einmal umschlagen.

d Den Rest des Teigblattes aufrollen, festdrücken. Öl auf 180 °C erhitzen und die Frühlingsrollen darin in etwa 4 Minuten knusprig frittieren.

Regionale Spezialitäten
Spätzle, Knöpfle & Co.

a Spätzleteig herstellen: Eier und Salz in die Mehlmulde geben.

b Die Hälfte des Wassers zugießen und alles mit dem Kochlöffel gut vermengen.

c Den Teig kräftig schlagen, bis er Blasen wirft und zähflüssig ist. Eventuell Wasser zufügen.

→ **Allgäuer Kässpatzen** sind mittlerweile in ganz Deutschland bekannt. Viele Besucher nehmen keine Kuhglocke, sondern einen Spatzenhobel als Souvenir mit nach Hause. Delikat an diesem bodenständigen, aber schmackhaften Gericht ist die Kombination der frischen Nudeln mit dem schmelzenden würzigen Käse: Am besten man verwendet dafür einen regionalen Bergkäse, nach Belieben gemischt mit etwas Romadur oder Emmentaler. Vollendet wird das Ganze noch durch in reichlich Butter geröstete Zwiebelringe.

Die Urheimat der Spätzle ist das schwäbische Kernland im deutschen Südwesten, und dort werden sie auch noch traditionell »von Hand« geschabt, das heißt, sie werden – Spätzle für Spätzle – mit Hilfe eines Schabers von einem vorne abgeflachten Brett in das kochende Wasser befördert. Heutzutage hilft man sich aber auch dort gerne mit dem bewährten »Spätzleschwob«, einem Gerät, ähnlich einer Kartoffelpresse, mit dem sich im Handumdrehen lange Spätzle herstellen lassen. Allerdings nur mit erheblichem Kraftaufwand.

In ähnlicher Form wird der Spätzleteig auch in anderen Regionen zu landestypischen Spezialitäten verarbeitet: etwa als Knöpfli in der Nordschweiz, Spatzlen in Tirol und Pizokel im rätischen Engadin. Zwar gibt es für die schwäbischen und anderen Spätzle einen industriellen Ersatz, doch haben die getrockneten Spätzle oder Pizokel geschmacklich und in ihrer Beschaffenheit nur wenig mit dem Original zu tun.

Der Grundteig für Spätzle ist eigentlich immer derselbe, egal, ob geschabt, durch die Presse gedrückt oder gehobelt. Allerdings schmecken sie kerniger, je mehr Eigelbe mit in den Teig kommen. Wird dieser jedoch zu zäh, lässt sich der Teig weniger gut durchdrücken. Ob also auf ein Pfund Mehl vier, fünf oder gar sechs Eier beziehungsweise Eigelbe kommen, ist wie bei Nudelteig generell eine Frage des Geschmacks. Mehr Wasser als Eier wäre jedenfalls auch des sparsamsten Spatzenkochs unwürdig, die Spätzle geraten dann weich und verlieren an Biss. Das folgende Rezept ist ein guter Kompromiss, wobei die richtige Konsistenz des Teiges letztlich von dem bisschen Wasser bestimmt wird, für das keine exakte Menge genannt werden kann.

Auch beim Spätzlekochen ist möglichst viel Wasser nötig, damit sich die Spätzle während des Kochvorgangs ausreichend ausdehnen können, ohne zusammenzukleben.

a Kräuterspätzle herstellen: Teig kräftig schlagen.

b Die Spätzle vom Brett direkt ins kochende Salzwasser schaben.

c Mit geschmälzten Zwiebeln und Tomatenhälften garnieren.

Spätzleteig

500 g Mehl, 5 Eier
1 TL Salz, etwa 100 ml Wasser

1. Teig zubereiten, wie links oben gezeigt *[siehe a bis c]* und nach der gewünschten Methode in kochendem Salzwasser garen.

2. Steigen die Spätzle an die Oberfläche, mit einem Schaumlöffel herausheben und abtropfen lassen. Als Beilage warm abbrausen oder kurz in frischer Butter schwenken.

Kräuterspätzle mit Appenzeller

Für diese Spätzle-Spezialität eignet sich der würzige Appenzeller mit seinem kräftigen Aroma besonders gut. Stattdessen können aber auch Romadurwürfel verwendet werden. Die gerösteten Zwiebeln runden das Ganze hervorragend ab.

Für den Teig:
300 g Mehl, 6 Eier, 1 TL Salz
1 EL Öl, 100 g gehackte Kräuter
Außerdem:
150 g Appenzeller Käse oder Romadur (60 % Fett i. Tr., ohne Rinde)
80 g Butter, 80 g Zwiebelringe
4 halbierte Cocktailtomaten

1. Das Mehl in eine Schüssel sieben. Eier, Salz, Öl sowie Kräuter zufügen und alles zu einem Spätzleteig verarbeiten und garen, wie links unten gezeigt *[siehe a und b]*. Steigen die Kräuterspätzle an die Oberfläche, herausheben und gut abtropfen lassen.

2. Käse grob raffeln. Die Kräuterspätzle schichtweise abwechselnd mit dem Käse in eine vorgewärmte Schüssel füllen. 60 g Butter zerlassen und die Zwiebelringe darin goldbraun rösten und mit der Bratbutter über die Spätzle verteilen. Mit je 2 in der restlichen Butter gebratenen Tomatenhälften garnieren und servieren.

Spätzle vom Brett schaben: Dafür benötigt man ein spezielles »Spätzlebrett«, ein Holzbrett, das an der Vorderkante spitz zuläuft. Auf dem angefeuchteten Brett – kurz ins Wasser tauchen – verstreicht man möglichst gleichmäßig eine Portion Teig. Mit dem wiederholt befeuchteten Spätzleschaber (ersatzweise mit einer Palette oder dem Messer) den Teig in dünnen Strängen ins kochende Salzwasser schaben. Steigen sie an die Oberfläche, sind sie fertig.

Spätzle durch die Presse drücken: Den Teig in die Spätzlepresse oder den »Spätzleschwob« – wie dieses Gerät auch genannt wird – einfüllen und die Griffe kräftig zusammendrücken. Durch die etwa 2 mm großen Löcher an der Unterseite werden die Spätzle direkt in das kochende Salzwasser gedrückt. Bei dieser »halbmaschinellen« Methode entstehen fadenartige, lange Nudeln, die mit den vom Brett geschabten, unregelmäßig geformten Spätzle wenig gemein haben.

Spätzle mit dem Hobel herstellen: Diese im Allgäu und in der Schweiz bekannte Spätzleart unterscheidet sich von den Schwäbischen durch die typische Tropfenform. Drückte man früher den Teig durch ein rundes »Knöpflesieb« mit etwa 5 mm großen Löchern, verwendet man heute meist einen »Spatzenhobel«. Bei ihm wird der Teig in einem rechteckigen Gefäß wie ein Schlitten über ein Lochblech hin und her geschoben und dabei auch gleich wieder abgeschnitten.

Kartoffelteig für Gnocchi & Co.

In Norditalien *– vor allem in der Gegend um Verona – lässt man bei der Herstellung von Gnocchi viel Sorgfalt walten. Hier ist zügiges Arbeiten ein Muss: Der Teig wird in Stücke geschnitten und gleich über eine Raspel gerollt.*

Gnocchi di patate und andere Kartoffelnudeln

Gnocchi gibt es in Italien fast ebenso lange wie Nudeln, man denke nur an die »malloreddus«, die kleinen sardischen Gnocchi aus Mehl und Wasser, oder an die »römischen« aus Weizen- oder Maisgrieß. Eine besonders lange Tradition aber haben sie in Verona, wo es heute noch Brauch ist, am Karnevalsfreitag Gnocchi in riesigen Mengen vor der Basilika San Zeno Maggiore an die Vorübergehenden zu verteilen.

In früheren Jahrhunderten bestanden sie nur aus Mehl und Wasser, denn die Kartoffeln kamen erst zu Beginn des letzten Jahrhunderts nach Italien. In den Teilstaaten der Donaumonarchie ist der Teig aus Kartoffeln und Mehl schon länger bekannt. Man schätzt ihn als Grundlage für ein preiswertes Essen, das in unterschiedlichen Formen auf den Tisch kommt: als runde Plätzchen, lange Nudeln oder als Nockerln. Auch für die Wiener Mehlspeisen-Künstler ist der Kartoffelteig Basis für einige inzwischen klassische Nachspeisen wie Powidltascherln oder Marillenknödel. Egal, ob Kartoffelteig zu Gnocchi, Nockerln oder Nudeln geformt wird, er ist ein echtes Frischprodukt. Schon der Teig muss möglichst schnell aufgearbeitet werden, weil er sonst weich, zäh und unformbar wird. Einmal gekocht, sollten Gnocchi schnellstmöglich serviert werden, nur so sind sie in Konsistenz und Geschmack wirklich optimal.

Voraussetzung für ein gutes Gelingen ist außerdem die Qualität der Kartoffeln. Nur speziell mehlig kochende Sorten eignen sich dafür. Und Kartoffelklöße erhalten nur dann die richtige Konsistenz, wenn sie aus trockener Kartoffelmasse zubereitet werden. Daher bietet es sich an, die Kartoffeln in der Schale im Ofen zu backen. Man kann sie dazu in Alufolie wickeln, weil sie sich dann besonders gut schälen lassen, jedoch entwickeln sie dabei auch etwas Feuchtigkeit. Deshalb in diesem Fall vor dem Pressen gut abtrocknen lassen; man kann die Kartoffeln aber auch einfach in der Schale auf ein mit grobem Salz bestreutes Blech legen und backen – so lassen sie sich zwar nur schwer schälen, am besten man hebt den Inhalt mit einem Löffel aus der Schale – dafür hat man dann aber schön trockene Kartoffeln, und der Teig für Gnocchi und Co. gerät damit bestens.

a **Gnocchi formen:** Teig zu Strängen rollen, Stücke abschneiden.

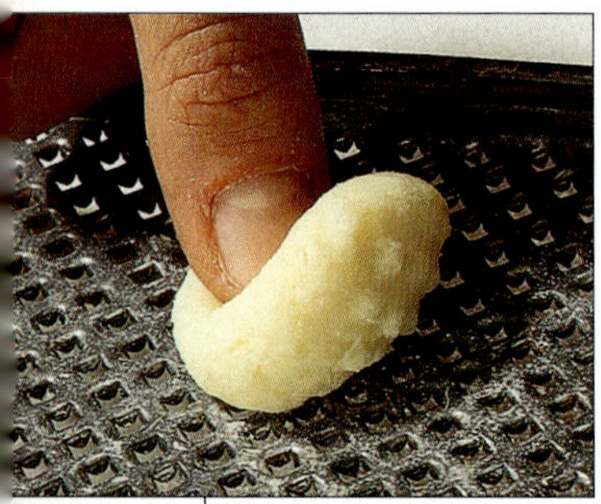

b Die Stücke über eine Raspel rollen, so entsteht ein Gittermuster.

»Topini«, Mäuschen, nennt man in der Toscana diese Gnocchi mit Muster. Sie sehen nicht nur hübsch aus, sondern nehmen auch die Sauce sehr gut auf.

Don Alfonsos | *Gnocchetti sind besonders klein und haben nicht die übliche Gnocchiform. Sie schmecken hervorragend zu Tomatensugo, für den Don Alfonso alles frisch – ob Kräuter, Tomaten oder andere Gemüsearten – in seinem Garten erntet.*

Grundrezept für Kartoffelteig

600 g mehlig kochende Kartoffeln

etwas Öl oder grobes Meersalz

100 g Mehl, Salz

frisch geriebene Muskatnuss

1 Eigelb

1. Kartoffeln waschen und auf einem leicht gefetteten oder mit grobem Salz bestreuten Blech etwa 1 Stunde bei 200 °C backen. Man kann sie auch einzeln in Alufolie wickeln und im Ofen backen. Kartoffeln schälen; wenn sie ohne Folie gebacken wurden, vorsichtig mit einem Löffel aushöhlen.

2. Das Mehl auf eine Arbeitsfläche häufen, in die Mitte eine Mulde drücken. Salz und Muskat hineingeben. Kartoffeln noch warm durch die Presse kranzförmig auf den Mehlrand drücken.

3. Das Eigelb in die Mulde gleiten lassen und von außen mit den Händen Mehl und Kartoffeln darüberhäufen. Mit den Fingern die Zutaten von innen nach außen miteinander vermischen, bis Krümel entstanden sind. Durch kräftiges Drücken mit beiden Händen möglichst rasch einen glatten Teig kneten. Nicht länger als nötig bearbeiten.

4. Den Teig nur kurz ruhen lassen und dann zu Kartoffelnudeln oder Gnocchi *[siehe a und b, links]* formen. Mit Mehl bestauben.

Gnochetti Don Alfonso

Für den Kartoffelteig:

600 bis 700 g mehlig kochende Kartoffeln

250 g Mehl, 100 g Grieß, Salz, 1 Eigelb

Für den Tomaten-Sugo:

700 g Tomaten, 50 g Schalotten

1 Knoblauchzehe, zerdrückt

100 ml Olivenöl

1 Rosmarinzweig, 1 EL gehacktes Basilikum

1 TL Salz, frisch gemahlener Pfeffer

1. Die Kartoffeln waschen, in Alufolie wickeln und bei 200 °C im vorgeheizten Ofen 1 Stunde backen. Aus dem Ofen nehmen und pellen.

2. Für den Kartoffelteig Mehl auf eine Arbeitsfläche häufen, in die Mitte eine Mulde drücken und Grieß, Salz sowie Eigelb hineingeben. Weiterarbeiten, wie rechts gezeigt *[siehe a bis d]*.

3. Gnocchetti in kochendem Salzwasser gar ziehen lassen. Sobald sie an die Oberfläche steigen, mit einem Schaumlöffel herausheben, warm stellen.

4. Inzwischen die Tomaten blanchieren, häuten, vierteln, Samen und Stielansatz entfernen und das Fruchtfleisch klein würfeln. Die Schalotten würfeln und zusammen mit der Knoblauchzehe in Öl hell anschwitzen. Die Tomatenwürfel, Rosmarin und Basilikum kurz mitschwitzen, salzen und pfeffern. Die Gnocchetti auf vorgewärmten Tellern anrichten und Tomatensugo darüber gießen.

a **Gnocchetti herstellen:** Die Kartoffeln auf den Mehlrand drücken.

b Alles mit den Fingern zu einem Teig verkneten. Kurz ruhen lassen.

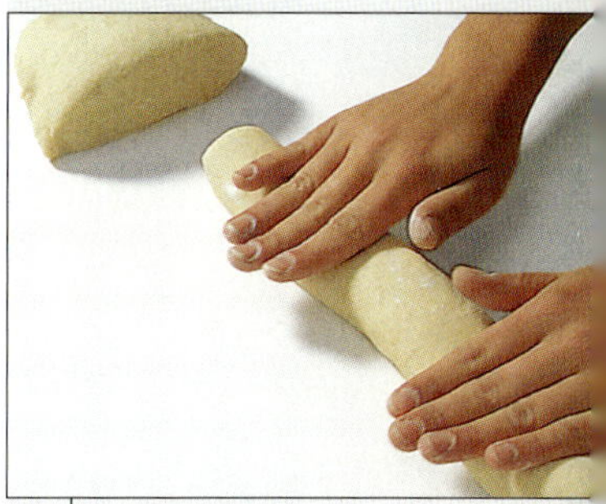

c Den Teig zu dünnen Strängen von etwa 5 mm Dicke rollen.

d Die Stränge mit Mehl bestauben und 1 cm lange Stücke abschneiden.

Schupfnudeln mit oder ohne Kartoffeln

a **Schupfnudeln aus Kartoffelteig:** Die Kartoffeln aus der Alufolie wickeln.

b Die gebackenen Kartoffeln leicht abkühlen lassen und pellen.

c Mehl auf eine Arbeitsfläche sieben und eine Mulde eindrücken.

d Kartoffeln noch warm durch die Kartoffelpresse dazudrücken.

e Eier aufschlagen und nacheinander in die Mulde gleiten lassen.

f Mehl, Kartoffeln und Eier mit den Fingern krümelig vermengen.

g Durch kräftiges Drücken alles rasch zu einem Teig verkneten.

h Den Teig halbieren, in 2 Stränge von 3 bis 4 cm Durchmesser rollen.

i Mit einem großen Messer etwa 1 cm breite Stücke abschneiden.

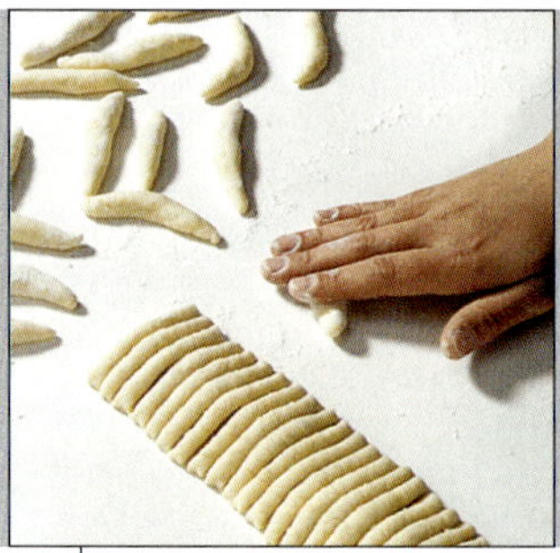

j Die Teigstücke mit der flachen Hand zu Schupfnudeln rollen.

k Diese in sprudelndem Salzwasser garen, bis sie oben schwimmen.

l Mit gebräunter Kräuterbutter und geriebenem Käse servieren.

Die Schupfnudel wird von Hand so gerollt – nämlich geschupft –, dass sie in der Mitte etwas dicker ist und zu den Enden hin spitz zuläuft. Schupfnudeln kann man entweder nur mit Mehl – in diesem Fall macht sie ein Anteil Roggenmehl schön kernig – oder auch – wie meist der Fall – aus Kartoffelteig herstellen. Wer möchte, mischt zudem noch 100 g frisch geriebenen Parmesan in den Teig – so werden sie noch würziger. Schupfnudeln schmecken zu Ragouts oder zu Wirsing, Weißkohl und Sauerkraut. Aber auch solo in Butter gebraten sind sie ein echter Genuss.

Schupfnudeln

600 bis 700 g mehlig kochende Kartoffeln

200 g Mehl, Salz

frisch gemahlener Pfeffer

frisch geriebene Muskatnuss, 2 Eier

Außerdem:

2 EL gemischte, gehackte Kräuter

50 g Butter, geriebener Käse zum Bestreuen

1. Die Kartoffeln waschen, in Alufolie wickeln, im vorgeheizten Ofen bei 200 °C 1 Stunde backen und pellen, wie in der Bildfolge beschrieben *[siehe a und b]*. Weiterarbeiten, wie gezeigt und das Salz sowie Gewürze in die Mulde geben *[siehe c]*. Kartoffeln kranzförmig dazudrücken *[siehe d]* und alles zu einem glatten Teig verarbeiten, wie gezeigt *[siehe e bis g]*. Den Teig 10 Minuten ruhen lassen und zu Nudeln formen, wie gezeigt *[siehe h bis j]*.

2. Die Schupfnudeln mit Mehl bestauben, garen und nach Belieben mit Kräuterbutter und Käse anrichten *[siehe k und l]*.

Schupfnudeln mit Bayrisch Kraut

Für das Bayrisch Kraut:

1 kg Weißkohl, 120 g Zwiebeln

80 g durchwachsener roher Speck

50 g Schweineschmalz

Salz, frisch gemahlener Pfeffer

1 EL Kümmel, 400 ml Fleischbrühe

Für die Roggenmehl-Schupfnudeln:

150 g Weizenmehl, 70 g Roggenmehl

1 Ei, 1 TL Salz

Außerdem:

50 g Butter, 2 EL Schnittlauchröllchen

1. Für das Kraut vom Weißkohl die Außenblätter entfernen, den Kopf vierteln, den Strunk entfernen und das Kraut in Streifen schneiden. Die Zwiebeln schälen und fein hacken. Speck fein würfeln. Das Schmalz erhitzen und die Zwiebel- und Speckwürfel darin glasig schwitzen. Den Kohl kurz mitdünsten und mit Salz, Pfeffer und Kümmel würzen. Brühe zugießen. Mindestens 30 Minuten schmoren lassen, das Kraut muss weich sein und kann durchaus bräunlich werden.

2. Für die Schupfnudeln beide Mehlsorten in eine Schüssel schütten. Ei, Salz und 50 ml Wasser zufügen und alles gründlich miteinander vermischen. Auf einer bemehlten Arbeitsfläche schnell zu einem glatten, geschmeidigen Teig kneten. Falls nötig, noch etwas Roggenmehl zufügen. Eine Schüssel mit heißem Wasser ausspülen und den Teig darunter 15 Minuten ruhen lassen.

3. Die Nudeln mit der Hand formen, wie in der Bildfolge links *[siehe g bis j]* gezeigt. In sprudelnd kochendem Salzwasser 8 bis 10 Minuten kochen, in einem Sieb abtropfen lassen, nicht abbrausen.

4. Butter in einer Pfanne aufschäumen lassen, die Schupfnudeln darin schwenken, bis sie leicht Farbe nehmen. Die Schupfnudeln auf vorgewärmten Tellern verteilen, mit Schnittlauch bestreuen und das Bayrisch Kraut daneben anrichten.

a **Kartoffelklöße herstellen:** Kartoffeln noch warm durch die Presse drücken.

b Das Mehl dazuschütten und Eier sowie Salz in die Mulde geben.

c Eine Mulde eindrücken und mit jeweils etwa 1 TL Weißbrotwürfel füllen.

d Teig zusammendrücken und jeweils in der Hand zu runden Klößen rollen.

e Klöße in kochendes Wasser einlegen und in 15 bis 20 Minuten gar ziehen.

Kartoffelklöße gekocht oder halb & halb

Klöße aus Kartoffeln – ob gefüllt oder ungefüllt, aus rohen oder gekochten Kartoffeln – sind eine beliebte bodenständige Beilage. Saftige Braten begleiten sie aufs Beste, und so werden sie gerne, ganz traditionell, zu Schweinebraten serviert. Bei der Füllung sind der Fantasie kaum Grenzen gesetzt: Man kann sie mit gerösteten Brotwürfeln, oder auch – wie hier im zweiten Rezept – mit Kräutern und Käse füllen. Die italienische Variante kann, wer es sehr knusprig liebt, auch im Öl (180 °C) ausbacken, statt sie im Ofen zu bräunen.

Kartoffelklöße

1 kg mehlig kochende Kartoffeln

75 g Mehl, 2 Eier, Salz, 20 g Butter

50 g Weißbrot ohne Rinde, in 1/2 cm große Würfel geschnitten

2 EL gehackte Petersilie

1. Die Kartoffeln in Alufolie wickeln. Auf dem Rost – mittlere Schiene – im vorgeheizten Ofen bei 200 °C 1 Stunde backen. Noch heiß aus der Folie wickeln, pellen und durch die Presse auf eine Arbeitsfläche drücken, wie in der Bildfolge links gezeigt *[siehe a]*.

2. Die Kartoffelmasse kurz abkühlen lassen, Mehl darüber schütten und Eier sowie Salz zufügen wie links beschrieben *[siehe b]*. Zutaten rasch zu einem geschmeidigen Teig verkneten. Die Butter in einer Pfanne zerlassen und die Weißbrotwürfel darin rundum rösten; abkühlen lassen.

3. Aus dem Teig Klöße formen und füllen wie links gezeigt *[siehe c bis d]*. In kochendes Salzwasser einlegen, die Hitze reduzieren und die Klöße darin gar ziehen lassen. Mit gehackter Petersilie bestreut servieren.

Kartoffelklöße mit Mozzarella und Basilikum

Für den Teig

500 g mehlig kochende Kartoffeln, Salz

100 g Kartoffelstärke

3 Eigelbe, 50 g Nussbutter

frisch geriebene Muskatnuss, Pfeffer

Für die Kräuter-Käse-Füllung:

18 Basilikumblätter, 4 Cocktailtomaten

150 g Mozzarella, Salz ,weißer Pfeffer

1/2 EL Pesto alla genovese

1 Eigelb, Weißbrotbrösel

Außerdem:

zerlassene Butter zum Bepinseln

12 Cocktailtomaten, 1 EL Basilikumpüree

Olivenöl, Basilikumblätter zum Garnieren

1. Kartoffeln schälen, würfeln und in reichlich Salzwasser kochen. Durch ein Sieb streichen, das Püree mit den restlichen Zutaten zu einem homogenen Teig verrühren und 1 Stunde ruhen lassen.

Ganz italienisch präsentieren sich die Kartoffelklöße mit fruchtigen Tomaten und einem Innenleben aus Basilikum und delikatem Büffelmozzarella.

a **Knödel mit Mozzarella füllen:** Tomaten, Käse in die Blätter einschlagen.

b Aus dem Teig Fladen von 5 cm Ø formen, Füllung in die Mitte setzen.

c Knödel formen und rundum in verquirltem Eigelb wenden.

d In den Weißbrotbröseln rollen. Erneut in Eigelb und Bröseln wenden.

a **Thüringer Klöße zubereiten:** Die rohen Kartoffeln fein reiben.

b Kartoffelmasse in ein Leintuch gießen und sorgfältig auspressen.

c Klöße in kochendes Wasser legen und etwa 20 Minuten gar ziehen.

d Klöße mit dem Schaumlöffel herausheben und gut abtropfen lassen.

2. Für die Käsefüllung Basilikumblättchen waschen, trockentupfen und je 3 zusammenlegen, wie oben gezeigt *[siehe a]*. Cocktailtomaten waschen, vierteln und die Samen entfernen. Den Mozzarella klein würfeln, salzen und pfeffern und mit dem Pesto vermengen. Die Klöße füllen, formen und panieren, wie beschrieben *[siehe b bis d]*. Die Klöße in nicht mehr kochendes Salzwasser einlegen und bei reduzierter Hitze in 5 Minuten gar ziehen lassen, herausheben und auf Küchenpapier gut abtropfen lassen. Mit Butter bepinseln und im vorgeheizten Ofen bei 200° 4 bis 5 Minuten bräunen.

3. Die Knödel auf Tellern anrichten. Ringsum jeweils geviertelte Cocktailtomaten (ohne Samen) legen. Basilikumpüree mit etwas Olivenöl verrühren und über die Tomaten träufeln. Mit Basilikum garniert servieren.

Thüringer Klöße

80 g Weißbrot ohne Rinde

30 g Butter

2 kg mehlig kochende Kartoffeln

Salz, 100 ml heiße Milch

1. Die Brötchen würfeln, Butter in einer Pfanne zerlassen und die Brotwürfel darin goldgelb rösten. 500 g Kartoffeln schälen, grob würfeln und in etwa 20 Minuten in Salzwasser kochen.

2. Die restlichen Kartoffeln schälen, in ein Sieb reiben – dabei das Kartoffelwasser auffangen –, die Kartoffelmasse in ein Leintuch füllen *[siehe a und b, untere Stepreihe oben]* und auspressen, bis die Masse einigermaßen trocken ist. Dabei zügig arbeiten, da sich die Kartoffeln sonst verfärben.

3. Von den gegarten Salzkartoffeln 2/3 des Wassers abgießen, Kartoffeln mit der Milch zu Brei stampfen und diesen sofort mit den geriebenen Kartoffeln – die Stärke des Kartoffelwassers auch unterrühren – vermischen. Die Masse mit Salz würzen.

4. Aus dem Teig mit angefeuchteten Händen Kugeln formen, diese leicht flach drücken und mit den Brotwürfeln füllen und erneut rund rollen, wie links gezeigt *[siehe c und d]*. In einem Topf Wasser zum Kochen bringen, die Köße einlegen und bei reduzierter Hitze in etwa 20 Minuten gar ziehen lassen, bis sie an der Oberfläche schwimmen *[siehe c, oben]*. Mit dem Schaumlöffel herausnehmen *[siehe d]*. In Thüringen serviert man die Klöße zu Topfbraten, sie schmecken aber auch zu anderen Braten ausgezeichnet.

Die Traditionellen Semmel- & Serviettenknödel

Rundum gut *schmecken Semmelknödel, die klassisch zubereitet nur aus wenigen Zutaten bestehen. Sie lassen sich aber – etwa mit Kräutern oder Pilzen – nach Belieben abwandeln.*

Semmelknödel sind in der Herstellung nicht weiter kompliziert, wenn man ein paar Dinge beachtet. Angenehm in der Konsistenz und wohl geformt geraten sie, wenn sie in der flachen, immer wieder angefeuchteten Hand gerollt werden. Beim Garen sollte man nur so viele Knödel in die kochende Flüssigkeit einlegen, dass sie nicht übereinander liegen oder zu eng aneinander gepresst werden – denn die Knödel gehen noch auf.

Der Name Serviettenknödel geht auf die Garmethode zurück: Der Knödelteig wird hier in eine Serviette oder ein Küchentuch eingerollt und in dieser Hülle schwimmend gegart. Auch hier muss das Ausdehnen des Teiges berücksichtigt werden. Wickelt man ihn aber locker in die Serviette und bindet die Enden nicht zu knapp bemessen zu, ist für ausreichend Platz gesorgt. Der beliebte, lockere Biss dieser Knödelart lässt sich durch Zugabe von Eischnee erzielen – das macht die Masse weniger kompakt. Der Clou für besonders schonendes Garen: Die Knödelrolle nur zur Hälfte in das kochende Wasser hängen. Dafür einfach die Enden der Tuchrolle an einen Kochlöffel binden und diesen quer über den Topf legen und den Knödel nach der halben Garzeit wenden.

Eine echte Gaumenfreude sind sie beide – ob rund geformte Semmelknödel oder die in Scheiben geschnittenen Serviettenknödel. Beide vertragen reichlich Sauce und begleiten daher gern Schmorgerichte mit Rind, Schwein oder Wild. Aber auch mit brauner Butter überzogen, sind sie geschmacklich überzeugend.

Semmelknödel

5 Brötchen vom Vortag, 1/8 l heiße Milch
80 g Zwiebeln, 20 g Butter
2 EL gehackte Petersilie
Salz, frisch gemahlener Pfeffer
frisch geriebene Muskatnuss, 3 Eier

a **Semmelknödel zubereiten:** Brötchenscheiben quellen lassen.

b Die Kräuter und Gewürze unter die angeschwitzten Zwiebeln rühren.

c Abgekühlte Zwiebelmischung und die Eier unter die Brötchenmasse mengen.

d Aus dem Teig in der flachen gut angefeuchteten Hand 8 gleich große Knödel formen.

1. Die Brötchen in 5 mm feine Scheiben schneiden, mit der heißen Milch übergießen und 20 Minuten quellen lassen, wie in der Bildfolge links unten *[siehe a]* gezeigt. Zwiebeln schälen und sehr fein hacken. Die Butter zerlassen und die Zwiebelwürfel darin glasig schwitzen. Petersilie und Gewürze einrühren, etwas abkühlen lassen *[siehe b]*. Die Eier mit der Zwiebelmischung und dem Brot zu einem formbaren Teig verkneten *[siehe c]*. Diesen etwa 10 Minuten ruhen lassen.

2. Aus dem Teig 8 Knödel formen *[siehe d]*. In kochendes Salzwasser einlegen, die Hitze reduzieren und die Knödel 20 Minuten gar ziehen lassen. Herausheben und sofort servieren.

Serviettenknödel

8 Brötchen vom Vortag
70 g Zwiebel, 120 g Butter
4 EL Petersilie, fein gehackt
1 EL Basilikum, fein gehackt, 6 Eier
1 TL Salz, frisch gemahlener Pfeffer
1 Prise frisch geriebene Muskatnuss
1/4 l lauwarme Milch
Außerdem:
1 feuchtes Tuch oder eine Serviette (80 x 80 cm)
fester Bindfaden

1. Die Brötchen in kleine Würfel schneiden, wie in der Bildfolge rechts gezeigt *[siehe a]*. Die Zwiebel schälen und sehr fein würfeln. 20 g Butter zerlassen und die Zwiebelwürfel darin glasig schwitzen. Die Kräuter einrühren.

2. Die Eier trennen. Das Eiweiß bis zum Schlagen beiseite stellen. Restliche Butter mit den Eigelben schaumig rühren und mit Salz, Pfeffer sowie Muskatnuss würzen. Weiterverfahren, wie gezeigt *[siehe b und c]*. Die Eiweiße zu steifem Schnee schlagen und weiterarbeiten, wie beschrieben *[siehe d bis g]*. Fertigen Serviettenknödel aus dem Tuch wickeln und in Scheiben schneiden *[siehe h]*.

a **Serviettenknödel herstellen:** Die Brötchen – vom Vortag – mit einem großen Sägemesser in kleine Würfel schneiden.

b In eine Schüssel füllen und mit der lauwarmen Milch übergießen. Etwa 15 Minuten quellen lassen.

c Die Zwiebel-Kräuter-Mischung und die Eigelb-Butter-Mischung zufügen und unter die Brötchenwürfel mengen.

d Das zu steifem Schnee geschlagene Eiweiß mit einem Kochlöffel vorsichtig unter die Masse heben.

e Das Tuch ausbreiten und die Masse darauf mit feuchten Händen oder einem Löffel zu einer dicken Rolle formen.

f Die Knödelmasse locker in das Tuch rollen und die Tuchenden mit Küchengarn fest zubinden.

g In kochendes Salzwasser legen. Bei leicht offenem Deckel 1 Stunde gar ziehen lassen. Nach halber Garzeit wenden.

h Die lockere Knödelrolle lässt sich mit einem großen Messer mühelos in Scheiben schneiden.

Nicht nur als Beilage

Aromatische Knödel

a **Schinken-Käse-Knödel zubereiten:** Das Brot in der Milch quellen lassen.

b Zwiebel, Schinken, Käse, Mehl, Eier, Kräuter und Gewürze zufügen.

c Aus der Knödelmasse mit feuchten Händen 12 gleich große Knödel formen.

d Schinken-Käse-Knödel in Salzwasser etwa 15 bis 20 Minuten ziehen lassen.

Knödel mit feinem Innenleben oder mit würzigen Zutaten im Teig, wie Schinken oder Käse, schmecken auch solo oder als Vorspeise hervorragend. In diesem Fall serviert man sie gern mit Nussbutter und einem gemischten Salat. Zur herbstlichen Pilzsaison sind die gefüllten Steinpilzknödel eine echte Delikatesse. Am besten schmecken sie mit etwas zerlassener Butter beträufelt.

Schinken-Käse-Knödel

250 g Brötchen vom Vortag

200 ml warme Milch

90 g Butter, 50 g Zwiebelwürfel

250 g gekochter Schinken

150 g Emmentaler

15 g Mehl, 3 Eier

2 EL gehackte Kräuter (Petersilie und Schnittlauch)

Salz, frisch gemahlener weißer Pfeffer

frisch geriebene Muskatnuss

1. Die Brötchen in dünne Scheiben schneiden, in einer Schüssel mit der warmen Milch übergießen und 30 Minuten quellen lassen, wie im ersten Step der Bildfolge oben gezeigt *[siehe a]*. 10 g Butter in einer Pfanne zerlassen und die Zwiebelwürfel darin goldgelb schwitzen. Schinken und Käse jeweils in 3 mm große Würfel schneiden und mit Zwiebelwürfeln, Mehl, Eiern, Kräutern und den Gewürzen unter das Brot mengen *[siehe b]*.

2. Mit angefeuchteten Händen Knödel formen, in kochendes Salzwasser einlegen und bei reduzierter Hitze in 15 bis 20 Minuten gar ziehen lassen. Mit einem Schaumlöffel herausnehmen und auf einem Tuch oder Küchenpapier abtropfen lassen. Restliche Butter leicht bräunen. Die Knödel auf Tellern anrichten, mit der Butter beträufeln und servieren.

Schinkenknödel

240 g Weißbrot vom Vortag, ohne Rinde
100 g Champignons, 60 g Butter
30 g Zwiebelwürfel
160 ml lauwarme Milch, 1/2 TL Salz
frisch gemahlener weißer Pfeffer
frisch geriebene Muskatnuss
2 Eier, 3 Eigelbe
400 g magerer gekochter Schinken
30 g griffiges Mehl, 60 g zerlassene Butter

1. Das Weißbrot in gleichmäßig kleine Würfel schneiden. Die Champignons putzen und ebenfalls klein würfeln. Die Butter in einer Pfanne zerlassen und darin die Zwiebel farblos anschwitzen. Die Champignons kurz mitdünsten.

2. Brotwürfel in eine Schüssel füllen, die Zwiebel- und Champignonwürfel zufügen und mit der Milch übergießen. Die Mischung mit Salz, Pfeffer und Muskatnuss würzen. Die Eier mit den Eigelben kräftig verrühren, darüber gießen und das Brot darin quellen lassen.

3. In der Zwischenzeit den Schinken in kleine Würfel schneiden, zusammen mit dem Mehl unter die Brotmischung mengen und alles zu einem weichen Knödelteig vermengen. Daraus Stücke von je 60 g abwiegen, in feuchten Händen zu Knödeln formen und diese in kochendes Salzwasser einlegen. Die Hitze sofort reduzieren und die Knödel in etwa 12 Minuten gar ziehen lassen. Nach Ablauf der Garzeit empfiehlt es sich, einen Knödel probeweise zu öffnen. Die Knödel schmecken mit zerlassener Butter und Salat serviert ganz wunderbar.

Die Qualität des Schinkens sollte für die Schinkenknödel von erster Güte sein. Ein gekochter Schinken etwa – auch mit etwas Rauch– passt sehr gut.

Steinpilzknödel

200 g Weißbrot vom Vortag, ohne Rinde
50 ml Sahne, 100 ml Milch
120 g zerlassene Butter, 2 bis 3 Eier
1/2 TL Salz, frisch gemahlener Pfeffer
frisch geriebene Muskatnuss
400 g frische Steinpilze, 20 g Schalottenwürfel
1 Knoblauchzehe, geschält und gehackt
je 1 EL gehackte Petersilie und Oregano
40 g Mehl

1. Das Weißbrot in sehr kleine Würfel schneiden und in eine Schüssel füllen. Sahne, Milch und 50 g zerlassene Butter dazugießen. Die Eier zufügen, die Mischung mit Salz, Pfeffer und Muskatnuss würzen und 1 Stunde quellen lassen.

2. Die Steinpilze putzen, möglichst nicht waschen, sondern nur abreiben und in Würfel schneiden. In einer Pfanne 20 g Butter zerlassen, Schalotte und Knoblauch darin anschwitzen. Pilze kurz mitbraten, die Kräuter darüber streuen und die Pilzmischung leicht abkühlen lassen. Die Hälfte davon mit der Weißbrotmasse und dem Mehl vermengen, bis ein formbarer Teig entstanden ist.

3. Den Teig in etwa 12 Portionen von je 50 g teilen, füllen und zu Knödeln formen, wie in der Bildfolge rechts gezeigt *[siehe a bis d]*. Knödel in kochendes Salzwasser einlegen und bei reduzierter Hitze in etwa 12 Minuten gar ziehen lassen. Die Steinpilzknödel auf Tellern anrichten *[siehe e]* und nach Belieben mit Käse bestreuen.

a **Steinpilzknödel füllen:** In die Mitte jeder Teigportion eine Mulde drücken.

b Je etwa einen TL von der abgekühlten Pilzfüllung in die Mulde setzen.

c Die Knödelmasse vorsichtig mit den Fingern nach innen klappen.

d Ist die Pilzfüllung ganz bedeckt, den Knödel in der flachen Hand rund rollen.

e Knödel mit zerlassener Butter und gemischtem Salat anrichten.

Knödelvielfalt aus Roggenbrot & Brezen

Schwarzbrot-Knödel

500 g mild gewürztes Roggenbrot ohne Sauerteig vom Vortag
1/4 l warme Milch
80 g weiße Zwiebeln
50 g roh geräucherter durchwachsener Speck
20 g Butter
2 EL gehackte Petersilie
50 g Walnusskerne, fein gehackt
3 Eier, Salz
frisch gemahlener Pfeffer
frisch geriebene Muskatnuss
Außerdem:
Alufolie, Butter, Küchengarn

1. Das Brot würfeln *[siehe a, unten]*, in eine Schüssel füllen und mit der warmen Milch übergießen. Etwa 30 Minuten quellen lassen.

2. Die Zwiebeln schälen und fein hacken. Den Speck fein würfeln. Butter in einer Pfanne zerlassen, den Speck darin kurz anbraten und weiterarbeiten wie unten gezeigt *[siehe b]*. Vom Herd stellen und abkühlen lassen.

3. Die abgekühlte Mischung zum Brot geben, Eier zufügen, mit Salz, Pfeffer und Muskat würzen und alles gut miteinander vermengen.

4. 3 Stück Alufolie nebeneinander auf eine Arbeitsfläche legen und mit Butter bestreichen. Den Teig in 3 Stücke teilen und jeweils zu einer Rolle von etwa 3 cm Durchmesser formen. Jede Rolle in Alufolie wickeln, mit Küchengarn verschnüren und garen wie gezeigt *[siehe c bis e]*. Herausnehmen, leicht abkühlen lassen. Knödelrolle aus der Folie wickeln, in Scheiben schneiden und als Beilage servieren *[siehe f]*. Die Knödel schmecken aber auch pur mit Butter gut.

Roggen-Bärlauch-Knödel

500 g Roggenmischbrot mit Sauerteig vom Vortag
1/4 l heiße Milch , 60 g Zwiebel
15 g Bärlauch, 10 g Butter
1 EL fein geschnittene Petersilie
3 Eier, Salz, gemahlener Pfeffer

1. Das Brot in etwa 1 cm große Würfel schneiden. In einer Schüssel mit der heißen Milch übergießen und etwa

a **Schwarzbrotknödel herstellen:** Das Roggenbrot in etwa 1 cm große Würfel schneiden.

b Die Zwiebelwürfel 2 bis 3 Minuten mitschwitzen, die Petersilie und Walnüsse noch 1 Minute mitbraten.

c Teigrollen jeweils in ein mit Butter gefettetes – etwas breiteres als die Rolle – Stück Alufolie wickeln.

d Die Rollenenden mit Küchengarn fest zubinden, damit beim Garen kein Wasser eindringen kann.

e Die Knödelrollen in leicht siedendes Wasser legen und darin in etwa 30 Minuten gar ziehen lassen.

f Die Knödelrollen lassen sich einfach mit einem großen Messer in Scheiben schneiden.

Nicht nur aus Weißbrot *– auch aus anderen Brotsorten lassen sich Knödel zubereiten. Die Brezenknödel (im Vordergrund) überzeugen durch ihren angenehm herzhaften Geschmack, und der Bärlauch verleiht den etwas größeren Roggen-Bärlauch-Knödeln (hinten) ein kräftiges Knoblaucharoma.*

30 Minuten quellen lassen. Die Zwiebel schälen und fein hacken. Die groben Stiele vom Bärlauch entfernen, die Blätter waschen, gut abtropfen lassen und fein schneiden.

2. Butter in einer Pfanne zerlassen und die Zwiebel darin glasig schwitzen. Bärlauch und Petersilie 1 Minute mitschwitzen. Abkühlen lassen. Die Mischung zum Brot geben, Eier zufügen, salzen, pfeffern und alles gut miteinander vermengen. Aus der Masse 8 Knödel von je etwa 70 g formen. In kochendes Salzwasser einlegen und bei reduzierter Hitze etwa 15 bis 20 Minuten gar ziehen lassen.

Brezenknödel

5 Laugenbrezen vom Vortag, etwa 400 g
etwa 1/4 l heiße Milch
60 g Frühlingszwiebeln
50 g roh geräucherter, durchwachsener Speck
10 g Butter
2 EL fein geschnittene Kräuter (Petersilie, Schnittlauch)
2 Eier, Salz, frisch gemahlener Pfeffer
1 Messerspitze gemahlener Piment

1. Die Brezen in etwa 4 mm dicke Scheiben schneiden und in einer Schüssel mit der heißen Milch übergießen, etwa 30 Minuten quellen lassen.

2. Die Frühlingszwiebeln putzen, waschen und fein hacken. Den Speck fein würfeln. Die Butter in einer Pfanne zerlassen, den Speck kurz anbraten, Frühlingszwiebeln zufügen und 2 bis 3 Minuten mitschwitzen. Die Kräuter unterrühren, die Mischung vom Herd nehmen, abkühlen lassen und zu den eingeweichten Brezen geben. Eier zufügen, würzen und alles gut vermengen.

3. Mit angefeuchteten Händen etwa 16 Knödel von je 50 g formen. In kochendes Salzwasser einlegen, die Hitze reduzieren und die Knödel in 15 bis 20 Minuten gar ziehen lassen.

Laugengebäck eignet sich hervorragend als Basis für Knödel. Der Teig wird schön deftig, wenn man Speck und gehackte Kräuter untermengt. Brezenknödel passen gut zu Schmorgerichten.

a **Quarkknödel zubereiten:** Quark, Zucker, Salz und Butter unterrühren.

b In einer zweiten Schüssel die saure Sahne mit den Eiern verquirlen.

c Das Eiergemisch unter die Brot-Quark-Masse ziehen, gut einrühren.

d Das fruchtig-säuerliche Kompott neben den Quarkknödeln anrichten.

Knödel & Nudeln mit Quark im Teig

In Österreich wie im Süddeutschen kennt man verschiedene Knödel- und Nudelzubereitungen mit Zieger – wie Quark oder Topfen dort auch genannt wird. Zum Nachtisch gern gegessen werden etwa Quarkknödel mit fruchtigem Kompott, typische Vertreter der österreichischen Mehlspeisenküche. Oder auch die bayerischen, in heißem Fett ausgebackenen, süßen Ziegernudeln, die man traditionell mit Apfelmus auf den Tisch bringt. Eine Allgäuer Spezialität sind salzige Ziegernudeln mit einem Teig aus viel Quark und wenig Mehl. Sie reicht man entweder zu Sauerkraut oder aber – sommerlich frisch – nur leicht gesalzen zu knackigem Salat mit einer würzigen Vinaigrette; dann ist der Kümmel allerdings kein Muss.

Quarkknödel mit fruchtigem Kompott

Für die Quarkknödel:

4 Brötchen vom Vortag
200 g trockener Quark
30 g Zucker, 1 Prise Salz
80 g zerlassene Butter, 120 ml saure Sahne
4 Eier, 60 g Mehl, 50 g Semmelbrösel

Für das Erdbeer-Rhabarber-Kompott:

300 g Rhabarber, 250 g Erdbeeren
80 ml Weißwein, 80 g Zucker
Mark von 1/4 Vanilleschote

Außerdem:

80 g Butter, 100 g Semmelbrösel
Puderzucker zum Besieben

1. Den Rhabarber schälen, in 1 1/2 cm große Stücke schneiden. Die Erdbeeren waschen, putzen, je nach Größe halbieren oder vierteln. In einem Topf 1/8 l Wasser mit Weißwein, Zucker und Vanillemark aufkochen. Nach 2 bis 3 Minuten den Rhabarber einlegen und 8 bis 10 Minuten garen, aber nicht zu weich werden lassen. In den letzten 2 Minuten die Erdbeeren mitköcheln. Vom Herd nehmen und das Kompott abkühlen lassen.

2. Die Rinde der Brötchen abreiben, das Innere in sehr kleine Würfel schneiden. In eine Schüssel füllen und weiterverfahren, wie in der Bildfolge links gezeigt *[siehe a bis c]*. Mehl und Brösel vermengen, unterheben und den Teig 1/2 Stunde ruhen lassen.

3. Die Butter in einer Pfanne zerlassen – jedoch nicht bräunen – und die Semmelbrösel darin unter ständigem Rühren schön braun, aber nicht zu trocken rösten. Im Zweifelsfalle besser noch etwas Butter einrühren.

4. Aus dem Quarkteig kleine Knödel formen, in kochendes Salzwasser einlegen und 12 bis 15 Minuten ganz leicht köcheln lassen. Die Knödel mit einem Schaumlöffel herausheben, abtropfen lassen und auf Teller verteilen. Mit den gebräunten Bröseln bestreuen, mit Puderzucker besieben, das abgekühlte Erdbeer-Rhabarber-Kompott daneben anrichten *[siehe d]* und sofort servieren.

Salzige Ziegernudeln sollten nach dem Braten eine schöne, goldgelbe Kruste aufweisen, in der Form sind sie länger als Schupfnudeln.

Gebratene Ziegernudeln

120 g Mehl, 375 g trockener Quark, 1 Eigelb

1/4 TL gestoßener Kümmel, Salz, Pfeffer

eventuell 1 TL saure Sahne

Außerdem:

Butterschmalz zum Ausbacken

1. Mehl in eine Schüssel sieben, Quark, Eigelb, Kümmel, Salz und Pfeffer zufügen und die Masse zu einem formbaren Teig verkneten, ist er zu fest, eventuell noch die saure Sahne einrühren.

2. Aus dem Teig finger- bis daumendicke, etwa 10 cm lange Nudeln formen. Butterschmalz in einer Pfanne erhitzen und die Ziegernudeln darin bei mittlerer Hitze ausbacken. Leicht salzen und zu einem Salat oder zu Sauerkraut servieren.

Süße Ziegernudeln

1/8 l Milch, 30 g frische Hefe, 60 g Zucker

1 Prise Salz, 2 Eier, 20 g zerlassene Butter

450 g Mehl, 500 g trockener Quark

Für das Apfel-Himbeer-Kompott:

800 g Äpfel, 400 ml Apfelsaft

Saft von 1/2 Zitrone, 100 g Zucker

Mark von 1/4 Vanilleschote, 200 g Himbeeren

Außerdem:

Öl zum Ausbacken, Zimt und Zucker

1. Milch erwärmen, darin die zerbröckelte Hefe, 30 g Zucker und das Salz auflösen und bei Raumtemperatur 30 Minuten gehen lassen. Eier, Butter und restlichen Zucker verrühren und weiterverfahren, wie rechts gezeigt *[siehe a bis d]*.

2. Für das Kompott geschälte Äpfel vierteln, vom Kerngehäuse befreien und in Spalten schneiden. Apfel- und Zitronensaft mit Zucker und Vanillemark 5 Minuten köcheln. Apfelspalten zufügen und 8 Minuten mitköcheln. Himbeeren verlesen und 2 Minuten mitgaren. Abkühlen lassen.

Bestreut mit Zucker und Zimt schmecken die saftigen, in Fett ausgebackenen Ziegernudeln ganz wunderbar. Dazu passt ein erfrischendes Kompott aus Äpfeln und Himbeeren.

a **Süße Ziegernudeln herstellen:** Mehl in eine Schüssel sieben und in die Mitte eine Mulde drücken. Die Eiermischung sowie die aufgelöste Hefe zugießen.

b Trockenen Quark zufügen, alles gut vermengen und zu einem glatten, formbaren Teig verarbeiten. Zugedeckt 1 bis 1,5 Stunden gehen lassen.

c Den Teig in etwa 30 g schwere Portionen teilen und diese jeweils auf einer bemehlten Arbeitsfläche zu etwa 15 cm langen Nudeln formen.

d Das Öl auf 170 °C erhitzen und die Ziegernudeln darin goldgelb ausbacken. Herausnehmen und auf Küchenpapier gut abtropfen lassen.

Beliebte Beilage
Polenta aus Maisgrieß

Polentablöcke – bereits gekocht, aufgestrichen und geschnitten – gibt es in Italien als Fertigprodukt zu kaufen.

Mais zählt heute zu den Grundnahrungsmitteln und wird auch für Teigwaren verwendet. In Italien kocht man aus den mehr oder weniger fein gemahlenen Körnern einen wohlschmeckenden Brei – Polenta. Darin lässt sich unschwer noch das alte römische Wort für Getreidebrei – »puls« – erkennen, der früher, vor der Entdeckung der Neuen Welt, nicht aus Mais, sondern aus Dinkel, Gerste oder anderem Getreide hergestellt wurde.

Vor allem in Gegenden mit verstärktem Maisanbau wie etwa im Friaul, ist Polenta überaus beliebt und taucht sehr häufig auf den Speisekarten auf. Auch kennt man dort besonders viele Zubereitungsarten: So lässt sich Polenta, etwas lockerer gerührt – ähnlich dem Kartoffelbrei – wunderbar als Beilage zu großen Braten oder saucenreichen Schmorgerichten servieren. Oder aber man schüttet den etwas festeren Maisbrei auf ein nasses Brett, verstreicht ihn und sticht nach kurzer Ruhezeit aus dem inzwischen relativ festen Teig Kreise, Ovale, Quadrate oder Rechtecke aus, die sich dann fantasievoll weiterverarbeiten lassen. Sie können beispielsweise in eine feuerfeste Form geschichtet und mit Käse überbacken werden. Polenta schmeckt aber auch einfach in Würfel geschnitten und in Butter gebraten. Durch ihren wenig ausgeprägten Eigengeschmack ist Polenta geradezu prädestiniert für würzige Begleiter wie Parmesan oder aromatische Kräuter. Gut schmecken auch Polenta-Schnitten, mit Steinpilzen gefüllt und paniert oder ausgestochene Gnocchi, bestreut mit einem Gemisch aus Bröseln, Parmesan und mediterranen Kräutern.

Polentabrei lässt sich nicht aufbewahren, anders dagegen die ausgestrichene und abgekühlte Masse: Einmal in Form geschnitten, kann man sie gut 2 bis 3 Tage im Kühlschrank halten. Polenta-Würfel, Schnitten oder Gnocchi können auch – entsprechend verpackt – problemlos tiefgekühlt und bei Bedarf wieder aufgetaut werden.

→ **Schnell arbeiten** heißt es, wenn die Polenta fertig gerührt auf ein feuchtes Brett geschüttet wird. Lässt man sie auch nur kurz stehen, kann man sie kaum mehr verstreichen und nur schlecht weiterverarbeiten. Damit die Oberfläche während des Ruhens nicht antrocknet, deckt man die aufgestrichene Polenta am besten mit Folie ab.

Feiner Maisgrieß, auch als Polenta bezeichnet, eignet sich für die Herstellung derselben, wird aber auch für Desserts mit Maisgrieß verwendet.

Mittelfeinen Maisgrieß nimmt man sehr häufig zur Herstellung von Polenta und Polenta-Schnitten oder Gnocchi, aber auch für Pudding und Fladenbrote.

Grober Maisgrieß, auch Maisgrütze genannt. Aus ihm wird seltener Polenta gekocht, er eignet sich aber gut für Nocken und Polenta-Füllungen.

Instant-Maisgrieß ist bereits vorgekocht und benötigt daher nur noch eine Garzeit zwischen 1 und 3 Minuten (Packungsangaben beachten).

Zwar ist die Liste der Zutaten für Polenta mehr als einfach, dennoch gilt es aber ein paar Dinge zu beachten, soll sie gelingen. So muss der Grieß langsam und unter ständigem Rühren in die kochende Flüssigkeit einrieseln, damit sich keine Klümpchen bilden. Die Hauptarbeit liegt dann – egal ob sie locker oder fest, ob mit Wein, Brühe, Milch oder Wasser gekocht ist – im fortwährenden Rühren. Mindestens 20 Minuten sollten es sein, manche behaupten, noch besser schmecke Polenta, wenn sie eine Stunde gerührt werde. Jedenfalls wird dieses, je fester der Maisbrei wird, zunehmend zur Schwerarbeit.

Polenta

1 TL Salz

200 g mittelfeiner Maisgrieß

In einem Topf 1 l Wasser mit dem Salz aufkochen und weiterverfahren, wie in der Bildfolge rechts gezeigt *[siehe a bis f]*. Die abgekühlte Polenta in Kreise, Rechtecke oder Würfel schneiden und nach Belieben weiterverarbeiten.

Tipp: Soll die Polenta locker als Beilage serviert werden, etwas mehr Wasser verwenden, in die Grießmasse noch 50 g Butter einrühren und die fertige Polenta mit Parmesan bestreuen.

a **Polenta zubereiten:** Maisgrieß in das kochende Salzwasser einrieseln lassen, dabei ständig rühren.

b Mit dem Holzlöffel ständig weiterrühren. Anfangs spritzt es kräftig, daher ein Tuch über den Topf legen.

c Die Maisgrießmasse ständig im Uhrzeigersinn weiterrühren, mindestens 20 Minuten lang.

d Die Polenta im Uhrzeigersinn weiterrühren, bis sich die Maisgrießmasse vom Topfboden löst.

e Polenta-Kloß auf ein feuchtes Brett schütten, 1 cm stark ausrollen – hilfreich sind dabei 2 Holzleisten.

f Die aufgestrichene Polenta vor der Weiterverarbeitung 1/2 Stunde mit Folie bedeckt ruhen lassen.

Maisgrieß-Gnocchi
Duftend aus dem Ofen

Römische Gnocchi | *sind weit über die Grenzen der Stadt hinaus beliebt. Kein Wunder, denn mit Parmesan bestreut und mit Kräuterbutter überzogen schmecken sie einfach gut.*

Für die Gnocchi wird zunächst aus Maisgrieß eine Polenta gekocht, die man dann allerdings schnell verarbeiten muss, bevor sie zu fest wird. Dafür streicht man sie entweder flach aus und sticht die Gnocchi dann aus der Masse aus, wie bei den Römischen Gnocchi der Fall; oder man formt die Polenta mit Hilfe eines Esslöffels. Beide Sorten benötigen nicht viel Beiwerk, etwas Butter – auch mal mit Kräutern vermischt – verfeinert sie aufs Beste.

Gnocchi alla romana

Für die Polenta:

1 TL Salz

150 g Maisgrieß mittlerer Körnung

Für die Kräuterbutter:

100 g Butter, 1 zerdrückte Knoblauchzehe

2 EL gehackte Kräuter (Petersilie, Oregano, Rosmarin)

Außerdem:

Butter für die Form

40 g frisch geriebener Parmesan

1. Für die Polenta 1/2 l Wasser mit dem Salz in einem Topf zum Kochen bringen. Den Maisgrieß in dünnem Strahl in das Wasser rieseln lassen und gleichzeitig mit einem Holzlöffel kräftig rühren, damit sich keine Klümpchen bilden. Diese entstehen vor allem, wenn die Temperatur des Wassers unter den Siedepunkt fällt. Die Polenta immer in dieselbe Richtung rühren, bis sie sich nach etwa 20 Minuten vom Topf löst. Den dicken Maisbrei auf ein nasses Brett schütten, mit einer Palette 1 cm dick verstreichen und 30 Minuten kühl stellen.

2. Für die Kräuterbutter die Butter in einem Topf zerlassen und den Knoblauch darin kurz anschwitzen. Die Kräuter einrühren und den Topf beiseite stellen. Eine feuerfeste Form buttern und weiterverfahren, wie in der Bildfolge unten gezeigt *[siehe a bis c]*.

a **Gnocchi alla romana zubereiten:** Spitze Ovale aus der Polenta ausstechen.

b Gnocchi dachziegelartig in eine Auflaufform schichten, mit Parmesan bestreuen.

c Die flüssige Kräuterbutter gleichmäßig über die Polentaovale verteilen.

3. Die Gnocchi alla romana bei 220 °C in den vorgeheizten Ofen schieben. Die Gnocchi etwa 10 Minuten backen und zum Schluss noch 1 Minute unter den Grill stellen. Sofort servieren.

Polenta-Gnocchi mit Speck und Gorgonzola

100 g roh geräucherter durchwachsener Speck
Für die Polenta:
1 TL Salz
350 g Maisgrieß mittlerer Körnung
Außerdem:
Butter für die Form
180 g Gorgonzola, gewürfelt
50 g frisch geriebener Parmesan
150 ml Sahne, 50 g zerlassene Butter
1 EL Basilikumblätter, in Streifen geschnitten

1. Den Speck in kleine Würfel schneiden, in einer Pfanne auslassen, herausnehmen und auf Küchenpapier gut abtropfen lassen (entfetten).

2. Für die Polenta 1 1/4 l Wasser mit dem Salz in einem großen Topf zum Kochen bringen. Unter ständigem Rühren den Maisgrieß in feinem Strahl einrieseln lassen. Dabei darauf achten, dass das Wasser ständig siedet, damit sich keine Klümpchen bilden können, und immer weiterrühren, möglichst in derselben Richtung. Wenn der Brei dick zu werden beginnt, wird das Rühren zur harten Arbeit, denn die Polenta benötigt etwa 20 Minuten Garzeit. Fertig ist sie, wenn sich der Maisbrei vom Topf löst.

3. Weiterverfahren, wie in der Bildfolge rechts gezeigt *[siehe a bis e]*. Die Auflaufform in den auf 200 °C vorgeheizten Ofen schieben und 25 bis 30 Minuten backen. Während des Backens immer wieder mit flüssiger Butter beträufeln. Basilikumblätter über die Gnocchi streuen und servieren.

a **Polenta-Gnocchi herstellen:** Die ausgelassenen und entfetteten Speckwürfel rasch unter die fertig gegarte Polenta mengen. Nochmals kräftig durchrühren.

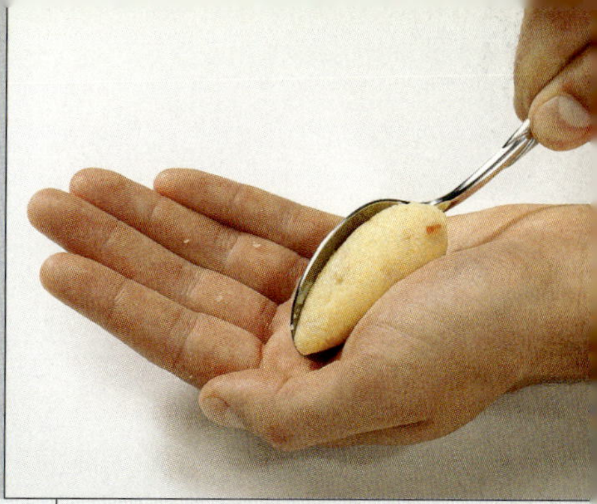

b Einen Esslöffel in Wasser tauchen und damit etwas Polenta-Masse abstechen. In der Hand und mit Hilfe des Löffels zu Gnocchi formen.

c Eine ovale Auflaufform leicht mit Butter ausfetten und die geformten Gnocchi halb aufrecht stehend und leicht überlappend einschichten.

d Die Gorgonzolawürfel und den geriebenen Parmesan gleichmäßig darüber verteilen und die Gnocchi mit der Sahne übergießen.

Leicht gebräunt *kommen diese Gnocchi mit Speck, Gorgonzola und Parmesan aus dem Ofen. Ihr herzhaftes Aroma kommt durch die Zugabe von Butter gut zur Geltung, und Basilikum bringt die frische Note.*

Alles zum Zubereiten und Verarbeiten von Teig

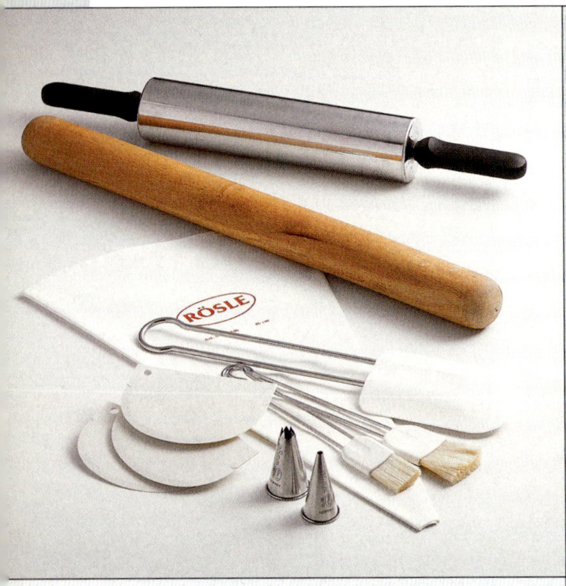

← Ausrollen und Füllen

(Von oben nach unten): Rollholz aus Metall mit Griffen. Nudelholz nach italienischer Art. Teigschaber und zwei Backpinsel in unterschiedlichen Breiten. (Darunter liegend): Waschbarer Spritzbeutel aus beschichteter Baumwolle mit Stern- und Lochtülle. (Ganz links): Teigkarten oder -schaber für das Zusammenschieben der Zutaten beim Teigkneten.

→ Küchenmaschine

(Hinten links): stabile Küchenmaschine mit Edelstahl-Rührschüssel und Rührbesen für schwere Teige. (Davor von links nach rechts): zur Küchenmaschine passende Schneideaufsätze zur einfachen Herstellung von Lasagneplatten, Lasagnette und Tagliatelle. (Hinten rechts): Standmixer zum schnellen Zerhacken von Zutaten für Farcen oder zum Pürieren von Saucen.

→ Zum Trocknen

Stabiler Dreifuß-Ständer mit rings um eine Mittelachse angebrachten »Armen«, über die man selbst gemachte lange Bandnudeln zum Trocknen hängen kann. Durch die spiralförmige Anordnung der Streben lassen sich besonders viele Nudeln unterbringen. Diese hängen darüber hinaus auf jeder Etage versetzt und können auf diese Weise nicht zusammenkleben.

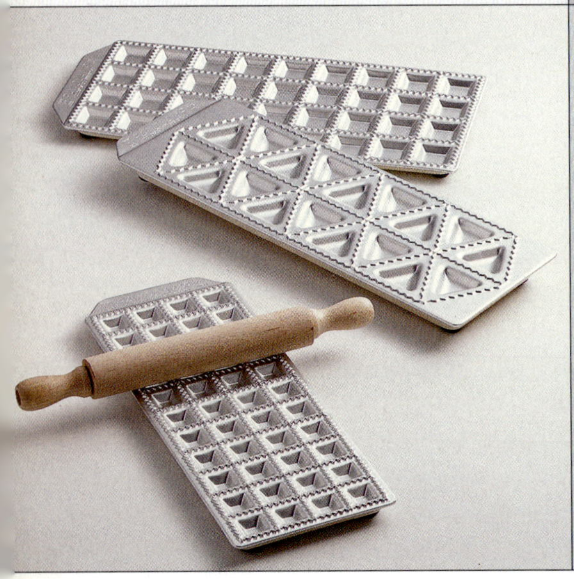

← Für gefüllte Pasta

(Von oben): Formen mit zugehörigem kleinem Wellholz für quadratische Ravioli, dreieckige Tortelli classici und kleine Raviolini. Und so geht's: Teigblatt in die Form legen, andrücken, Füllung in die Vertiefungen setzen. 2. Teigblatt auflegen, leicht andrücken, mit dem Rollholz darüber rollen. Durch den erhöhten, gezackten Rand trennen sich die Ravioli voneinander.

Schneiden & Streichen

(Von oben nach unten): Wiegemesser mit passendem Brett zum Hacken von Kräutern. Winkelpalette und Streichpalette, etwa zum Glattstreichen von Füllungen. Großes Sägemesser mit Wellenschliff und Filetiermesser. Kochmesser und Universalmesser, vielseitig einsetzbar. Kleines Küchenmesser zum Putzen und Zuschneiden von Gemüse.

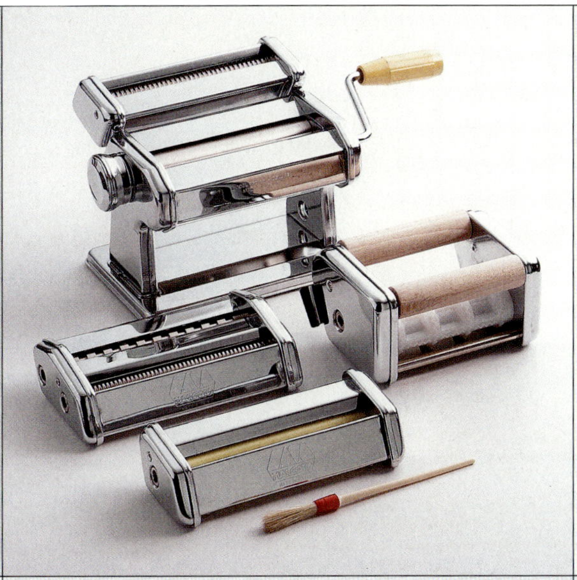

← Nudelmaschine

(Hinten): Klassische Nudelmaschine mit Handkurbel zum Ausrollen von Pastateig in verschiedenen Stärken, mit Schneideaufsatz für Tagliolini. (Vorne, im Uhrzeigersinn): Aufsätze zum Schneiden von Tagliatelle und Tagliolini, Ravioli und Lasagneplatten. (Ganz vorne): kleiner Pinsel zum Entfernen von Mehl und getrockneten Teigresten aus den Aufsätzen.

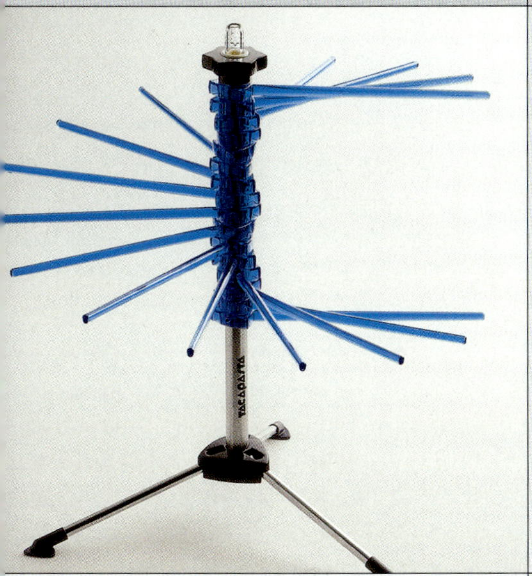

→ Ausschneiden, Ausstechen

(Gegen den Uhrzeigersinn von oben): Roller zum Ausschneiden von Tagliatelle, für glatte Quadrate von 6 cm, für glatte Kreise, für glatte Quadrate von 4 cm, für gewellte Quadrate von 4 cm. Stabiles Lineal, gewelltes Teigrad, glattes Teigrad. Runde und gewellte Ausstecher mit hohem Rand, gewellte Ausstecher mit »Stempelgriff« für bequeme Handhabung, alle in verschiedenen Durchmessern.

Für Spätzle & Knöpfle

(Von oben): Spätzlepresse (Spätzleschwob), durch die der Teig direkt ins Wasser gedrückt wird. Hobel für tropfenförmige Allgäuer Spatzen oder Knöpfle. Spätzle-Profi: Der Teig wird eingefüllt und mit einem Teigkärtchen durch die Löcher ins Wasser gedrückt. Klassisches hölzernes Spätzlebrett mit abgeschrägter Kante, dazu der passende Schaber.

← Vielseitig einsetzbar

(Hinten): Edelstahl-Rührschüsseln in verschiedenen Größen. (Mitte und vorne): Robuste Schalen, unterschiedlich in Höhe und Durchmesser. Solche Schüsseln sind bei der Pastaherstellung für viele Zwecke hilfreich, etwa zum Mischen und Verkneten von Teigzutaten, zum Auffangen durchpassierter Saucen oder zum Aufschlagen auf dem Wasserbad.

Nützliche Helfer zum Garen & für Saucen

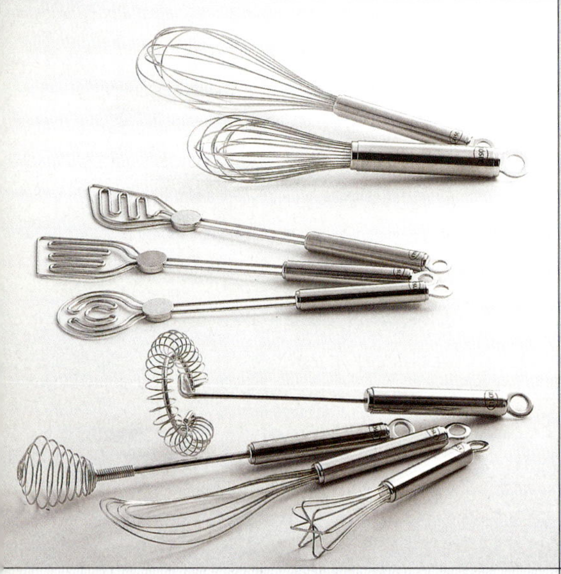

← Zum Rühren

(Von oben): Großer Schneebesen und Rührbesen zum Aufschlagen; Kochlöffel in abgeschrägter, klassischer und runder Form aus Metall – die Form kann passend zum Topfboden gewählt werden; Spiralbesen, geeignet für Saucen; 2 Quirlbesen zum kräftigen Aufschlagen; Tellerbesen mit abgeflachter Form; Topfbesen, mit dem man auch die Topfkanten erreicht.

→ Seihen und Passieren

(Von oben): groblöchriges Edelstahlsieb, etwa zum Abschütten von gekochten Nudeln oder blanchiertem Gemüse; feinmaschige runde Siebe in verschiedenen Größen zum Passieren von Saucen und Fonds, wobei man nach Wunsch mit einem runden Holzstößel nachhelfen kann. (Darunter): Passiertuch aus Baumwolle zum Herausfiltern feiner Partikel.

→ Zum Pürieren

(Links): elektrischer Pürierstab, mit dem Saucen, Gemüse und anderes direkt in Topf oder Schüssel zerkleinert werden können. (Rechts davon): Mixbehälter für kleinere beziehungsweise mittlere Mengen als Zusatzgeräte zum Pürierstab. (Vorne links): Marmormörser mit Stößel, zum Zerkleinern von Gewürzen, klassisch auch zur Zubereitung kalter Saucen.

← Zum Kochen

Schwere Kochtöpfe mit Glasdeckel in verschiedenen Größen. Zum Garen kürzerer Pastasorten, zum Blanchieren, für die Herstellung warmer Saucen. Der Glasdeckel ermöglicht es, den Inhalt und seinen Garzustand im Auge zu behalten, ohne den Deckel abnehmen zu müssen – das schont Aroma- und Nährstoffe des Gargutes. Innenseite emailliert für leichte Reinigung.

Braten und Schöpfen

(Hinten): Edelstahl-Stielpfannen in verschiedenen Größen zum Braten, darin gelochte Pfannenwender. (Davor von oben): Schöpflöffel in zwei verschiedenen Größen; Blanchierlöffel für Gemüse zum Abtropfen; feinmaschiger Schaumlöffel; grobmaschiger Seihlöffel; langstielige Saucenkelle; Spaghettiheber mit gewelltem Rand, zum Auflockern und Anrichten.

← Messen, Pressen, Reiben

(Im Uhrzeigersinn von oben links): Messbecher aus Edelstahl. Zitruspresse mit Krug zum Auffangen des Saftes und Pressaufsätzen in verschiedenen Größen, für Orangen, Zitronen, Limonen. Kombi-Messbecher für 2 und 4 cl, Knoblauchpresse. Mittelfeine Reibe, Gourmet-Hobel für feine Scheiben, etwa für Trüffel; stabiler Hobel für gröbere Gemüsescheiben.

→ Für Hartkäse

(Oben links): Mühle mit Handkurbel zum feinen Zerkleinern von Extrahartkäse wie etwa Parmesan. (Rechts daneben): Standreiben aus Metall und mit Holzrahmen, gut geeignet zum Reiben größerer Mengen von Hartkäse. (Vorne rechts): Zwei Käsereiben aus Edelstahl für kleinere Mengen. (Links in der Bildmitte): kräftiges kurzes Messer zum Abbrechen von Hartkäsestücken.

Zum Garen im Ofen

(Hinten): Rechteckige Lasagneform mit breitem Heber zum Portionieren und Entnehmen. (Mitte): Runde Kokotten aus Keramik in verschiedenen Größen; praktisch zum Gratinieren portionierter Pastagerichte. (Vorne): Rechteckige feuerfeste Gratinformen aus Keramik in unterschiedlichen Größen, besonders geeignet für Lasagne oder Pasticcio aus Makkaroni.

← Für asiatische Nudeln

(Im Vordergrund): Wok aus Edelstahl mit abgeplatteter Standfläche, daher auch für den Betrieb auf Elektroherden geeignet; mit Glasdeckel zum Schmoren, Dünsten und Dämpfen sowie mit Abtropfgitter zum Einhängen. (Links dahinter): chinesischer Dämpfkorb aus Bambus. (Rechts daneben): Woklöffel und Wokwender zum Pfannenrühren.

Pesto, Sugo & andere Saucen

Mit diversen Sughi, Saucen und Ragouts kann man Pasta unendlich variieren. Klassisch dabei die Kombination mit Tomaten und Käse. Aber auch aus selbst gekochten Fonds lassen sich hervorragende Pasta-Saucen herstellen. Und nicht zu vergessen, die zahlreichen würzigen Pasten mit Kräutern und Parmesan oder Oliven.

a **Dunklen Kalbsfond herstellen:** Kalbsknochen in einem Bräter mit Öl übergießen. Bei 200 °C im vorgeheizten Ofen 20 Minuten braten.

b Möhren und Zwiebeln schälen, Stangensellerie putzen und das Gemüse in grobe Stücke schneiden. Die Tomaten vierteln und jeweils den Stielansatz entfernen.

c Schweineschwanz- und Kalbsfußstücke 10 Minuten mitbraten, dann Möhren, Zwiebeln, Sellerie und Knoblauch darauf verteilen.

d Nach weiteren 20 Minuten Garzeit die Tomatenviertel sowie das Tomatenmark zufügen. Lorbeerblätter, Thymianzweige und Gewürznelken darüber streuen.

e Den Bräter in den Ofen schieben und alles weitere 15 Minuten bei 200 °C rösten. Inhalt vermischen und noch 10 Minuten weiterbraten.

f Aus dem Ofen nehmen und den Bräterinhalt in einen Topf umfüllen. Bräter mit Wasser ausschwenken und dieses zugießen. Mit 9 l kaltem Wasser aufgießen.

g Den Topfinhalt zum Kochen bringen und mit einem Schaumlöffel den aufsteigenden Schaum wiederholt abschöpfen. Die Hitze reduzieren.

h Bouquet garni einlegen und alles 5 bis 6 Stunden köcheln, dabei mehrfach entfetten. Den fertigen Fond durch ein mit einem Tuch ausgelegtes Sieb passieren.

Selbst geköchelte Fonds mit viel Geschmack und Aroma sind für die gehobene Küche unentbehrlich. Ob als Grundlage für eine feine Suppe oder als Basis würziger Saucen, man benötigt sie sehr häufig. Darum finden Sie auf den folgenden Seiten die Grundrezepte für Fonds aus Fleisch, Fisch, Geflügel & Gemüse. Deren Zubereitung ist zwar nicht schwierig, doch teilweise etwas zeitaufwändig. Glücklicherweise lassen sich Fonds aber gut auf Vorrat zubereiten und einfrieren, am besten in Portionsbehälter gefüllt, so hat man gleich die entsprechende Menge zur Hand.

Dunkler Kalbsfond

5 kg Kalbsknochen, 700 g Kalbsfuß
300 g Schweineschwanz
1 Knoblauchknolle (etwa 50 g)
100 ml Sonnenblumenöl
300 g Möhren, 350 g Zwiebeln
200 g Stangensellerie
600 g Flaschentomaten
80 g Tomatenmark
2 Lorbeerblätter, halbiert
5 Thymianzweige, 3 Gewürznelken

Für das Bouquet garni:

100 g Lauch, 1 Stangensellerieherz
3 Lorbeerblätter, 1/2 Bund glatte Petersilie
1/2 Bund Thymian

1. Die Kalbsknochen grob hacken. Den Kalbsfuß in kochendem Wasser blanchieren, dann wie den Schweineschwanz in grobe Stücke hacken. Die Knoblauchknolle quer halbieren, das Gemüse waschen und weiterverfahren, wie in der Bildfolge links gezeigt *[siehe a bis g]*.

Aromatische Fonds von Kalb, Rind & Lamm

2. Für das Bouquet garni den Lauch putzen, mit dem Stangenselleriеherz, den Lorbeerblättern, den Petersilienstängeln und den Thymianzweigen zusammenbinden. Weiterverfahren, wie links gezeigt *[siehe h]*. Den fertigen Fond je nach Bedarf einfrieren oder weiterverwenden.

Heller Rinderfond

(ohne Abbildung)

2 kg Rinderknochen
500 g Markknochen
1/2 Zwiebel, 2 Gewürznelken
6 bis 8 weiße Pfefferkörner
Für das Bouquet garni:
80 g Möhren, 80 g Lauch
80 g Petersilienwurzel
80 g Knollensellerie
1/2 Knoblauchzehe, 1 Lorbeerblatt

1. Die Rinderknochen zerkleinern. Aus den Markknochen das Mark herausdrücken und dieses anderweitig verwenden. Alle Knochen unter fließendem kaltem Wasser gründlich abspülen.

2. Die Schnittfläche der Zwiebel auf der Herdplatte oder in einer Pfanne ohne Fett bräunen. Die Möhren, den Lauch, die Petersilienwurzel, den Knollensellerie sowie den Knoblauch schälen beziehungsweise putzen und mit dem Lorbeerblatt zu einem Bouquet garni zusammenbinden.

3. In einem Topf ausreichend Wasser zum Kochen bringen und die Knochen darin blanchieren. Einmal kräftig aufwallen lassen und den Topfinhalt vorsichtig in ein großes Sieb schütten.

4. Die Knochen kalt abbrausen, um eventuell anhaftende Blutreste zu entfernen und gut abtropfen lassen. In einen Topf umfüllen, vollständig mit kaltem Wasser bedecken, zum Kochen bringen und den Schaum mehrfach abschöpfen.

5. Den Rinderfond bei geringer Hitze 45 Minuten köcheln lassen, dann erst die gebräunte Zwiebelhälfte, das Bouquet garni sowie die Gewürze einlegen. Den Rinderfond noch etwa 1 Stunde weiterköcheln lassen. Vom Herd nehmen und die Flüssigkeit durch ein mit einem Tuch ausgelegtes Sieb ablaufen lassen.

6. Den Rinderfond im Topf erkalten lassen und entfetten; dafür entweder ein dem Topfdurchmesser entsprechend zurecht geschnittenes Küchenpapier über die Oberfläche ziehen oder das erstarrte Fett einfach abheben.

Lammfond

1 kg Lammbrust mit Knochen
1 kg Lammknochen, 1 kg Kalbsknochen
200 g Möhren, 150 g Zwiebeln
2 Knoblauchzehen, 4 EL Pflanzenöl, Salz
Für das Bouquet garni:
50 g Petersilienwurzel
50 g Möhre, 50 g Lauch
1 Stängel Stangenselleriegrün
2 Petersilienstängel, 2 Thymianzweige

1. Die Lammbrust, die Lammknochen sowie die Kalbsknochen waschen, abtropfen lassen und in gleich große Stücke hacken.

2. Die Möhren, die Zwiebeln und den Knoblauch schälen. Möhren und Zwiebeln in Stücke schneiden, den Knoblauch ganz lassen.

3. Petersilienwurzel und Möhre für das Bouquet garni schälen, Lauch und Stangensellerie putzen, alles mitsamt den Kräutern zu einem Bouquet garni zusammenbinden.

4. Den Ofen auf 200 °C vorheizen. Das Öl in einen Bräter gießen, Lammbrust, Knochen und das vorbereitete Gemüse darin verteilen und weiterverfahren, wie rechts gezeigt *[siehe a bis c]*.

5. Die Flüssigkeit bei geringer Hitze 3 bis 4 Stunden köcheln lassen, bis die Menge etwa um die Hälfte reduziert ist. Den Fond passieren *[siehe d]*.

a **Lammfond zubereiten:** Lammbrust, Knochen und Gemüse bei 200 °C etwa 20 Minuten bräunen.

b Den Inhalt des Bräters in einen Topf umfüllen. Mit 4 l kaltem Wasser aufgießen und aufkochen.

c Mehrfach abschäumen, Bouquet garni einlegen, leicht salzen und bei geringer Hitze köcheln lassen.

d Den fertigen Lammfond durch ein feines Sieb passieren, etwas abkühlen lassen und entfetten.

a Gemüsefond herstellen: Die Gemüsemischung mit dem Weißwein sowie 3 l Wasser ablöschen.

b Kräuter, Gewürze und gebräunte Zwiebel zufügen und alles bei mittlerer Temperatur erhitzen.

c Diese Mischung 30 bis 40 Minuten köcheln lassen, dabei mehrmals den Schaum abnehmen.

d Den Gemüsefond durch ein mit einem Tuch ausgelegtes Sieb passieren und auf 1,5 l reduzieren.

Fonds und Brühen

Basis für die feine Küche

Gemüsefond

ERGIBT 1,5 bis 2 Liter

2 geschälte Gemüsezwiebeln, 20 g Butter
100 g Brokkolistiele, 250 g Lauch
300 g Möhren, 200 g Stangensellerie
150 g Zucchini, 1/4 l Weißwein
je 1 Zweig Thymian und Rosmarin
1 Lorbeerblatt, 1/2 Knoblauchzehe
1 Gewürznelke, 1/2 gebräunte Zwiebel

1. Die Gemüsezwiebeln in grobe Ringe schneiden. In einem Topf die Butter zerlassen und die Zwiebelringe darin hell anschwitzen. Sämtliches Gemüse waschen, putzen, klein schneiden und kurz mitschwitzen. Weitervorgehen, wie in den Steps der Bildfolge links *[siehe a bis d]* gezeigt.

Fischfond

ERGIBT etwa 2,5 Liter

1 kg Karkassen von weißfleischigen Fischen
60 g Butter, 80 g Schalotten
80 g Lauch (nur das Weiße), 1/2 Fenchelknolle
100 g Petersilienwurzeln, 80 g Stangensellerie
1/2 l junger, spritziger, trockener Weißwein
1 Lorbeerblatt, 2 bis 3 Zweige Thymian
1/2 TL weiße Pfefferkörner

1. Fischkarkassen (Gräten und Köpfe) vorbereiten: Die Kiemen aus den Köpfen entfernen – sie machen den Fond bitter – und die Karkassen grob zerkleinern. In eine Schüssel füllen und unter fließendem kaltem Wasser 20 Minuten gründlich spülen, bis das Wasser klar und frei von Trübstoffen bleibt *[siehe a]*.

2. Die Fischkarkassen in ein Sieb schütten und gut abtropfen lassen. In einem weiten Topf die Butter zerlassen und die Karkassen darin langsam andünsten, wie gezeigt *[siehe b]*. So entwickeln sich die Geschmacks- und Aromastoffe.

3. Die Schalotten schälen und fein würfeln. Lauch, Fenchel, Petersilienwurzeln und Stangensellerie putzen, in kleine Stücke schneiden und weiterverfahren, wie gezeigt *[siehe c bis f]*.

4. Aufkochen lassen, dabei bindet geronnenes Eiweiß Trübstoffe und Schwebepartikel und steigt als grauweißer Schaum an die Oberfläche. Dieser muss während des Kochens mehrmals abgeschöpft werden, damit der Fond klar bleibt *[siehe g]*. Länger als 20 bis 30 Minuten sollte der Fond nicht köcheln, sonst wird er leimig.

5. Die Brühe durch ein Passiertuch seihen, wie gezeigt *[siehe h]*, die im Sieb verbleibenden Teile aber nicht ausdrücken.

Geflügelfond

ERGIBT etwa 2,5 Liter

2 kg Hühnerkarkassen (mit Hals und Innereien)
750 g Kalbsknochen in Scheiben
100 g Möhren, 80 g Stangensellerie
80 g Lauch, 40 g Knollensellerie
4 EL Pflanzenöl, 1/4 l trockener Weißwein
1 Lorbeerblatt, 15 Pfefferkörner
4 Pimentkörner, 1 angedrückte Knoblauchzehe

1. Die Hühnerkarkassen klein hacken und mit den Kalbsknochen in eine Schüssel füllen. Unter fließendem kaltem Wasser 1/2 Stunde wässern, wie rechts gezeigt *[siehe a]*. Herausnehmen und Karkassen und Knochen gut abtropfen lassen.

2. Gemüse waschen, putzen und in etwa 1 cm große Würfel schneiden. Das Öl in einem Bräter erhitzen und weiterarbeiten, wie in der Bildfolge unten rechts gezeigt *[siehe b bis f]*.

3. Den Fond noch 1 weitere Stunde köcheln lassen, vom Herd nehmen und 20 Minuten ziehen lassen. Durch ein Tuch passieren und entfetten, wie rechts gezeigt *[siehe g und h]*.

a **Fischfond herstellen:** Karkassen wässern, bis das Wasser klar abläuft.

b Fischkarkassen unter Wenden 3 bis 4 Minuten farblos anziehen lassen.

c Das zerkleinerte Gemüse sowie die Schalotten mit angehen lassen.

d Sobald die Mischung köchelt, mit dem Weißwein ablöschen.

e Mit 2 l kaltem Wasser aufgießen und langsam zum Köcheln bringen.

f Lorbeerblatt, Thymianzweige und Pfefferkörner zufügen.

g Fischfond mehrmals abschäumen und 20 bis 30 Minuten köcheln.

h Ein Spitzsieb mit einem Tuch auslegen und den Fond ablaufen lassen.

a **Geflügelfond herstellen:** Hühnerkarkassen und Kalbsknochen wässern.

b Die gut abgetropften Karkassen und Knochen im heißen Öl anbraten.

c Das klein gewürfelte Gemüse kurz mitbraten, ohne es zu bräunen.

d Hühnerkarkassen, Knochen und Gemüse mit Weißwein ablöschen.

e Die Mischung in einen großen Topf umfüllen. 3 l Wasser zugießen.

f Aufkochen, abschäumen und 1 Stunde köcheln. Die Gewürze zufügen.

g Ein Sieb mit einem Tuch auslegen und den Geflügelfond ablaufen lassen.

h Den fertigen Fond mit einem runden Stück Küchenpapier entfetten.

Der Klassiker
Tomaten & Pasta

a | **Frische Tomatensauce zubereiten:** In einer Kasserolle die Butter zerlassen oder das Öl erhitzen und die Tomatenwürfel darin anschwitzen.

b | Einige Minuten köcheln lassen. Die Tomatensauce mit Salz und Pfeffer würzen, die grob gehackten Basilikumblättchen einrühren und sofort zu Pasta servieren.

Diese bewährte Kombination wird in Italien in tausendundeiner Variation serviert, eine besser als die andere. Voraussetzung für das Gelingen einer wirklich guten Tomatensauce ist allerdings das richtige Ausgangsprodukt. Nicht jede Tomatensorte eignet sich gleichermaßen: Empfehlenswert sind etwa die länglichen Flaschen- oder Eiertomaten, aber auch viele Fleischtomatensorten. Stehen – saisonal bedingt – gute Tomaten nicht zur Verfügung, greift man besser zu »pomodori pelati«, zur Dosenware aus Italien. Nur bei Rezepten, die explizit nach frischen Tomaten verlangen, wie unten der Fall, benötigt man wirklich reife und aromatische Früchte. Der Tomatengeschmack kommt hier besonders zur Geltung, denn weder Zwiebeln noch Knoblauch sind Bestandteil dieser sehr einfachen, aber köstlichen Sauce. Je nach Geschmack kann man sie mit frischer Butter oder einem guten Olivenöl zubereiten.

Frische Tomatensauce

800 g vollreife Tomaten, 20 Basilikumblättchen

100 g Butter, 1 TL Salz

frisch gemahlener Pfeffer

1. Die Tomaten blanchieren, häuten und halbieren. Stielansätze und Samen entfernen und das Fruchtfleisch in kleine Würfel schneiden.

2. Die Basilikumblättchen grob hacken und weiterarbeiten, wie in der Bildfolge links oben gezeigt *[siehe a und b]*.

»La pommarola«: Tomaten-Grundsauce

50 g Möhre

100 g Zwiebeln

100 g Stangensellerie

800 g reife Eier- oder Flaschentomaten

1 TL Salz

frisch gemahlener schwarzer Pfeffer

4 EL Olivenöl

1 EL gehacktes Basilikum

1. Die Möhre schälen und erst längs in Scheiben, dann in feine Würfel schneiden. Die Zwiebeln schälen und fein hacken. Stangensellerie putzen und in kleine Würfel schneiden.

2. Die Tomaten waschen, vom Stielansatz befreien und die Sauce zubereiten, wie in der Bildfolge gezeigt *[siehe a bis f]*.

Sahnige Tomatensauce

800 g reife Tomaten

100 g Zwiebeln

50 g durchwachsener Räucherspeck

1 EL Öl, 4 EL Sahne

Salz, frisch gemahlener Pfeffer

1. Die Tomaten waschen, halbieren, Stielansatz und Samen entfernen. Das Fruchtfleisch vierteln und in Stücke schneiden. Zwiebeln schälen und würfeln. Den Speck in feine Würfel schneiden.

2. Das Öl in einer Kasserolle erhitzen und die Speckwürfel darin leicht bräunen. Die Zwiebelwürfel zufügen und glasig schwitzen. Die Tomatenstücke zugeben und alles 20 Minuten zugedeckt köcheln lassen. Mit dem Mixstab fein pürieren und die Sauce durch ein Sieb streichen, die Sahne einrühren und mit Salz und Pfeffer würzen. Diese feine Tomatensauce passt gut zu Spaghetti.

a **Tomaten-Grundsauce herstellen:** Die Tomaten mit einem kleinen scharfen Messer halbieren, vierteln und in kleine Stücke schneiden.

b Tomatenstücke in einen weiten Topf einfüllen. Sie sollen auf dem Topfboden liegen, da sie Wasser ziehen. Möhrenwürfel zufügen.

c Zwiebel- und Stangenselleriewürfel zufügen, einen Deckel auflegen und die Mischung ohne Fett bei geringer Temperatur etwa 40 Minuten köcheln lassen.

d Die weich gegarte Gemüse-Tomaten-Mischung portionsweise in ein grobmaschiges Sieb füllen und mit einem Löffel durchpassieren.

e Das am Sieb anhaftende Tomatenpüree mit in die Sauce streifen. Die Tomatensauce in eine Kasserolle umfüllen und langsam erwärmen.

f Mit Salz und Pfeffer aus der Mühle würzen. Erst jetzt das kaltgepresste Olivenöl löffelweise unterziehen und das Basilikum einrühren.

Ragù alla bolognese
Die vielseitige Fleischsauce

a **Bologneser Fleischsauce herstellen:** Zwiebel- und Knoblauchwürfel unter gelegentlichem Rühren mitschwitzen.

b Die Selleriewürfel zufügen und die gehackte Petersilie einrühren und einige Minuten mitschwitzen.

c Die beiden Fleischsorten unter ständigem Rühren mitbraten, bis das Hackfleisch krümelig zerfällt.

d Den klein gewürfelten Parmaschinken zufügen und unter Rühren weitere 5 Minuten mitbraten.

e Die Hälfte der Butter einrühren. Dann die frischen, in kleine Würfel geschnittenen Tomaten zufügen.

f Die Pelati sowie den aufgefangenen Saft untermischen und im offenen Topf kurz mitköcheln lassen.

g Das Tomatenmark löffelweise einrühren und alles nochmals einige Minuten einkochen lassen.

h Mit der Fleischbrühe aufgießen und mit Salz und Pfeffer würzen. Den Deckel auflegen und aufkochen.

i Die Fleischsauce in einer Schüssel mit Tagliatelle vermischen und in vorgewärmten Tellern servieren.

Hervorragend schmeckt das Ragù bolognese »Bei Gigina« in der Via Stendhal 1. Täglich frisch bereitet sie es zu und trägt Sorge, dass es seinen typischen Geschmack bekommt. Eine gute Qualität der Zutaten ist dafür Voraussetzung, und die fängt schon bei der Wahl des Fleisches an. In jedem Fall sollte man es selbst durch den Wolf drehen. Ob mehr Rind- oder mehr Schweinefleisch verwendet oder Lammfleisch untergemischt wird, bleibt dem eigenen Geschmack überlassen; ebenso die Zugabe von 100 ml Rotwein. Wichtig ist aber, dass das Ragù ausreichend lange schmort, damit sich die Aromen gut verbinden.

Bologneser Fleischsauce

VORBEREITUNG: etwa 2 Stunden
FÜR 6 BIS 8 PORTIONEN

200 g Möhren, 200 g Zwiebeln
2 Knoblauchzehen, 160 g Stangensellerie
200 g Parmaschinken am Stück
800 g frische Tomaten
800 g Tomaten aus der Dose (Pelati)
300 g Rind- und 200 g Schweinefleisch aus der Schulter
4 EL Öl, 4 EL gehackte Petersilie
80 g Butter, 6 EL Tomatenmark
1/4 l Fleischbrühe, 1 TL Salz, Pfeffer
nach Belieben 1/2 TL Zucker

1. Möhren, Zwiebeln und Knoblauch schälen, Sellerie putzen und alles fein würfeln. Parmaschinken klein würfeln. Frische Tomaten blanchieren, häuten, von Stielansatz und Samen befreien und klein würfeln. Pelati ebenfalls würfeln, Saft auffangen und beiseite stellen. Das Fleisch durch den Wolf drehen. In einem großen Topf das Öl erhitzen, die Möhren darin anschwitzen und weiterverfahren, wie links gezeigt *[siehe a bis h]*.

2. Die Sauce mindestens 1 Stunde schmoren lassen, dabei einen Spalt offen lassen, damit sie leicht einkocht. Mit Zucker abschmecken und das Ragù weitere 30 Minuten köcheln. Die restliche Butter einrühren und servieren *[siehe i]*.

Auf kleiner Flamme schmoren lässt Gigina ihr »Ragù bolognese«, das in der Region von Bologna gerne zu selbst gemachten Tagliatelle serviert wird.

Mit Käse und Rahm

a **Sauce Mornay herstellen:** Mehl zugeben, 1 bis 2 Minuten hell anschwitzen.

b Milch zugießen. Glatt rühren und mit Salz, Pfeffer und Muskatnuss würzen.

c Topf vom Herd nehmen und die Sauce mit der Eigelb-Mischung legieren.

d Durch ein Sieb passieren und nochmals erwärmen, aber nicht mehr kochen.

e Den geriebenen Käse zufügen und in der heißen Sauce schmelzen.

Viele weiße Pasta-Saucen mit Käse, wie etwa die Sauce Mornay, basieren auf einer Béchamel, für die zunächst etwas Mehl in Butter angeschwitzt und dann mit Milch abgelöscht wird. Wichtig ist dabei jedoch, die Béchamel ausreichend lange zu köcheln – etwa 20 Minuten sollten es schon sein – damit der Mehlgeschmack verschwindet. Was den Käse anbelangt, so müssen es nicht unbedingt Parmesan und Fontina sein, die Sauce Mornay schmeckt auch mit Emmentaler oder Gruyère.

Sauce Mornay

Für die Béchamel:

25 g Butter, 30 g Mehl

1/2 l Milch

1/2 TL Salz

frisch gemahlener Pfeffer

1 Messerspitze frisch geriebene Muskatnuss

1 Eigelb, 100 ml Sahne

Außerdem:

30 g frisch geriebener Parmesan

30 g frisch geriebener Fontina

1 bis 2 EL geschlagene Sahne

1. In einer Kasserolle bei mittlerer Hitze die Butter zerlassen und weiterverfahren, wie in der Bildfolge links gezeigt *[siehe a und b]*.

2. Die Béchamel-Sauce 20 Minuten unter ständigem Rühren köcheln lassen. Das Eigelb mit der Sahne und 2 EL Sauce verquirlen und weiterarbeiten, wie links vorgeführt *[siehe c bis e]*.

3. Die Kasserolle vom Herd nehmen und die geschlagene Sahne vorsichtig unter die Sauce ziehen. Die würzig-cremige Sauce Mornay schmeckt zu vielen Pasta-Sorten.

Kräutersauce

25 g Butter, 30 g Mehl

1/2 l Kalbs- oder Geflügelbrühe

1/2 TL Salz, frisch gemahlener weißer Pfeffer

1 Messerspitze frisch geriebene Muskatnuss

1 Eigelb, 100 ml Sahne

2 EL frisch gehackte Kräuter (Schnittlauch, Petersilie, Oregano, Thymian, Salbei)

1. Die Butter bei Mittelhitze schmelzen, das Mehl einstreuen und anschwitzen, ohne es Farbe nehmen zu lassen. Die Brühe zugießen, dabei ständig mit dem Schneebesen rühren, würzen und alles 20 Minuten köcheln.

2. Eigelb und Sahne verquirlen, die Sauce vom Herd nehmen, mit der Eigelb-Mischung legieren und anschließend durch ein Sieb passieren. Die Kräuter einrühren und alles bei starker Hitze kurz durchziehen lassen.

Velouté

ERGIBT 3/4 l Sauce

30 g Schalotten

20 g Butter, 20 g Mehl

1/2 l Gemüsebrühe, 1/4 l Sahne, Prise Salz

frisch gemahlener weißer Pfeffer

1. Die Schalotten schälen und in feine Würfel schneiden. In einer Kasserolle die Butter zerlassen und die Schalottenwürfel darin glasig schwitzen.

2. Das Mehl einstreuen, hell mitschwitzen und mit der Gemüsebrühe ablöschen. Die Sauce unter ständigem Rühren mit dem Schneebesen 5 Minuten gut durchkochen. Die Sahne zugießen und weitere 10 Minuten köcheln. Salzen und pfeffern und die Sauce durch ein Sieb passieren.

Gorgonzolasauce mit Schinken

30 g Frühlingszwiebeln
100 g gekochter Schinken
20 g Walnusskerne
20 g Butter
120 g Mascarpone
100 g Gorgonzola
50 bis 80 ml Milch oder Sahne
1 EL fein gehackte Petersilie
Salz, frisch gemahlener Pfeffer
Außerdem:
frisch geriebener Parmesan zum Bestreuen nach Belieben

1. Die Frühlingszwiebeln putzen, waschen und in feine Würfel schneiden. Von dem gekochten Schinken den Fettrand abschneiden und den Schinken in kleine Würfel schneiden. Die Walnusskerne grob hacken.

2. Die Butter in einer Pfanne zerlassen. Die Frühlingszwiebel- und Schinkenwürfel darin kurz anschwitzen und weiterverfahren, wie in der Bildfolge rechts gezeigt *[siehe a]*. Die Hitze etwas reduzieren, den Mascarpone zufügen und in der Pfanne unter Rühren schmelzen, wie im zweiten Step vorgeführt *[siehe b]*.

3. In der Zwischenzeit den Käse – es kann entweder, je nach Geschmack, der würzige, kräftig schmeckende Gorgonzola piccante oder der mildere Gorgonzola dolce sein – in kleine Würfel schneiden und in der Sauce schmelzen, wie im dritten Step unten gezeigt *[siehe c]*.

4. Je nach gewünschter Konsistenz der Sauce noch etwas Milch oder Sahne angießen. Die gehackte Petersilie einrühren und die Sauce mit Salz und Pfeffer würzen.

5. Pasta nach Wahl in Salzwasser knapp al dente kochen, abgießen – nicht abbrausen – und mit der Gorgonzola-Schinken-Sauce vermischen. Mit Parmesan bestreuen und sofort servieren.

a **Gorgonzola-Schinken-Sauce zubereiten:** Die Walnüsse einrühren.

b Mascarpone unter wiederholtem Rühren darin schmelzen.

c Die Gorgonzolawürfel einrühren.

Pesto alla genovese vereinigt typisch mediterrane Aromen. Frisch gemacht schmeckt er zu Pasta einfach umwerfend. Wer will, röstet die Pinienkerne kurz an, sie gewinnen dadurch an Aroma.

Internationale Berühmtheit erlangt hat diese klassische Genueser Basilikumsauce. Doch gibt es Pesto entlang der Riviera – und nicht nur dort – in unzähligen Varianten.

Pesto alla genovese

4 Knoblauchzehen, 50 g Pinienkerne

120 g frische Basilikumblätter

50 g frisch geriebener Pecorino

80 g frisch geriebener Parmesan

Salz, frisch gemahlener Pfeffer

125 bis 150 ml natives Olivenöl extra

Knoblauch schälen und grob hacken. Weiterarbeiten, wie in der Bildfolge unten beschrieben. Wird der Pesto als reine Pastasauce verwendet, kann er mit einigen Esslöffeln Nudelkochwasser verrührt werden, er gerät so geschmeidiger.

Knoblauch und Pinienkerne im Mörser gut zerstoßen.

Basilikum und geriebenen Käse nach und nach zufügen. Salzen bei Bedarf.

Das Olivenöl in dünnem Strahl einlaufen lassen und gut einarbeiten.

Pesto rosso

FÜR 8 BIS 10 PORTIONEN

300 g getrocknete Tomaten in Öl

50 g Pinienkerne, 1 TL Salz, Pfeffer

4 Knoblauchzehen, 30 g Basilikumblätter

100 g geriebener Pecorino sardo, Olivenöl

1. Die Tomaten abtropfen lassen, dabei das Öl auffangen und die Tomaten im Mixer zerkleinern *[siehe a und b]*. Pinienkerne, Salz, Pfeffer, Knoblauch, Basilikum und Käse untermixen *[siehe c]*.

2. Die Paste mit dem aufgefangenen Tomaten-Öl verrühren und noch so viel Olivenöl zufügen, bis sie eine cremige Konsistenz erreicht hat *[siehe d]*.

Pesto aus Bärlauch

FÜR 8 BIS 10 PORTIONEN

140 g Pinienkerne, 15 g Salz

150 g Bärlauch, 150 g glatte Petersilienblätter

60 g frisch geriebener Pecorino

200 g frisch geriebener Parmesan

1/2 l Olivenöl

1. Geröstete Pinienkerne, Salz und gewaschene, sorgfältig getrocknete Bärlauch- und Petersilienblätter im Mörser zerkleinern und weiterverfahren, wie rechts gezeigt *[siehe a und b]*.

2. Die Mischung umfüllen, beide Käsesorten untermischen und das Olivenöl, am besten »natives Olivenöl extra«, einrühren *[siehe c und d]*.

Pesto alla genovese und Variationen in Rot & Grün

a **Für Pesto Rosso** die Tomaten abtropfen lassen, dabei das Öl auffangen.

b Die eingelegten, abgetropften Tomaten im Mixer fein zerkleinern.

c Restliche Zutaten bis auf das Öl untermixen. Zuletzt das Öl einarbeiten.

d Im Handumdrehen fertig ist diese Paste mit der typischen rötlichen Farbe.

a **Für Bärlauch-Pesto** die Pinienkerne ohne Fett goldbraun rösten.

b Pinienkerne und Salz im Mörser fein zerreiben. Die Kräuter einarbeiten.

c In eine Schüssel umfüllen, Käse untermischen und das Öl zugießen.

d Leuchtend grün, mit intensivem Knoblaucharoma – ideal im Frühjahr.

a **Für Rucola-Pesto** den Rucola portionsweise im heißen Öl frittieren.

b Die Paste in eine Schüssel umfüllen. Zitronenschale darüber reiben.

c Das Olivenöl einrühren, nach Belieben salzen und alles gut verrühren.

d Rucola-Pesto in saubere Gläser füllen und mit etwas Olivenöl bedecken.

Rucola-Pesto

FÜR 4 BIS 6 PORTIONEN

300 g Rucola

Erdnussöl zum Frittieren

100 g Walnusskerne

100 g frisch geriebener Parmesan

1 Knoblauchzehe

Schale 1/2 unbehandelten Zitrone

200 ml Olivenöl, Meersalz

1. Rucola putzen, waschen und gut trocknen; die Blätter müssen vollständig trocken sein, die Spritzgefahr ist sonst groß. Rucola frittieren *[siehe a]*, herausnehmen, abtropfen lassen.

2. Nüsse im Mixer zerkleinern. Rucola, Käse und geschälten Knoblauch untermixen. Fertig stellen und konservieren, wie gezeigt *[siehe b bis d]*.

Köstlich zu Pasta
Walnüsse, Oliven & Trüffel

Herrlich aromatische Pasten und Saucen zu Nudeln gibt es im mediterranen Raum in großer Vielfalt. Für die Olivenpaste rechts verarbeitet man meist die würzigen kleinen schwarzen Oliven aus der Provence. Sie ergeben, zusammen mit Sardellen und Öl, eine wunderbar cremige Paste. Die Walnuss-Sauce aus Ligurien passt bestens zu mit Kräutern gefüllten Teigtäschchen. Und als besonderes Highlight: Trüffelpesto mit Pinienkernen und Aceto balsamico di Modena.

Olivenpaste

100 g kleine schwarze Oliven
2 Sardellenfilets
3 Knoblauchzehen
1/8 l kaltgepresstes Olivenöl
Salz, frisch gemahlener Pfeffer

1. Die Oliven entsteinen und grob hacken, die Sardellenfilets in Stückchen schneiden. Die Knoblauchzehen schälen und und weiterarbeiten, wie in der ersten Bildfolge unten beschrieben *[siehe a bis c]*.

2. Ist die Olivenpaste zu fest zum Vermischen mit Pasta, kann man 1 bis 2 Esslöffel Nudelkochwasser einrühren; so wird sie geschmeidiger. Die Olivenpaste schmeckt zu Spaghettini & Co. oder auch als Belag von Crostini.

Walnuss-Sauce

40 g Weißbrotbrösel (ohne Rinde)
125 g Walnusskerne
40 ml Olivenöl
60 ml Sahne, Salz
Außerdem:
125 g frisch geriebener Parmesan

1. Für die Sauce die Weißbrotbrösel kurz in 1 EL Wasser einweichen, dann das Wasser wieder ausdrücken.

2. Die Walnusskerne blanchieren und häuten wie in der unteren Bildfolge gezeigt *[siehe a]* und weiterarbeiten wie beschrieben *[siehe b und c]*. Die Walnuss-Sauce zu Pasta servieren.

a **Für die Olivenpaste** Knoblauch fein hacken, in der Hälfte des Öls anschwitzen. Passieren und abkühlen.

b Oliven und Sardellen in einem Mörser mit dem restlichen Öl zu einer feinen Paste zerreiben.

c Das abgekühlte Knoblauchöl nach und nach einfließen lassen und unterrühren. Abschmecken.

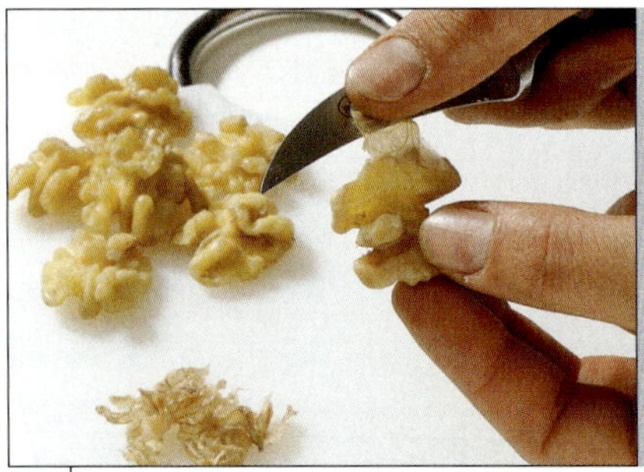

a **Für die Walnuss-Sauce** die Walnusskerne mit einem Messer von den feinen Häutchen befreien.

b Walnusskerne mit den eingeweichten Brotbröseln im Mörser zerstoßen, dann im Mixer pürieren.

c Abwechselnd Öl und Sahne einarbeiten, salzen und weiterrühren, bis eine homogene Masse entsteht.

Trüffelpesto | *Diese ungewöhnliche Pesto-Variante lässt sich entweder aus ganzen Sommertrüffeln zubereiten oder auch aus so genannten Trüffelabschnitten, sofern diese in ausreichender Menge anfallen. Dann ist das Trüffelpesto eine geradezu ideale Art der Resteverwertung.*

Trüffelpesto

FÜR 6 PORTIONEN

80 g Sommertrüffeln oder dieselbe Menge Trüffelabschnitte in Fond

70 g Pinienkerne

40 g frisch geriebener Parmesan

50 ml Trüffelöl, 50 ml Olivenöl, Salz

2 cl Aceto Balsamico di Modena (mindestens 6 Jahre alt)

1 TL Thymianblättchen, 1 TL Butter

1. Die Sommertrüffeln unter fließendem Wasser abbürsten, bis alle Erde herausgespült ist. Wo dies aufgrund tiefer Furchen nicht möglich ist, die Pilze mit einem kleinen scharfen Messer schälen. Die Trüffeln fein hacken. Werden Trüffelabschnitte verwendet, diese zusammen mit dem Fond grob zerkleinern.

2. Die Pinienkerne in einer beschichteten Pfanne ohne Zugabe von Fett golden rösten. Vom Herd nehmen und abkühlen lassen. Die Pinienkerne in einem Mörser fein zerreiben.

3. Die Trüffelstückchen untermischen und weiterarbeiten, wie im ersten Step der Bildfolge rechts gezeigt *[siehe a]*. Den geriebenen Parmesan ebenfalls untermischen *[siehe b]*.

4. Das Trüffelöl sowie das Olivenöl langsam einlaufen lassen und nach und nach unter die Masse rühren *[siehe c]*. Den Trüffelpesto mit Salz und dem Essig würzen.

5. Die Thymianblättchen fein schneiden. Butter in einer kleinen Pfanne aufschäumen lassen und die Thymianblättchen darin kurz durchschwenken. Thymianbutter unter die Trüffelmasse rühren und den Pesto zu Pasta Ihrer Wahl servieren.

a **Für den Trüffelpesto** Trüffelstückchen und Pinienkerne mischen.

b Parmesan zufügen und unter die Trüffelmasse rühren.

c Öl und Essig zugießen und sorgfältig einarbeiten.

Pasta-Saucen mit selbst gekochten Fonds

Scharfe Kalbfleischklößchen-Tomaten-Sauce

500 g Flaschentomaten, 1 rote Peperoni (10 g)

80 g weiße Zwiebeln, 1 Knoblauchzehe

1 EL Tomatenmark

400 ml Kalbsfond

Salz, frisch gemahlener Peffer

1 EL gehackte Kräuter (Petersilie, Minze und Stangenselleriegrün)

Für die Kalbfleischklößchen:

150 g Kalbshack, 1 EL gehackte Petersilie

20 g Frühlingszwiebel, fein gewürfelt

20 g frisch geriebener Pecorino

1 Eigelb, Salz, frisch gemahlener Pfeffer

Außerdem:

2 EL Olivenöl zum Anbraten

1. Flaschentomaten blanchieren, kalt abschrecken, häuten und halbieren. Stielansätze und Samen entfernen, die Samen durch ein Sieb passieren, dabei den Saft auffangen (es sollte etwa 1/8 l sein). Tomatenfruchtfleisch klein würfeln. Peperoni halbieren, von Stielansatz, Samen und Scheidewänden befreien und fein würfeln. Zwiebeln und Knoblauch schälen, beides fein hacken.

2. Sämtliche Zutaten für die Kalbfleischklößchen gut miteinander verkneten und daraus Bällchen von je etwa 5 g formen. Das Olivenöl in einer Pfanne erhitzen und die Fleischbällchen darin rundum anbraten, herausnehmen.

3. Peperoni, Zwiebeln und Knoblauch in die Pfanne geben und unter Rühren anschwitzen. Tomatenwürfel und -mark kurz mitschwitzen. Tomatensaft und Kalbsfond angießen, salzen, pfeffern und die Sauce 20 Minuten bei reduzierter Hitze köcheln lassen.

4. In den letzten 5 Minuten der Garzeit die Fleischbällchen und die Kräuter zufügen. Abschmecken und die Sauce etwa zu Tagliatelle, Pappardelle oder Trenette servieren.

Sauce mit Hähnchen, Tomaten und Gemüse

400 g Hähnchenfleisch ohne Haut

80 g weiße Zwiebeln

1 Knoblauchzehe, 50 g Stangensellerie

60 g Möhre, 50 g Lauch, 1 rote Chilischote

250 g Tomaten, 3 EL Olivenöl

1 EL Tomatenmark, 1/8 l Weißwein

400 ml Geflügelfond, Salz, Pfeffer

1/2 TL edelsüßes Paprikapulver

3 Thymianzweige, 1 EL gehackte Petersilie

1. Hähnchenfleisch sehr klein würfeln. Zwiebeln und Knoblauch schälen, beides fein hacken. Stangensellerie, Möhre und Lauch putzen und fein würfeln. Chilischote von Stielansatz, Samen und Scheidewänden befreien und fein hacken. Die Tomaten blanchieren, kalt abschrecken, häuten und

Die Sauce mit Hähnchen ist im Handumdrehen fertig und passt exzellent zu Pasta wie Tortiglioni oder Penne.

Eine Pastasauce für Vegetarier! Die Mischung von Zucchini, Aubergine und Paprika ist in Frankreich als »Ratatouille« bestens bekannt und schmeckt so gut, dass man sie auch einmal zu Pasta probieren sollte.

halbieren. Stielansätze und Samen entfernen, letztere durch ein Sieb passieren, dabei den Saft auffangen. Tomatenfruchtfleisch klein würfeln.

2. Öl erhitzen und das Hähnchenfleisch darin rundum anbraten. Zwiebeln und Knoblauch kurz mitbraten. Stangensellerie-, Möhren-, Lauch- und Chiliwürfel zufügen *[siehe a]*, 4 bis 5 Minuten unter Rühren mitbraten. Tomatenmark einrühren, 1 bis 2 Minuten mitbraten, mit dem Wein ablöschen und diesen auf die Hälfte reduzieren.

3. Den Geflügelfond und den Tomatensaft zugießen *[siehe b]*. Mit Salz, Pfeffer und Paprika würzen. Die Sauce 40 Minuten bei nicht zu starker Hitze köcheln lassen. 10 Minuten vor Ende der Garzeit Tomaten und Thymian zufügen *[siehe c]*, gehackte Petersilie einstreuen, abschmecken und die Hähnchen-Sauce zu Pasta nach Wahl servieren.

Auberginen-Zucchini-Sauce mit Shiitake

20 g getrocknete Shiitake-Pilze

50 g Frühlingszwiebeln, 1 Knoblauchzehe

100 g Zucchini, 80 g Aubergine

80 g rotes Paprikafruchtfleisch

3 EL Olivenöl

1 EL Tomatenmark, 400 ml Gemüsefond

1 EL gehackte Kräuter (Thymian, Rosmarin, Basilikum und Petersilie)

Salz, frisch gemahlener Pfeffer

1. Die Shiitake-Pilze in eine Schüssel legen, mit lauwarmem Wasser bedecken und darin etwa 30 Minuten einweichen.

2. Frühlingszwiebeln putzen und fein würfeln. Den Knoblauch schälen und fein hacken. Zucchini und Aubergine putzen, beides fein würfeln. Das Paprikafruchtfleisch in kleine Würfel schneiden.

3. Olivenöl in einem Topf erhitzen und die Frühlingszwiebel- und Knoblauchwürfel darin farblos anschwitzen. Gemüse kurz mitschwitzen, Tomatenmark einrühren und 2 bis 3 Minuten mitbraten. Mit dem Gemüsefond ablöschen und alles 15 Minuten köcheln lassen.

4. Die Shiitake-Pilze abgießen, gut abtropfen lassen, Stiele entfernen und die Hüte in feine Streifen schneiden. Diese mit den gehackten Kräutern in die Sauce rühren, mit Salz und Pfeffer würzen und alles weitere 5 Minuten köcheln lassen.

a **Sauce mit Hähnchen:** Das fein gewürfelte Gemüse mitschwitzen.

b Geflügelfond und Tomatensaft zugießen, nicht zu stark köcheln.

c Tomatenwürfel und Thymianzweige zufügen.

Sugo mit Fisch & Lamm
Ein Gericht, auf 2-mal serviert

Schwertfisch gilt auf mediterranen Märkten als große Delikatesse. Sein Fleisch ist muskulös, dabei zart und äußerst schmackhaft.

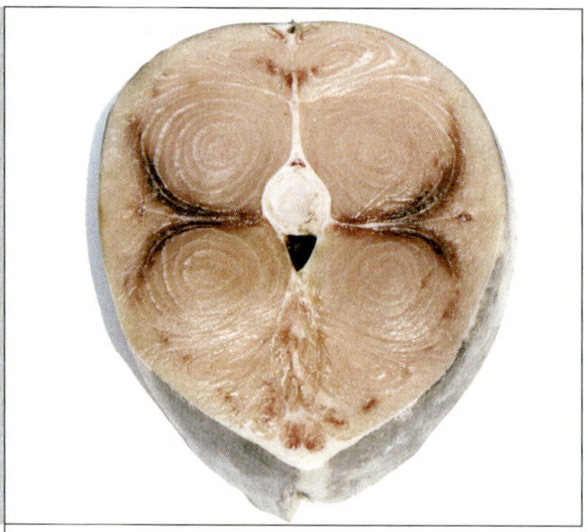

Verkauft wird Schwertfisch in Scheiben. Für den Sugo hier kommt es nicht auf die Stärke an, will man Schwertfisch jedoch Grillen, sollten sie 2 cm dick sein.

→ **In Sizilien,** wo Schwertfisch so was wie ein Nationalgericht ist, isst man den Sugo mit Maccheroni und geriebenem Cacioricotta vorweg. Feinschmecker hobeln noch etwas »Botarga« darüber. Den Fisch selbst essen sie dann mit etwas feinem Olivenöl beträufelt – manchmal kommen auch noch ein paar Tropfen Limonensaft hinzu – und Bauernweißbrot.

Sugo mit Schwertfisch

1,2 kg Schwertfisch
100 g junge Fenchelknollen
100 g Frühlingszwiebeln
10 Petersiliestängel
4 Knoblauchzehen, 2 kleine Chilischoten
Salz, frisch gemahlener Pfeffer
40 ml Olivenöl, 1 Lorbeerblatt
1,2 l Dosentomaten (Pelati)

1. Schwertfisch in 3 cm große Würfel schneiden. Den Fenchel putzen und fein würfeln. Frühlingszwiebeln putzen und in dünne Ringe schneiden. Petersilie von den Stängeln zupfen und die Blätter in feine Streifen schneiden. Knoblauch schälen und halbieren. Chilischoten halbieren, Samen entfernen und das Fruchtfleisch grob hacken.

2. Den Schwertfisch salzen und pfeffern. In einer Pfanne das Öl nicht zu stark erhitzen und die Fischwürfel darin kurz von allen Seiten anbraten. Aus der Pfanne nehmen.

3. Fenchel, Frühlingszwiebeln, Knoblauch, Chili und Lorbeer kurz im verbliebenen Öl anschwitzen. Die Dosentomaten durch ein grobes Sieb passieren, um die Samen zu entfernen. Die Pelati zum Gemüse geben und 1 Stunde einkochen lassen. Schwertfisch einlegen, alles noch 20 Minuten köcheln lassen, dabei immer wieder den sich bildenden Schaum abschöpfen.

4. Den Fisch wieder herausnehmen. Sugo mit Petersilie und eventuell noch mit Salz und Pfeffer abschmecken. Den Sugo zu Pasta Ihrer Wahl servieren, den Fisch als zweiten Gang reichen.

Sugo mit Lammschulter

VORBEREITUNG: Lammfleisch mind. 4 Stunden – am besten über Nacht – durchziehen lassen.

1,5 kg Lammschulter mit Knochen, in 4 Teile gehackt

2 Knoblauchzehen, 1 1/2 EL Salz

1 unbehandelte Zitrone, 3 Basilikumstängel

je 2 Thymian- und Rosmarinzweige

10 Salbeiblätter, 120 g rote Paprikaschote

100 g rote Zwiebeln, gemahlener Pfeffer

50 ml Olivenöl, 200 ml Chianti, 1,2 l Pelati

1. Lammstücke unter kaltem Wasser waschen, trockentupfen. Knoblauch schälen, fein hacken und mit dem Salz verreiben. Zitrone waschen und die Schale fein abreiben (ohne das Weiße).

2. Vom Basilikum die Blätter abzupfen, bis zur weiteren Verwendung beiseite legen; die Stängel fein hacken. Thymianblättchen, Rosmarinnadeln und den Salbei fein hacken.

3. Paprika mit dem Kartoffelschäler dünn schälen und das Fruchtfleisch fein würfeln. Zwiebeln schälen, fein würfeln und mit dem Salzknoblauch, der Zitronenschale, den Kräutern, den Paprikawürfeln und Pfeffer vermengen. Lammfleisch mit der Gewürzmischung einreiben und mindestens 4 Stunden im Kühlschrank durchziehen lassen.

4. Die Gewürzmischung vom Fleisch etwas entfernen. In einer großen Pfanne das Olivenöl erhitzen und darin die Lammstücke nicht zu heiß vorsichtig von allen Seiten anbraten. Mit dem Chianti ablöschen, die Flüssigkeit auf 1/3 reduzieren. Die Tomaten durch ein grobes Sieb passieren, zufügen und alles schmoren, bis das Fleisch weich ist. Das Fleisch ausstechen und warm halten.

5. Den Sugo mit etwas Gewürzmischung und eventuell noch etwas Salz und Pfeffer abschmecken. Die Basilikumblättchen fein schneiden, einrühren und den Sugo zu Maltagliate oder Pappardelle servieren. Das Lamm isst man dann hinterher mit etwas gegrilltem Gemüse, feinem Olivenöl und Olivenbrot oder Rosmarinkartoffeln.

Nudel- & Nockerl-Suppen

Grundlage ist immer eine gute – am besten selbst gekochte – Brühe. Denn in ihr schmecken Pasta & Co. ganz wunderbar – nicht selten in Begleitung von Gemüse. Gut machen sich auch gefüllte Täschchen in der Suppe – egal, ob italienische Cappeletti oder asiatische Won-tans. Soll die Brühe schön klar bleiben, kocht man die Pasta übrigens besser separat.

Klare Suppen mit delikater Einlage

Klare Brühe mit Schinken-Parmesan-Nockerl

Für die Nockerl:

40 g gekochter Schinken
40 g Butter, 1 Ei, Salz
frisch gemahlener Pfeffer
1 Prise geriebene Muskatnuss
5 EL frisch geriebener Parmesan
60 g feinkörniger Maisgrieß

Für die Suppe:

800 ml kräftige Rinderbrühe
100 g Stangensellerie, geputzt
1/2 Bund Kerbel
ein paar Tropfen feines Olivenöl

1. Schinken sehr fein würfeln. Die zimmerwarme Butter schaumig rühren. Das Ei einrühren und alles mit Salz, Pfeffer und Muskat würzen. Schinken und Parmesan in den Teig rühren. Grieß zufügen, alles gut vermengen und 15 Minuten ruhen lassen.

2. Reichlich Salzwasser zum Kochen bringen. Mit Esslöffeln Nockerl von der Teigmasse abstechen, formen, ins kochende Wasser gleiten lassen und bei mittlerer Hitze in etwa 25 Minuten gar ziehen lassen. Mit dem Schaumlöffel herausheben, gut abtropfen lassen.

3. Die Rinderbrühe erhitzen, den Sellerie in dünne Scheibchen schneiden und 2 Minuten in der Brühe garen. Die Teignockerl einlegen und die Suppe mit Kerbelblättchen bestreuen. Mit ein paar Tropfen Olivenöl beträufeln und die Suppe sofort servieren.

Ein paar Tropfen feines Olivenöl – zum Schluss in die Suppe geträufelt – bringt die Aromen von Brühe und Grießnockerl noch besser zur Geltung.

Muschelsuppe mit Dill-Crespelle

2 kg Miesmuscheln, 60 g Schalotten
50 g Möhre, 30 g Stangensellerie
30 g Lauch, 30 g Petersilienwurzel
5 Dillstängel, 50 ml Olivenöl
100 ml Wermut (etwa Noilly Prat)
1/2 l Weißwein, 1 Lorbeerblatt
200 ml Fischfond
Salz, frisch gemahlener Pfeffer
1,5 g Safranfäden

Für die Dill-Crespelle:

60 g Mehl, 1 Ei
50 bis 70 ml Milch
Salz, frisch gemahlener Pfeffer
2 EL Olivenöl

1. Muscheln unter fließend kaltem Wasser sorgfältig waschen, die Bärte entfernen und bereits geöffnete Exemplare wegwerfen.

Farbenfroh: Zur safrangelben Brühe gesellen sich Miesmuscheln und dünn ausgebackene Dill-Crespelle.

Wohlgeformte Cappelletti mit einer aromatisch-frischen Füllung aus Ricotta und Basilikum – schmecken in einer Steinpilzessenz als Suppeneinlage ganz ausgezeichnet.

2. Schalotten schälen und würfeln, das Suppengrün putzen, waschen und jeweils in 1/2 cm große Würfel schneiden. Das Grün von den Dillstängeln zupfen, fein hacken und beiseite stellen. Die Stiele fein hacken. Öl in einem großen Topf erhitzen und Schalotten, Gemüsewürfel sowie Dillstängel darin anschwitzen. Die Muscheln zufügen und Wermut sowie Wein zugießen. Lorbeerblatt einlegen und alles im geschlossenen Topf bei mittlerer Hitze etwa 5 Minuten köcheln lassen.

3. Die Muscheln aus den Schalen lösen. Noch geschlossene Muscheln wegwerfen, sie sind verdorben. Die Muscheln – bis auf 8 Stück für die Garnitur – wieder in den Topf geben, den Fischfond zugießen und alles mit Salz, Pfeffer und Safran würzen.

4. Aus Mehl, Ei, Milch, Salz, Pfeffer und Dillgrün einen Pfannkuchenteig rühren. In einer großen oder 2 kleineren Pfannen das Olivenöl erhitzen und darin dünne Pfannkuchen (»Crespelle«) ausbacken. Diese entweder aufrollen und leicht schräg in etwa 3 cm breite Stücke oder in 1 cm breite und 3 cm lange Streifen schneiden. Die Muschelsuppe erneut erhitzen, in tiefe Teller schöpfen, die Crespelle einlegen, mit Dill bestreuen und sofort servieren.

Porcini-Essenz mit Basilikumcappelletti

etwa 250 g Nudelteig Nr. 3

20 g getrocknete Steinpilze

1 l kräftige Rinderbrühe, entfettet

200 g eiskaltes Rinderhack (aus der Wade)

1 Eiweiß, 5 Eiswürfel

Basilikumblättchen

Für die Füllung:

20 Basilikumblättchen

100 g Ricotta, 1 Eigelb

1/2 zerdrückte Knoblauchzehe

10 g frisch geriebener Parmesan

Salz, frisch gemahlener Pfeffer

etwas frisch geriebene Muskatnuss

1. Die Steinpilze in der Rinderbrühe 3 bis 4 Stunden einweichen. Die Brühe durch ein Sieb gießen und die Pilze anderweitig verwenden. Die Brühe klären; dafür muss sie sehr kalt sein. Das ebenfalls eiskalte Hackfleisch, das Eiweiß sowie die Eiswürfel mit einem Schneebesen in die Brühe rühren. Diese langsam zum Kochen bringen, dabei ständig rühren, damit das Fleisch nicht am Topfboden kleben bleibt. Nicht mehr rühren, sobald Schaum aufsteigt. Die Mischung etwa 40 Minuten bei geringer Hitze köcheln lassen. Durch ein mit einem Passiertuch ausgelegtes Sieb gießen, dabei die Zutaten aber nicht ausdrücken.

2. Für die Füllung Basilikum in feine Streifen schneiden. Ricotta mit Eigelb, Knoblauch, Parmesan und Basilikum vermengen und mit Salz, Pfeffer und Muskatnuss würzen.

3. Den Nudelteig dünn ausrollen und mit einem runden gezackten Ausstecher (Ø 5 cm) etwa 48 Kreise ausstechen. Die Hälfte der Kreise an den Rändern mit etwas Wasser bepinseln, etwa 1/2 TL Füllung in die Mitte setzen und mit einem zweiten Teigkreis bedecken. Die Ränder gut festdrücken und nun – ähnlich wie bei Tortellini – den Teigkreis um den Daumen schlingen, die Enden andrücken und so zu »Hütchen« formen.

4. Die Cappelletti in reichlich Salzwasser in 5 bis 6 Minuten bissfest garen, abgießen und abtropfen lassen. Die heiße Suppe in vorgewärmte Suppenteller schöpfen und die Cappelletti einlegen. Mit Basilkumblättchen garnieren und die Suppe sofort servieren.

Ein ganz besonderes Aroma erhält die Minestrone durch etwas Grün vom wilden Fenchel. Sollten Sie diesen bekommen, heißt es also zugreifen!

Zarte frische Erbsen und dünne Nudeln passen bei dieser delikaten Consommé hervorragend zusammen. Mehr Zutaten würden das feine Aroma nur stören.

Köstliche Nudelsuppen

Mit feinem Fond & Gemüse

Durch das separate Kochen der Nudeln in Salzwasser bleiben Brühe oder Consommé schön klar und appetitlich.

Minestrone

VORBEREITUNG: Die Bohnen am Vorabend in kaltem Wasser einweichen.

100 g getrocknete Borlotti-Bohnen

je 80 g Möhren, Stangensellerie, Frühlingszwiebeln und Brokkoliröschen

1 l kräftige Fleisch- oder Gemüsebrühe

200 g frische dicke Bohnen (Fave, ungepalt sind es etwa 700 g), Salz

100 g Gabelspaghetti (Gramigna, Gobetti)

100 g geriebener oder gehobelter Parmesan

40 ml bestes Olivenöl

1. Bohnen abgießen. Mit frischem Wasser aufsetzen, gar köcheln und abseihen. Möhren, Sellerie und Frühlingszwiebeln putzen und in feine Würfel oder Scheiben schneiden.

2. Die Brühe erhitzen, die Möhren darin 10 Minuten köcheln. Sellerie, Frühlingszwiebeln und Brokkoliröschen 5 Minuten mitköcheln.

3. Die dicken Bohnen in Salzwasser blanchieren, abgießen und die Bohnen mit in die Suppe geben. Die Nudeln separat al dente kochen, abgießen und ebenfalls in die Suppe mischen. Alles kurz aufkochen, die Minestrone in vorgewärmte Teller schöpfen, jeweils mit etwas Parmesan bestreuen und mit Olivenöl beträufeln.

Consommé mit Capellini und Erbsen

100 g Capellini, Salz

3/4 l geklärter Rinderfond

150 g ausgepalte Erbsen

frisch gemahlener Pfeffer

2 Zucchiniblüten

1. Die Capellini in sprudelnd kochendem Salzwasser al dente garen, abgießen und kurz abtropfen lassen.

2. Inzwischen Rinderfond kurz aufkochen lassen, die frischen Erbsen einige Minuten darin köcheln. Die Capellini zufügen, mit Salz und Pfeffer würzen, alles noch 2 bis 3 Minuten ziehen lassen. Die Suppe in vorgewärmte Teller schöpfen.

3. Die Zucchiniblüten in dünne Streifen schneiden, die Suppe jeweils mit ein paar Streifen garnieren und sofort servieren.

Consommé mit Ditali und Gemüse

120 g Ditali rigati, Salz

3/4 l Rinderfond

150 g Kohlrabi, in Rauten geschnitten

60 g Möhre, in Scheiben geschnitten

80 g Zucchini, in Streifen geschnitten

100 g Brokkoli, in Röschen geteilt

150 g Tomatenfruchtfleisch, gewürfelt

frisch gemahlener Pfeffer

1 EL Schnittlauchröllchen

1. Die Ditali rigati separat in kochendem Salzwasser al dente garen und abgießen. In einem Topf 1/4 l Rinderfond erhitzen und sämtliches Gemüse – bis auf die Tomaten – darin knackig kochen. Die Tomatenwürfel zufügen.

2. Den restlichen Fond zugießen und alles 2 bis 3 Minuten köcheln lassen. Die gegarten Ditali rigati zufügen, in der Suppe nochmals kurz erhitzen und mit Salz und Pfeffer würzen. Die Consommé in vorgewärmte Teller schöpfen und mit Schnittlauch bestreut servieren.

Kurze Röhrennudeln wie Tubettini oder Ditali sind für Nudelsuppen mit einer Gemüse- oder Fleischeinlage beliebt, da sie sich gut löffeln lassen.

Deftig-kräftig

Dreierlei Bohneneintöpfe

Kichererbseneintopf mit Penne rigate

VORBEREITUNG: Die getrockneten Kichererbsen über Nacht einweichen.

150 g Penne rigate oder Ditali rigati

300 g getrocknete Kichererbsen

1 l Rinderbrühe, 1 Rosmarinzweig

1 EL Olivenöl, 500 g Tomaten

3 Knoblauchzehen

3 in Öl eingelegte, abgetropfte Anchovisfilets

2 El Olivenöl, Salz, Pfeffer, 100 g Provolone

ein paar Tropfen gutes Olivenöl

1. Die über Nacht eingeweichten Kichererbsen abgießen, abtropfen lassen und in der Brühe mit dem Rosmarinzweig und Olivenöl in etwa 40 Minuten weich köcheln.

2. Inzwischen die Tomaten blanchieren, häuten, Stielansatz und Samen entfernen und das Fruchtfleisch in Stücke schneiden. Den Knoblauch schälen und durch die Presse drücken. Die gut abgetropften Anchovisfilets fein hacken.

3. Olivenöl erhitzen, Knoblauch und Anchovisfilets darin anschwitzen. Tomatenstücke unter Rühren einige Minuten mitdünsten. Dann die Mischung in die Brühe rühren. Salzen und pfeffern.

4. Die Penne (oder Ditali rigati) in Salzwasser al dente garen, abgießen. Die abgetropften Nudeln in die Brühe geben. Rosmarin herausnehmen. Den Eintopf in tiefe Teller oder Schalen schöpfen, mit gehobeltem oder geriebenem Käse bestreuen, mit etwas Olivenöl beträufeln und sofort servieren.

Asiatischer Bohnen-Nudel-Topf

VORBEREITUNG: Bohnen über Nacht einweichen.

100 g Glasnudeln, 200 g rote Bohnenkerne

1 küchenfertiger Oktopus von 600 bis 700 g

4 Knoblauchzehen, 1/2 l Weißwein

80 g Möhre und je 50 g Lauch, Knollensellerie und Petersilienwurzel, geputzt und in Stücken

2 Stängel Petersilie, 2 Lorbeerblätter

Salz, Pfeffer, je 40 g Schalotten und Ingwer

1 Stängel Zitronengras, 1 grüne Chilischote

100 g Frühlingszwiebeln

2 bis 3 EL Erdnussöl, 1 EL Sesamöl

80 ml trockener Sherry, 20 ml Sake (Reiswein)

4 bis 5 EL dunkle Sojasauce (Kikkoman)

600 ml Hühnerbrühe, 1 rote Chilischote

2 bis 3 EL gehacktes Koriandergrün

1. Oktopus waschen. Knoblauch schälen und in Scheibchen schneiden. Oktopus mit Knoblauch, Wein, Suppengemüse, Petersilie, Lorbeer, Salz und Pfeffer in einen Topf geben. So viel Wasser zugießen, dass der Oktopus knapp bedeckt ist. Aufkochen und den Oktopus zugedeckt 1 Stunde köcheln lassen, dabei gelegentlich wenden.

2. Inzwischen Schalotten und Ingwer schälen, beides klein würfeln. Zitronengras in 3 cm lange Stücke schneiden, Chilifruchtfleisch fein hacken. Die Frühlingszwiebeln putzen, nur den weißen Teil in 1 cm große Stücke schneiden. Beide Sorten Öl erhitzen, Schalotten, die Hälfte des Ingwers, Zitronengras, Chili und Frühlingszwiebeln darin unter Rühren kurz anschwitzen. Mit Sherry und Sake ablöschen, Sojasauce und Hühnerbrühe zugießen. Bohnen abgießen, zufügen und zugedeckt in etwa 50 Minuten weich köcheln.

3. Glasnudeln in kochendes Salzwasser einlegen, Topf vom Herd stellen, Nudeln 4 Minuten ziehen lassen. In einem Sieb abtropfen lassen und die Nudeln in mundgerechte Stücke schneiden. Oktopus aus der Brühe nehmen, in 1 cm große Scheiben schneiden, Nudeln und Oktopus zurück in den Eintopf geben und alles nochmals erhitzen. Das Fruchtfleisch der roten Chilischote sehr fein würfeln und mit dem restlichen Ingwer in den Bohnen-Nudel-Topf rühren. Diesen in Schälchen oder tiefen Tellern anrichten, mit Koriandergrün bestreuen und sofort servieren.

Bohneneintopf mit Fadennudeln

250 g Fadennudeln

Für die Hühnerbrühe:

70 g Zwiebel, 100 g Möhren, 80 g Lauch

je 50 g Knollensellerie und Petersilienwurzel

1 küchenfertige Poularde von etwa 1,2 kg

1 Lorbeerblatt, 2 Stängel Petersilie

Salz, Pfeffer, frisch geriebene Muskatnuss

Für die Einlagen:

je 200 g Möhren, Knollensellerie, Petersilienwurzeln, alles geschält, 400 g Lauch, geputzt

500 g frische dicke Bohnen (Fave)

250 g Tomatenfruchtfleisch

6 EL gehackte Kräuter (etwa Schnittlauch, Thymian, Liebstöckel und Basilikum)

ein paar Tropfen feines Olivenöl, Thymian

1. Zwiebel halbieren, auf der Schnittfläche in einer beschichteten Pfanne ohne Fett rösten. Gemüse putzen, grob würfeln. Poularde waschen, halbieren, mit der Zwiebel, dem Gemüse, Lorbeer und Petersilie in einen Topf legen. 2 l Wasser zugießen und bei geringer Hitze weich köcheln.

2. Herausnehmen, die Haut entfernen und das Fleisch in 3 x 3 cm große Stücke schneiden. Brühe mit Salz, Pfeffer und Muskat würzen. Möhren, Sellerie und Petersilienwurzeln etwa 1/2 cm groß würfeln, in der Brühe bissfest garen. Den Lauch in Julienne schneiden, in der Brühe kurz garen. Das Fleisch zufügen, alles nochmals aufkochen lassen.

3. Fadennudeln al dente garen. Bohnen in Salzwasser blanchieren, kalt abschrecken. Tomatenfruchtfleisch würfeln. Nudeln, Bohnen Tomaten und Kräuter in die Suppe geben. Erneut aufkochen, den Eintopf mit etwas Olivenöl verfeinern, mit Thymian garnieren und servieren.

Die Fave *können, sollten sie gerade nicht am Markt sein, ohne weiteres durch 150 g getrocknete Bohnen ersetzt werden.*

Asiatische Suppen

Reichhaltig & sättigend

Frische Zutaten sind in Asiens Küchen Pflicht. Auf den Märkten gibt es deshalb ganzjährig ein riesiges Angebot.

Eiernudelsuppe mit Schweinefilet

250 g Schweinefilet, Salz, gemahlener Pfeffer
2 EL dunkle Sojasauce, 2 EL Reiswein
10 g Zucker, 2 EL Öl
Für die Nudelsuppe:
1/2 l Geflügelfond
100 g chinesische Instant-Eiernudeln
2 EL helle Sojasauce, 2 EL Reiswein, Salz
Für das Gemüse:
2 EL Öl, 80 g Frühlingszwiebeln, in Stücken
70 g Bambussprossen, in Scheibchen
1 rote Chilischote, in Ringen (ohne Samen)
100 g Spinat, geputzt, Salz, Pfeffer

1. Schweinefilet salzen und pfeffern. Sojasauce, Reiswein und Zucker verrühren. Öl im Wok erhitzen, das Filet rundum anbraten und bei reduzierter Hitze in 15 Minuten fertig braten, dabei ständig mit der Marinade bestreichen. In Alufolie eingewickelt warm halten.

2. Den Wok mit Küchenpapier ausreiben. Den Geflügelfond im Wok aufkochen, die Nudeln auf einmal einlegen, den Fond wieder erhitzen und die Nudeln mit einem Stäbchen voneinander trennen. Sobald der Fond wieder kocht, 200 ml Wasser zugießen und die Nudeln unter gelegentlichem Rühren etwa 4 Minuten garen, abgießen, dabei den Fond auffangen und in einen Topf gießen. Sojasauce und Reiswein mischen, in den Fond rühren. Diesen vorsichtig salzen und wieder erhitzen.

3. Den Wok erneut mit Küchenpapier ausreiben. Das Öl für das Gemüse erhitzen und die Frühlingszwiebeln darin kurz braten. Bambussprossen und Chili unter Rühren 1 Minute mitbraten. Spinat zugeben und unter Rühren zusammenfallen lassen. Mit Salz sowie Pfeffer würzen.

4. Die Nudeln in Schalen verteilen, darauf das in dünne Scheiben geschnittene Fleisch sowie das Gemüse anrichten. Mit der Brühe übergießen.

Knusprig gebratenes Fleisch, Gemüse und Eiernudeln – die im Handumdrehen im Wok gegart werden – machen den Reiz dieser Suppe aus.

Won-tan-Suppe

Für die Won-Tans:
200 g durchwachsenes Schweinefleisch
100 g rohe Garnelenschwänze, geschält
60 g Frühlingszwiebeln, 1 EL Sesamöl
1 TL Salz, gemahlener Pfeffer, 1 Eigelb
40 bis 60 Won-tan-Blätter, Öl zum Ausbacken
Für die Nudelsuppe:
1 EL getrocknete Garnelen
1 Tasse heißes Wasser, 1 EL Erdnussöl
20 g geschälte Ingwerwurzel, in Stücken
1 l Hühnerbrühe, 200 g Kantoneser Nudeln
1 kleiner Chinesischer Senfkohl (Pak-Choi)
1 EL helle Sojasauce, 1 TL Zucker
Salz, Pfeffer und Koriandergrün

1. Fleisch und Garnelen für die Füllung der Won-tans sehr fein würfeln. Frühlingszwiebeln putzen, sehr fein hacken. Fleisch, Garnelen, Zwiebeln mit Öl, Salz, Pfeffer und Eigelb vermengen.

2. Für die Suppe getrocknete Garnelen mit heißem Wasser übergießen, 30 Minuten einweichen, abgießen; das Einweichwasser beiseite stellen. Das Erdnussöl in einem großen Topf erhitzen, den Ingwer und die Garnelen darin unter Rühren

Frittierte Won-tans | *Die kleinen Teigtaschen aus den südlichen Provinzen Chinas sind als Snack sehr beliebt. Diese köstliche Suppe beweist einmal mehr, dass sie auch als Einlage hervorragend zur Geltung kommen können.*

1 Minute braten, die Brühe und das Einweichwasser der Garnelen zugießen und alles bei reduzierter Hitze etwa 1/2 Stunde köcheln lassen.

3. Inzwischen die aufgetauten Teigblätter füllen, zu Won-tans formen und bei 180 °C im Öl goldbraun frittieren. Nudeln al dente kochen und kalt abbrausen. Das Grüne von den Kohlblättern in die Suppe geben und zusammenfallen lassen.

4. Nudeln in die Brühe legen, mit Sojasauce, Zucker, Salz und Pfeffer würzen. Die Suppe in Schälchen schöpfen, mit je 3 bis 4 Won-tans und mit Koriandergrün garniert servieren.

Glasnudelsuppe mit Fleischbällchen

100 g Glasnudeln

Für die Fleischbällchen:

250 g mageres Schweinefleisch (Schulter)

1 EL Fischsauce, 1 EL Sojasauce

1 TL Dayong-China-Gewürzmischung, Salz

Für die Suppe:

1 l Gemüsebrühe, 40 ml Fischsauce

100 g Weißkraut, 60 g Möhre, 100 g Lauch

40 g Frühlingszwiebeln, 50 g Bambussprossen

15 g Mu-Err-Pilze, eingeweicht

Außerdem:

2 Knoblauchzehen, fein gehackt

1 TL Pflanzenöl, etwas Koriandergrün

1. Für die Fleischbällchen das Fleisch in Stücke schneiden, durch die feine Scheibe des Fleischwolfs drehen. Mit der Fisch-, Sojasauce und Gewürzmischung vermengen, salzen und die Masse zu Bällchen (2,5 cm Ø) formen. In siedendes Salzwasser einlegen und 3 bis 4 Minuten garen.

2. Inzwischen Gemüsebrühe mit Fischsauce verrühren und aufkochen. Weißkraut in feine Streifen, die Möhre in streichholzdicke, lange Streifen und den Lauch in sehr feine Scheiben schneiden. Frühlingszwiebeln in Ringe und die abgetropften Bambussprossen in feine Streifen schneiden. Das Gemüse in die Brühe geben und knackig garen: zuerst das Kraut, nach 2 Minuten die Möhren, nach weiteren 2 Minuten Lauch und Frühlingszwiebeln und nach 1 weiteren Minute die Bambussprossen sowie die ausgedrückten und zerkleinerten Pilze zufügen. Die Hitze reduzieren, die Glasnudeln einlegen, 2 Minuten ziehen lassen und die Fleischbällchen zufügen.

3. In der Zwischenzeit den Knoblauch in dem Öl goldbraun braten. Die Suppe in Schalen schöpfen. Mit dem gebratenen Knoblauch bestreuen und mit Koriandergrün garnieren. Sofort servieren.

Glasnudeln sind besonders zart im Biss und bringen einen willkommenen Kontrast zu den recht knackig gegarten Gemüsestreifen.

Käse, Kräuter
Pilze & Gemüse

Gerade die einfachen Dinge sind oft die besten:
Al dente gegarte Pasta, kombiniert mit würzigem Käse, frischen aromatischen Kräutern und dazu ein Glas Rotwein – mehr braucht es nicht.
Sehr delikat schmecken Nudeln aber auch mit frischen oder getrockneten Pilzen und besonders gesund sind sie mit viel frischem Gemüse.

Delikat & dekorativ

Käselaib als Pastaschüsse

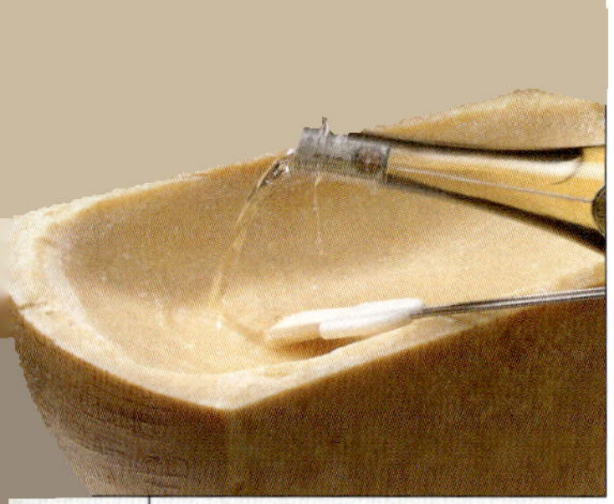

a **Parmesan vorbereiten:** Den Laib flach aushöhlen, Alkohol eingießen.

b Zügig die gesamte Käsewanne mit dem Alkohol auspinseln.

c Sofort anzünden und ausbrennen lassen. So schmilzt die Oberfläche.

d Nudel-Sugo-Mischung in den Käselaib schütten und mehrmals wenden.

Eine kulinarische Show

Einen halben Parmesanlaib als Pastaschüssel zu verwenden, könnte man als Gag eines exzentrischen Kochs bezeichnen, lassen sich doch Nudeln wahrlich einfacher mit Käse überziehen! Und im Grunde passiert hier nichts anderes – für manche Gelegenheiten ist diese außergewöhnliche Art, Pasta zu servieren, jedoch ein echter Hit! Etwa als Highlight einer Pasta-Party mit zahlreichen Gästen oder als gelungene Attraktion der Erlebnisgastronomie. Wer diese ausgefallene Pasta-Spezialität jedoch zu Hause zubereiten will, sollte sich dies gut überlegen, denn ein halber Laib Parmesan ist weder besonders handlich noch gerade preiswert. In den dafür bekannten italienischen Restaurants wird diese Prozedur meist vor den Gästen zelebriert – und was aus dem heißen, duftenden Käselaib serviert wird, ist eine echte Delikatesse. Nach jedem Mal werden die im Parmesanlaib verbliebene weiche Käseschicht und die Reste der Nudel-Sugo-Mischung wieder herausgeschabt; so steht der Käselaib sauber für den nächsten Pastagang parat.

Bucatini aus dem Parmesanlaib

FÜR 4 BIS 6 PORTIONEN

500 g Bucatini

1 l Kalbsfond

100 g Zwiebeln

1 Knoblauchzehe

50 g Stangensellerie

50 g Möhre, 300 g Tomaten

4 EL feines Olivenöl

2 kleine Chilischoten

1/2 TL Salz, frisch gemahlener Pfeffer

4 cl hochprozentiger Alkohol (90 Vol.-%) oder hochprozentiger Grappa

1. Den Kalbsfond zum Kochen bringen und bei reduzierter Hitze langsam auf etwa 100 ml einkochen lassen.

2. Die Zwiebeln und die Knoblauchzehe schälen, Stangensellerie und Möhre putzen und alles sehr fein hacken. Die Tomaten blanchieren, abschrecken, häuten, Samen und Stielansätze entfernen und das Fruchtfleisch klein würfeln.

3. Olivenöl in einer Pfanne erhitzen und das Gemüse – außer den Tomatenwürfeln – darin anschwitzen. Tomaten zufügen und kurz mitschwitzen. Die Chilischoten längs halbieren, Samen und Scheidewände entfernen und das Fruchtfleisch klein würfeln. Zu dem gedünsteten Gemüse geben und alles mit Salz und Pfeffer würzen.

4. Inzwischen die Nudeln in Salzwasser al dente garen, auf ein Sieb schütten und sehr gut abtropfen lassen. Sofort mit dem reduzierten Fond und dem Sugo vermischen.

5. Die Nudel-Sugo-Mischung sehr heiß in den vorbereiteten, flach ausgehöhlten Käselaib füllen, wie in der Bildfolge links *[siehe a bis d]* gezeigt. Die heißen Nudeln mit einer Holzgabel mehrmals vorsichtig wenden – so lange, bis sie von dem heißen Käse ganz überzogen sind. Sofort servieren.

Welche Nudeln eignen sich?

Am besten sind Spaghetti oder Röhrennudeln wie Maccheroni, Bucatini, Zite und ähnliche Sorten. Sie empfehlen sich aufgrund ihrer Unempfindlichkeit und großen Oberfläche für diese Art der Zubereitung. Die Nudeln sollten in erster Linie über eine gewisse Festigkeit verfügen, da sie im Käselaib mehrmals gewendet werden. So ist gewährleistet, dass sie am Ende unbeschädigt und vollständig von dem köstlich geschmolzenen Käse überzogen sind.

Alkohol zum Ausbrennen

Damit die Oberfläche des Parmesanlaibes ausreichend heiß wird und genügend Käse für 4 bis 6 Portionen schmilzt, sollte man einen möglichst hochprozentigen Alkohol zum Ausbrennen wählen. Das kann entweder reiner Alkohol aus der Apotheke sein, aber auch ein hochprozentiger Grappa tut hier gute Dienste.

Spaghettini mit weißer Tomaten-Vanille-Sauce

400 g Spaghettini

1,3 kg reife Strauchtomaten

1 TL Selleriesalz, 1 TL Zucker

40 g Schalotten, 1 EL Butter

1 Vanilleschote, 100 ml Sahne

100 g Crème fraîche

Salz, frisch gemahlener Pfeffer

2 EL frisch geriebener Parmesan

25 g Pinienkerne

Öl zum Frittieren, 2 Bund Rucola

1. Für den klaren Tomatensaft die Tomaten grob würfeln, im Mixer mit Selleriesalz und Zucker pürieren. In ein mit einem Tuch ausgelegtes Sieb schütten, über Nacht abtropfen lassen, es sollte etwa 1/2 l Saft sein.

2. Schalotten schälen, fein würfeln, in der zerlassenen Butter glasig schwitzen. Vanilleschote aufschlitzen, Mark herausschaben und unter die Schalotten rühren. Mit Tomatensaft aufgießen und alles auf etwa 200 ml reduzieren. Sahne und Crème fraîche unterrühren. Erneut um 1/3 einkochen, salzen, pfeffern und geriebenen Käse einrühren.

3. Pinienkerne ohne Fett goldbraun rösten. Öl erhitzen, den absolut trockenen Rucola darin frittieren, auf Küchenpapier abtropfen lassen. Spaghettini al dente garen, in vorgewärmte tiefe Teller verteilen und die Sauce darüber gießen. Pinienkerne und frittierten Rucola darauf anrichten.

Mezze maniche rigate mit Frühlingszwiebeln

300 g Mezze maniche rigate, Salz

200 g Frühlingszwiebeln

1 Knoblauchzehe, 60 g Butter

80 ml Gemüsefond

2 Eigelbe, 3 EL gehackte Petersilie

1 Messerspitze Cayennepfeffer

50 g frisch geriebener Parmesan

frisch gemahlener Pfeffer

Außerdem:

junge Liebstöckelblättchen

4 Cocktailtomaten, halbiert

1. Frühlingszwiebeln (nur den weißen Teil) grob hacken. Knoblauch schälen. Die Nudeln in ausreichend Salzwasser al dente kochen.

2. Inzwischen Butter zerlassen und die Frühlingszwiebeln darin anschwitzen. Knoblauch dazudrücken, kurz mitschwitzen. Mit 60 ml Gemüsefond ablöschen, alles 8 Minuten köcheln.

3. Eigelbe mit dem übrigen Gemüsefond verrühren. Frühlingszwiebeln vom Herd nehmen und mit dem verquirlten Eigelb legieren. Petersilie einstreuen, mit Salz und Cayennepfeffer würzen und den Parmesan einrühren.

4. Nudeln abgießen, in der Zwiebelmischung schwenken und auf vorgewärmten Tellern anrichten. Mit Pfeffer und Liebstöckel bestreuen, mit halbierten Cocktailtomaten garnieren und sofort servieren.

Rigatoni mit Parmaschinken und Zucchini

400 g Rigatoni , 60 g Schalotten

2 Knoblauchzehen, 300 g Zucchini

300 g frische Tomaten oder 200 g Pelati (Dosentomaten)

100 g rote Paprikaschote

200 g Parmaschinken

30 g Butter, 1/2 TL Salz, Pfeffer

Außerdem:

20 g Butter, 8 bis 10 Salbeiblätter

Parmesan zum Bestreuen

1. Schalotten und Knoblauch schälen, beides sehr fein würfeln. Zucchini putzen, in dünne Scheiben schneiden. Tomaten blanchieren, häuten und das Fruchtfleisch klein würfeln. Paprika von Samen und Scheidewänden befreien und sehr klein würfeln. Parmaschinken erst in 2 mm dicke Scheiben, dann in kleine Würfel schneiden.

2. Die Butter zerlassen, Schalotten sowie Knoblauch darin anschwitzen. Zucchini, Tomaten und Paprika 2 bis 3 Minuten mitschwitzen. Schinken zufügen, alles nochmals erhitzen, salzen und pfeffern.

3. Inzwischen die Rigatoni al dente garen, abgießen und mit dem Gemüse vermengen. Auf vorgewärmten Tellern anrichten. Butter zerlassen, Salbeiblätter darin schwenken und über die Nudeln gießen. Mit frisch geriebenem Parmesan servieren.

Fettuccine mit Bohnen und Rucola

VORBEREITUNG: Bohnen über Nacht einweichen.

350 g Nudelteig Nr. 4
250 g getrocknete Borlotti-Bohnen
60 g Zwiebel, 1 Knoblauchzehe
2 EL Olivenöl, 250 g Pelati
1 l Kalbs- oder Hühnerbrühe
1/2 TL Salz, gemahlener Pfeffer
100 g Rucolablätter
80 g frisch gehobelter Parmesan

1. Bohnen abgießen. Aus dem Nudelteig Fettuccine herstellen. Zwiebel und Knoblauch schälen, die Zwiebel fein hacken, Knoblauchzehe andrücken.

2. Öl erhitzen, Zwiebel und Knoblauch darin anschwitzen. Bohnen, Tomaten mit Saft sowie die Brühe zufügen. Salzen, pfeffern und alles – Deckel einen Spalt offen lassen – 45 bis 60 Minuten köcheln. Wenn die Bohnen weich sind und die Flüssigkeit fast eingekocht ist, die Hälfte der Bohnen herausnehmen und beiseite stellen.

3. Den Topfinhalt mit dem Mixstab pürieren und durch ein Sieb streichen. Fettuccine in kochendem Salzwasser al dente garen. Nudeln und die beiseite gestellten Bohnen unter das Püree mischen, ebenso die gewaschenen und trockengeschleuderten Rucolablätter. Alles gut vermischen. Auf 4 vorgewärmten Tellern anrichten, mit Parmesan bestreuen und sofort servieren.

Malloreddus mit Bärlauch und Gambas

400 g Malloreddus
700 g reife Tomaten
16 rohe geschälte Garnelenschwänze (Handelsgröße 21 – 30)
20 g Frühlingszwiebel
50 g Bärlauch, 30 ml Olivenöl
Salz, frisch gemahlener Pfeffer
2 Thymianzweige

1. Tomaten blanchieren, häuten, Stielansatz und Samen entfernen und das Fruchtfleisch fein hacken. Die Garnelenschwänze auf der Rückseite leicht aufschneiden und den Darm entfernen. 12 Garnelen klein würfeln. Frühlingszwiebel putzen und fein hacken. Bärlauch in feine Streifen schneiden.

2. In einer Pfanne 20 ml Olivenöl erhitzen und die Garnelenwürfel darin mit der Frühlingszwiebel bei mittlerer Hitze braten. Salzen, pfeffern, Tomatenwürfel zufügen und alles unter öfterem Wenden 3 bis 4 Minuten braten. Bärlauch einstreuen und alles 1 Minute unter Rühren weiterbraten.

3. Die Malloreddus in reichlich Salzwasser etwa 8 Minuten kochen, abgießen und die Nudeln mit dem Sugo vermischen. Warm halten.

4. Restliche 4 Garnelen im übrigen Öl mit Thymian von beiden Seiten je 2 Minuten braten, salzen und den Thymian entfernen. Malloreddus auf vorgewärmten Tellern anrichten und mit je einer gebratenen Garnele garnieren.

Eiernudeln mit Ingwer und Frühlingszwiebeln

250 g getrocknete chinesische Eiernudeln, Salz
80 g frische Ingwerwurzel
150 g Frühlingszwiebeln
3 EL Erdnussöl
frisch gemahlener Pfeffer
2 EL Austernsauce

Außerdem:

einige Begonien- oder Chrysanthemenblüten

1. Die Ingwerwurzel schälen, erst in dünne Scheiben, dann in feine Streifen schneiden. Die Frühlingszwiebeln waschen und in feine Streifen schneiden.

2. Die Eiernudeln in sprudelnd kochendem Salzwasser in 6 bis 7 Minuten al dente garen.

3. In der Zwischenzeit das Erdnussöl im Wok erhitzen und die Ingwerstreifen darin unter ständigem Rühren 1 Minute braten. Die Frühlingszwiebeln nur ganz kurz unter Rühren mitbraten, sie sollen noch etwas knackig bleiben. Mit Salz und Pfeffer würzen und vom Herd nehmen.

4. Nudeln abgießen, gut abtropfen lassen und sofort gut mit der Ingwer-Frühlingszwiebel-Mischung im Wok vermengen. Austernsauce unterrühren und die Nudeln in Schälchen anrichten. Mit den Blüten garniert servieren.

Spezialitäten der Alpenregion

Aus dem Schweizer Kanton Graubünden stammen die köstlich gefüllten Mangoldblätter »Capuns«. Die Füllung dafür wird aus Spätzleteig und würziger Wurst-Kräuter-Mischung hergestellt. Für den typisch kräftigen Geschmack der Veltliner Spezialität »Pizzoccheri« sorgt der Buchweizen im Nudelteig. Statt Casera, dem Käse des Veltlins, kann dazu auch ein regionaler Bergkäse verwendet werden.

Capuns

Für die Füllung:

300 g Weizenmehl, 3 Eier

70 ml Milch, 1 TL Salz

50 g magerer gekochter Räucherspeck

50 g Salsiz (Schweizer Hartwurst)

50 g Bündnerfleisch, 100 g Weißbrot

80 g Zwiebeln, 10 g Butter

1/2 EL gehackte Petersilie

1 TL Schnittlauchröllchen

1 Messerspitze gehackte Rosmarinspitzen

1 TL fein geschnittene Basilikumblättchen

Außerdem:

40 Mangoldblätter, 50 g Butter

100 ml Gemüsebrühe, 100 ml Sahne

1. Das Mehl, die Eier, Milch, 70 ml Wasser und das Salz in einer Schüssel zu einem glatten Spätzleteig verrühren. Dabei mit dem Holzlöffel so lange schlagen, bis der Teig Blasen wirft. Die Schüssel mit einem Tuch bedecken und den Teig 1/2 Stunde ruhen lassen.

2. Inzwischen Speck, Salsiz, Bündnerfleisch und Weißbrot in kleine Würfel schneiden. Die Zwiebeln schälen und fein hacken. Die Butter in einer Pfanne zerlassen, die zerkleinerten Zutaten zusammen mit allen Kräutern darin unter gelegentlichem Rühren anschwitzen. Die Mischung abkühlen lassen und in den Spätzleteig einarbeiten.

3. Die Mangoldblätter waschen, blanchieren, herausheben und sofort auf Küchentüchern ausbreiten. Auf jedes Blatt etwa 1 TL von der Teigfüllung geben und jeweils zu einem fest verschlossenen Päckchen zusammenrollen.

4. In einer großen Pfanne wenig Butter zerlassen, die Mangoldpäckchen darin anbraten, mit der Brühe ablöschen und die Sahne zugießen. Die Capuns darin etwa 5 Minuten köcheln lassen. Da nicht alle Capuns gleichzeitig in eine Pfanne passen, die Päckchen nacheinander oder in zwei Pfannen braten. Capuns auf Tellern anrichten, mit der Sauce beträufeln und sofort servieren.

Wenn Signora Valbuzzi-Gosatti für ihre Gäste im »La Gatta« Pizzoccheri kocht, nimmt sie ihre großen Töpfe, ...

... damit die Kartoffelwürfel, die Buchweizennudeln und das Gemüse in viel Salzwasser schwimmend garen können.

Pizzoccheri aus dem Veltlin

750 g Buchweizenteig

250 g Kartoffeln

200 g Mangold

300 g Casera-Käse

2 Knoblauchzehen, Salz

200 g Butter, 8 Salbeiblätter

100 g frisch geriebener Parmesan

1. Die Kartoffeln schälen und in 1 cm große Würfel schneiden. Die Mangoldblätter in Streifen, den Käse in 1 cm große Würfel und den Knoblauch in dünne Scheibchen schneiden.

2. Den Nudelteig zu mehreren 2 mm dicken Platten ausrollen und daraus 5 cm breite Teigbänder schneiden. Mit Buchweizenmehl bestauben, bündig aufeinander legen und quer 1/2 cm (etwa wie Tagliatelle) breite kurze Nudeln abschneiden.

3. In einem großen Topf reichlich Salzwasser zum Kochen bringen. Die Kartoffelwürfel zufügen und köcheln lassen. Nach 10 Minuten Garzeit die Buchweizennudeln und nach weiteren 8 bis 10 Minuten die Mangoldstreifen weitere 2 Minuten mitköcheln lassen.

4. In der Zwischenzeit die Butter in einer Pfanne zerlassen, Knoblauchscheibchen darin hell anschwitzen und die Salbeiblätter zufügen.

5. Die Nudel-Kartoffel-Mischung vorsichtig in ein Sieb schütten und abtropfen lassen. Die Hälfte davon in eine vorgewärmte Schüssel füllen, Käsewürfel einschichten, untermischen und mit der restlichen Nudel-Kartoffel-Mischung bedecken. Die Salbeibutter darüber gießen, die Pizzocheri mit dem frisch geriebenen Parmesan bestreuen und sofort servieren.

Salbeibutter *unterstreicht den typischen Geschmack der nahrhaften Pizzoccheri. Vor dem Servieren streut man noch frisch geriebenen Parmesan darüber.*

Rustikale Spezialitäten mit besonders viel Biss

Ob Trofie oder Schupfnudeln: Dank ihrer festeren Struktur sind beides ideale Beilagen zu herzhaften Braten, Gemüse oder Kraut. Dabei können die »Schwarzbrot«-Schupfnudeln – je nach Region und verwendetem Brot – ganz unterschiedlich ausfallen: Während man im Süden unter diesem Namen ein Bauernbrot erhält, gibt es weiter nördlich ein Roggen- oder Roggenmischbrot. Hoch im Norden heißt Roggenbrot wiederum Graubrot, unter Schwarzbrot versteht man dort nur wirklich dunkles Vollkornbrot oder Pumpernickel, das für das folgende Rezept jedoch nicht in Frage kommt.

Schwarzbrot-Schupfnudeln mit Blaukraut

Für das Blaukraut:

500 g geputzter Rotkohl, 1 TL Salz

20 g Schalotte, 30 g Gänseschmalz

1 EL Honig, Pfeffer, 200 ml Preiselbeersaft

200 ml Rotwein, 1/4 Zimtstange, 3 Nelken

1 Zweig Thymian, 50 g Butter

Für die Schwarzbrot-Schupfnudeln:

150 g Roggenbrot mit Rinde, vom Vortag

200 ml Milch, 1 Ei

120 g Roggenmehl (Type 997)

Außerdem:

etwas Weizenmehl

Butter- oder Schweineschmalz zum Braten

1. Rotkohl in feine Streifen schneiden, mit Salz bestreuen und etwas kneten. Die Schalotte schälen und in feine Würfel schneiden.

2. Das Schmalz erhitzen und die Schalotte darin anschwitzen. Rotkohl unter Rühren 2 bis 3 Minuten mitbraten. Honig, Pfeffer, Preiselbeersaft, Rotwein, Gewürze und Butter zufügen, alles im offenen Topf 20 bis 25 Minuten köcheln lassen. Vom Herd nehmen und den Thymianzweig entfernen.

3. Das Brot fein würfeln, in der Milch 1/2 Stunde einweichen. Ausdrücken und das Brot mit Ei und Roggenmehl zu einem weichen, aber formbaren Teig verkneten. Sollte er zu sehr kleben, die Hände mit etwas Weizenmehl bestauben. Den Teig 20 Minuten ruhen lassen.

4. Reichlich Salzwasser erhitzen. Aus dem Brotteig Schupfnudeln von etwa 1/2 cm Dicke (in der Mitte) und 6 cm Länge formen, an den Enden sollen die Nudeln etwas dünner sein. Die Schupfnudeln in das kochende Wasser einlegen, die Hitze reduzieren und alles im geschlossenen Topf 5 Minuten sieden lassen.

5. Abgießen, abtropfen lassen und die Schupfnudeln im heißen Butter- oder Schweineschmalz von allen Seiten goldbraun braten. Blaukraut wieder erwärmen, auf Teller verteilen und die Schupfnudeln daneben anrichten. Sofort servieren.

Aus Ligurien, genauer aus der Gegend von Genua, stammt dieses rustikale Nudelgericht. Durch den Kleieanteil erhalten die Trofie besonders viel Biss.

Trofie mit Zucchini und Erbsen

Für den Nudelteig:

300 g Weizenmehl, 50 g Weizenkleie, Salz

Für das Gemüse:

150 g gelbe Zucchini, 40 g Butter oder 4 EL Öl

1 EL sehr fein gehackte Schalotten

1 fein gehackte Knoblauchzehe

80 g ausgepalte Erbsen

4 EL reduzierte Fleischbrühe

50 g fein geschnittene Zucchiniblüten

Außerdem:

Salz, 1/2 TL Pfeffer, 1 EL gehackte Petersilie

frisch gehobelter Parmesan

1. Das Mehl auf eine Arbeitsplatte sieben, die Kleie darauf schütten. Salzen, in die Mitte eine Mulde drücken und weiterarbeiten, wie in der Bildfolge rechts gezeigt *[siehe a]*. Falls der Teig zu trocken gerät, weitere 50 ml Wasser einarbeiten. Den Teig erst in fingerdicke Rollen, dann zu Trofie formen, wie gezeigt *[siehe b und c]*.

2. Zucchini längs in dünne Scheiben schneiden und diese nochmals der Länge nach halbieren. Butter oder Öl erhitzen, Schalotten und Knoblauch darin hell anschwitzen. Zucchinistreifen und Erbsen zufügen, mit der Fleischbrühe ablöschen und alles bei schwacher Hitze einige Minuten dünsten. Die Zucchiniblüten kurz mitdünsten.

3. Inzwischen die Trofie in Salzwasser al dente garen, mit dem Schaumlöffel herausnehmen und abtropfen lassen. In einer vorgewärmten Schüssel mit dem Gemüse vermengen und mit Salz, Pfeffer und Petersilie würzen. Mit gehobeltem Parmesan bestreuen und servieren.

a **Trofie herstellen:** 150 ml Wasser zugießen, gut verkneten.

b Die Teigrollen quer in etwa 1 cm lange Stücke schneiden.

c Zu langen Nudeln formen, schräg über den Gabelrücken abrollen.

Pasta & Pilze mal mit Sahne, mal asiatisch

Penne rigate mit Steinpilzen in Sahne

400 g Penne rigate
500 g frische Steinpilze
100 g Parmaschinken, 1/4 l Sahne
30 g Butter, 60 g Zwiebel, fein gewürfelt
40 g Petersilienwurzel, fein gehackt
2 EL fein gehackte Petersilie
Salz, frisch gemahlener Pfeffer
Außerdem:
frisch geriebener Parmesan zum Bestreuen

1. Die Steinpilze sorgfältig putzen, möglichst nicht waschen, es sollten 350 g übrig bleiben, und längs in Scheiben schneiden. Den Parmaschinken zunächst in etwa 2 mm dicke Scheiben und dann in Quadrate mit ungefähr 1 cm Kantenlänge schneiden.

2. Die Sahne bei schwacher Hitze auf die Hälfte reduzieren. Die Butter zerlassen und die Zwiebelwürfel sowie die Petersilienwurzel darin langsam anschwitzen, bis sie weich sind. Pilze und Parmaschinken unter Rühren kurz mitbraten. Die reduzierte Sahne zugießen, die Petersilie einstreuen und alles bei geringer Hitze köcheln, bis die Pilze gar sind. Das dauert nur wenige Minuten.

3. In der Zwischenzeit die Nudeln al dente kochen und abgießen. Sofort mit der Sauce vermischen, salzen und pfeffern. Auf Teller verteilen mit Parmesan bestreuen und servieren.

Pappardelle mit Steinpilzen

400 g frischer Nudelteig Nr. 4
700 g Steinpilze, 80 g Schalotten
1 Knoblauchzehe, 80 g Stangensellerie
300 g Tomaten, 50 g Butter
1/2 TL Salz, frisch gemahlener Pfeffer
Außerdem:
2 EL Pflanzenöl, 1 EL gehackte Petersilie
1/2 TL gehackter Thymian, 1 Bund Basilikum
frisch gehobelter Pecorino oder Parmesan

1. Aus dem Nudelteig 1,5 cm breite Bandnudeln schneiden. Die Steinpilze sorgfältig putzen – mindestens 400 g, besser noch 500 g sollten übrig bleiben – und längs in Scheiben schneiden. Die Schalotten und die Knoblauchzehe schälen, sehr fein hacken. Den Stangensellerie in kleine Würfel schneiden. Die Tomaten blanchieren, häuten, die Samen entfernen und das Fruchtfleisch ebenfalls in kleine Würfel schneiden.

2. Butter in einer großen Pfanne zerlassen, Schalotten, Knoblauch und Stangensellerie darin langsam anschwitzen. Pilze zufügen, bei starker Hitze anbraten, die Hitze reduzieren und noch einige Minuten weiterbraten. Salzen und pfeffern.

Mit gebratenen jungen Steinpilzen und einem Hauch Knoblauch sind die selbst gemachten Pappardelle ein echter Genuss, den man sich nicht entgehen lassen sollte.

Raffiniert verpackt! Die verschiedenen Aromen von Gemüse – die Kombination kann dabei selbstverständlich je nach Saison variieren –, würzenden Zutaten und Morcheln können sich in der Pergamentverpackung aufs Beste verbinden.

3. In einer separaten Pfanne das Öl erhitzen und die Tomaten darin kurz dünsten. Inzwischen die Nudeln in Salzwasser al dente garen und abseihen. Steinpilze, Tomatenwürfel und gehackte Kräuter sofort unter die Nudeln mischen. Mit Salz und Pfeffer abschmecken und die Nudeln auf vorgewärmten Tellern anrichten. Nach Belieben mit Pecorino oder Parmesan bestreuen. Sofort servieren.

Asiatische Nudeln mit Morcheln in Pergament

250 g chinesische Eiernudeln

je 100 g geschälten Spargel, Möhren und geputzte Zuckerschoten

10 g frische Ingwerwurzel

50 g Sojasprossen, 5 bis 6 EL Erdnussöl

1 EL Currypulver, 2 EL Sweet Chili Sauce

2 EL helle Sojasauce, 2 EL Austernsauce

100 ml Geflügelbrühe, Salz, Pfeffer

150 g frische Morcheln

20 g Schalotte, 10 g Butter, 2 EL Sherry

1 EL Sesamöl, 4 Knoblauchzehen

Außerdem:

4 Stück Pergamentpapier (25 x 30 cm)

1. Spargel und Möhren in dünne Scheiben, die Zuckerschoten in feine Streifen schneiden. Den Ingwer schälen und fein hacken. Sojasprossen waschen, verlesen und abtropfen lassen.

2. In einer Pfanne oder im Wok 3 EL Erdnussöl erhitzen und Spargel, Möhren sowie Zuckerschoten darin in 2 bis 3 Minuten unter Rühren knackig braten. Sojasprossen zufügen und kurz mitbraten. Currypulver und Saucen einrühren und die Geflügelbrühe angießen. Alles bei mittlerer Hitze etwas einkochen lassen, salzen und pfeffern.

3. Morcheln gründlich putzen, vom Sand befreien, falls nötig, kurz abspülen und trockentupfen. Die Schalotte schälen und fein würfeln. In einer Pfanne die Butter zerlassen und die Schalottenwürfel darin glasig dünsten. Die Morcheln unter Rühren kurz mitbraten, salzen, pfeffern und mit dem Sherry ablöschen.

4. Die chinesischen Eiernudeln in sprudelnd kochendem Salzwasser bissfest garen und abgießen. Die Nudeln in einer Schüssel mit dem Sesamöl vermischen. Die Gemüsemischung unterrühren.

5. Pergamentpapierstücke leicht mit Erdnussöl einpinseln, Gemüse-Nudel-Mischung darauf verteilen und die Morcheln darauf legen. Das Pergamentpapier über der Füllung zuklappen, die Seiten unter dem Paket einschlagen. Die Päckchen in eine feuerfeste Form legen und bei 200 °C im vorgeheizten Ofen etwa 10 Minuten backen.

6. Knoblauch schälen, in dünne Scheiben schneiden und im übrigen Erdnussöl hellbraun frittieren.

7. Die Päckchen auf Teller legen, aufschneiden, mit Knoblauch bestreuen und servieren.

Hauchdünn geschnitten

Weiße & Sommertrüffeln

Schon allein mit Butter und reichlich frisch geriebenem Käse wären die Fettuccine ein gutes Essen. Zur exquisiten Delikatesse werden sie aber durch die teuerste aller Trüffeln. Das extrem starke Aroma der Weißen Trüffel ist durchaus nicht jedermanns Sache. Doch Liebhaber der begehrten »tartufi« – einmal ihrem Duft und Geschmack verfallen – werden weder Kosten noch Mühe scheuen, und sich dieses Gericht zur Trüffelzeit im Spätherbst und Winter immer wieder einmal gönnen. Einfacher erhältlich sind die Sommertrüffeln, die zwar etwas weniger Aroma besitzen, aber dafür erheblich günstiger sind.

Fettuccine mit Weißer Trüffel

Für den Nudelteig:

300 g doppelgriffiges Weizenmehl Type 405

2 Eier, 4 Eigelbe

1/3 TL Salz

Für die Sauce:

2 rote Chilischoten, 1/4 l Sahne

1 TL Trüffelöl

Salz, frisch gemahlener weißer Pfeffer

Außerdem:

etwa 60 g Weiße Trüffel

1 Trüffelhobel

1 EL Basilikum, in feine Streifen geschnitten

frisch geriebener Parmesan nach Belieben

1. Das gesiebte Weizenmehl auf eine Arbeitsfläche häufen, in die Mitte eine Mulde drücken. Die Eier, die Eigelbe sowie das Salz hineingeben. Die Zutaten in der Mulde mit einer Gabel verrühren, dabei immer mehr Mehl vom Rand her mit unterrühren. Droht der Teig zu fest zu werden, noch 1 EL Wasser einarbeiten. Alles mit den Händen zu einem glatten Teig verkneten.

Separat in Butter gebraten | *werden die Sommertrüffelscheiben, von denen es ruhig ein bisschen mehr sein dürfen, um das weniger intensive Aroma auszugleichen. Das Einzige, was es bei diesem an sich recht einfachen Gericht zu beachten gilt, ist, dass Nudeln, Trüffeln und Tomaten gleichzeitig fertig sind.*

2. Den Nudelteig zur Kugel formen, in Folie einschlagen und vor dem Ausrollen und Schneiden 1 Stunde im Kühlschrank ruhen lassen.

3. Teig mit der Nudelmaschine bis auf die gewünschte Stärke ausrollen, in 3 mm breite Fettuccine schneiden und kurz antrocknen lassen.

4. Chilischoten von Samen und Scheidewänden befreien und in feine Streifen schneiden. Sahne in einer Kasserolle auf die Hälfte einkochen lassen, die Hitze reduzieren und Chilistreifen sowie Trüffelöl einrühren. Die Sauce salzen und pfeffern.

5. Die Trüffel erst unmittelbar vor dem Hobeln nur ganz kurz unter fließendem kaltem Wasser abbürsten und sofort abtrocknen, keinesfalls darf sie Wasser aufsaugen. Unsaubere Vertiefungen mit einem spitzen, scharfen Messer sparsam ausschneiden, denn jedes Gramm ist kostbar.

6. Die Fettuccine in sprudelndem Salzwasser al dente kochen, abgießen und abtropfen lassen. Auf vorgewärmte Teller verteilen, mit der Sahnesauce übergießen und die Weiße Trüffel hauchdünn darüber hobeln. Mit Basilikum sowie eventuell mit Parmesan bestreuen und die Pasta sofort servieren.

Taglierini mit gebratenen Trüffeln

350 g frischer Nudelteig Nr. 4

100 bis 150 g Sommertrüffeln

120 g reife Tomaten

20 g Schalotte, 2 EL Olivenöl

60 g Butter

Salz, frisch gemahlener weißer Pfeffer

einige Basilikumblättchen

1. Den Nudelteig Nr. 4 in Folie einschlagen und 1 Stunde kühl ruhen lassen. Mit der Maschine oder auch von Hand bis zur gewünschten Stärke ausrollen und mit dem entsprechenden Vorsatz in 2 bis 3 mm breite Taglierini schneiden. Die Nudeln kurz antrocknen lassen.

2. In der Zwischenzeit die Sommertrüffeln sorgfältig unter fließendem Wasser abbürsten, bis auch der letzte Rest von Erde herausgespült ist. Wenn das wegen der oft tiefen Falten im Pilzkörper nicht möglich ist, müssen die Sommertrüffeln knapp geschält werden. Die Sommertrüffeln in gleichmäßige, etwa 1 mm dünne Scheiben schneiden, das geht am besten mit einer Aufschnittmaschine.

3. Die Tomaten waschen, blanchieren, kalt abschrecken, häuten und halbieren. Stielansätze und Samen entfernen und das Fruchtfleisch in kleine Würfel schneiden. Die Schalotte schälen und fein würfeln. Das Öl in einer kleinen Pfanne erhitzen, die Schalottenwürfel darin bei geringer Hitze anschwitzen, bis sie weich und leicht verkocht sind. Die Tomatenwürfel zufügen, ganz kurz mitdünsten und die Mischung beiseite stellen.

4. In einer separaten Pfanne die Butter zerlassen und die Sommertrüffelscheiben darin von beiden Seiten kurz braten. Mit Salz und Pfeffer würzen.

5. In einem großen Topf ausreichend Salzwasser zum Kochen bringen und die Taglierni darin al dente garen. Die Nudeln abgießen, abtropfen lassen und sofort mit den Tomaten sowie den gebratenen Trüffelscheiben vermengen.

6. Die Nudel-Trüffel-Mischung auf vorgewärmten Tellern anrichten, jeweils mit ein paar Basilikumblättchen garnieren und sofort servieren.

Fisch & Meeresfrüchte

Pasta, al dente gegart, harmoniert ausgezeichnet mit nahezu allen Meeresbewohnern. Ob Bucatini, Taglierini oder Papardelle – mit Tunfisch und Sardinen, Vongole, Scampi oder Hummer kombiniert, sind sie ein köstlicher, meist mediterran, manchmal asiatisch inspirierter Genuss. Dazu schmeckt fast immer ein gut gekühlter Weißwein.

Statt der Kapernfrüchte kann man dieses Gericht – klassisch – auch mit 2 EL in Salz eingelegten Kapern zubereiten. Einfach das Salz abwaschen und die Kapern mit den Oliven in die Sauce geben.

Eine sommerliche Kreation: Nudeln mit Tomatensugo und Basilikumstreifen, erfrischenden Büffelmozarellawürfeln und dazu gebratener Tunfisch, saftig und noch leicht rosa im Kern.

Mediterrane Pasta mit Fisch und Tomaten

Trocknen und Salzen von Fisch ist eine uralte Konservierungsmethode. Nach dem Entfernen der Köpfe werden die Fische – oft Kabeljau – an Gestellen aufgehängt. Gerade in den Ländern rund ums Mittelmeer kennt man viele Rezepte für Stockfisch.

Stockfisch mit Maccheroni

VORBEREITUNG: Stockfisch 3 bis 4 Tage wässern.

350 g Maccheroni, Salz

500 g gesalzener Stockfisch

100 g Tomate, je 150 g Lauch und Fenchel

1 Lorbeerblatt, 60 g Schalotten

2 Knoblauchzehen, 2 EL Olivenöl

400 g geschälte Tomaten

80 g kleine schwarze Oliven mit Stein

Außerdem:

30 g Butter, 1/2 Bund Petersilie, gehackt

20 eingelegte Kapernfrüchte

1. Den Stockfisch 3 bis 4 Tage wässern, dabei das Wasser täglich einmal erneuern.

2. Tomate halbieren, Lauch und Fenchel putzen und in grobe Stücke schneiden. 1 Liter Wasser mit Lorbeer, Tomatenhälften, Lauch und Fenchel aufkochen, Stockfisch einlegen und bei geringer Hitze 10 bis 15 Minuten ziehen lassen. Stockfisch herausnehmen, Haut und Gräten entfernen und den Fisch klein schneiden.

3. Schalotten schälen und fein würfeln. Knoblauch schälen. In einem Topf das Öl erhitzen und die Schalotten darin unter Rühren anschwitzen, den Knoblauch dazudrücken. Die geschälten, in Stücke geschnittenen Tomaten zufügen und bei Mittelhitze etwa 10 Minuten köcheln lassen.

4. Die Oliven entsteinen, das Fruchtfleisch in Streifen schneiden und die Oliven in die Sauce geben. Alles weitere 10 Minuten köcheln lassen, bis die Sauce etwas eingekocht ist. Den Stockfisch zufügen und in der Sauce noch 5 bis 8 Minuten garen.

5. Maccheroni in ausreichend Salzwasser bissfest garen. In einem Pfännchen 20 g Butter zerlassen und die Petersilie darin kurz anschwitzen, herausnehmen. Die restliche Butter zerlassen und die Kapernfrüchte darin schwenken. Die Maccheroni auf vorgewärmte Teller verteilen, die Stockfischsauce darauf anrichten, alles mit der Petersilienbutter beträufeln und mit den Kapernfrüchten garnieren. Sofort servieren.

Cavatelli mit Tunfisch & Büffelmozzarella

300 g Cavatelli (ersatzweise Orechiette)

3 Knoblauchzehen, 40 ml Olivenöl

600 g geschälte Tomaten (aus der Dose)

Salz, frisch gemahlener Pfeffer

1 Prise Zucker, 400 g frisches Tunfischfilet

250 g Büffelmozzarella, 30 Basilikumblätter

1. Den Knoblauch schälen. In einer Kasserolle die Hälfte des Öls erhitzen, den Knoblauch dazupressen und hell anschwitzen. Die geschälten Tomaten zufügen, mit Salz, Pfeffer und Zucker würzen und die Mischung etwas einkochen lassen.

2. Die Nudeln in kochendem Salzwasser bissfest garen, abgießen und gut abtropfen lassen. Den Tunfisch in 3 x 3 cm große Stücke schneiden, salzen und pfeffern. Im restlichen Olivenöl bei starker Hitze von allen Seiten kurz scharf braten – die Würfel sollten innen noch leicht rosa sein.

3. Den Mozzarella klein würfeln, Basilikumblätter in feine Streifen schneiden. Die Nudeln mit dem Tomatensugo vermischen, in tiefe Teller füllen. Mozzarella und Basilikum darüber streuen und die Tunfischwürfel daneben anrichten.

Tunfischwürfel vertragen kein zu langes Braten, sonst trocknen sie aus und werden hart. Sie sind dann genau richtig, wenn sie beim Anschneiden noch einen rosa Kern haben.

Mit würzigem Fisch: Raffinierte Pastagerichte

Sardinen | *lassen sich gut selbst einlegen: wie hier für die Spaghettini »alla crodaiola« in Rotweinessig, Kräutern und Olivenöl. Dem Pastagericht geben die aromatischen Filets eine besondere Würze.*

Spaghettini mit Sardinen »alla crodaiola«

VORBEREITUNG: Sardinen 4 Tage einlegen.

Für die Sardinen:

16 frische Sardinenfilets
4 Knoblauchzehen, 1/4 l Rotweinessig
1 Bund Thymian, 2 bis 3 EL grobes Meersalz
4 Lorbeerblätter, Pfeffer, 1/4 l Olivenöl

Für die Spaghettini:

40 g Schalotten, 2 Knoblauchzehen
100 g geputzter Fenchel, 500 g reife Tomaten
3 EL Olivenöl, etwa 100 ml Gemüsebrühe
Salz, gemahlener Pfeffer, 400 g Spaghettini
Thymianblättchen zum Bestreuen

1. Die Sardinen unter fließend kaltem Wasser waschen und auf Küchenpapier abtropfen lassen. Knoblauch schälen und in dünne Scheiben schneiden. Etwas Rotweinessig und einen Zweig Thymian auf den Boden eines großen Schraub- oder Bügelglases geben und eine Schicht Sardinen mit der Hautseite nach unten einlegen. Etwas Meersalz, Thymian, Lorbeer, Pfeffer und Knoblauch darauf verteilen, eine weitere Schicht Sardinen darauf legen – und so abwechselnd weiterschichten, bis alle Sardinen verbraucht sind. Sardinen mit Rotweinessig bedecken und 2 Tage kalt stellen. Den Essig abgießen. Die Sardinen mit Öl bedecken und erneut mindestens 2 Tage kalt stellen.

2. Schalotten und Knoblauch schälen und wie den Fenchel fein würfeln. Tomaten blanchieren, häuten und das Fruchtfleisch klein würfeln. Das Öl erhitzen und Schalotten, Knoblauch und Fenchel darin 2 Minuten anschwitzen. Tomaten etwa 15 Minuten mitköcheln, salzen und pfeffern; bei Bedarf noch etwas Gemüsebrühe zugießen und den Tomatensugo im Mixer grob pürieren.

3. Die Spaghettini bissfest garen, abtropfen lassen und mit dem Tomatensugo vermengen. In vorgewärmten tiefen Tellern anrichten, jeweils 4 Sardinenfilets auflegen und mit Thymian bestreuen.

Strozzapreti mit Seppioline

400 g Strozzapreti
500 g küchenfertige Seppioline, 5 Thymianzweige
abgeriebene Schale und Saft von 1/2 unbehandelten Zitrone
Salz, 2 EL natives Olivenöl extra
750 g reife Tomaten, 1 TL Zucker
je 100 ml Wermut und Weißwein
20 Basilikumblätter, frisch gemahlener Pfeffer
40 g gehobelter Pecorino nach Belieben

Unwiderstehlich ist die Kombination von Seppioline und bissfesten Strozzapreti. Die Tintenfische werden nur kurz gegart und bleiben daher wunderbar zart.

Aroma pur | *Im Schutz der Pergamenthülle können sich die Aromen von Speck, Sardellen, Oliven & Co. sehr gut entfalten. Und beim Öffnen verströmt ein herrlich-appetitlicher Duft – ein Genuss für die Sinne.*

1. Die Seppioline in mundgerechte Stücke schneiden und in eine Schüssel legen. Die Thymianblättchen abzupfen, über die Seppioline streuen. Zitronenschale und -saft, Salz und Öl darüber verteilen, vermengen und zugedeckt 2 Stunden kalt stellen.

2. Inzwischen die Tomaten blanchieren, häuten, Stielansatz und Samen entfernen und das Fruchtfleisch in Stücke schneiden. Seppioline mitsamt der Marinade bei starker Hitze dünsten, dabei die Flüssigkeit fast völlig verdampfen lassen. Prüfen, ob die Seppioline gar sind – und sofort aus dem Topf nehmen, da sie sonst hart werden. Tomaten, Zucker, Wermut und Weißwein zufügen und die Sauce bei Mittelhitze 15 Minuten einkochen lassen.

3. Die Strozzapreti al dente kochen und mit den Seppioline in die Tomatensauce einlegen. Alles gut vermengen, mit Salz und Pfeffer würzen, mit Basilikum und eventuell mit Käse garniert servieren.

Spaghetti im Pergamentpaket

ERGIBT: 12 Päckchen

Für die Tomatensauce:

1 Dose Pelati (400 g)

50 ml Olivenöl

1 bis 2 Knoblauchzehen, geschält

Salz, frisch gemahlener schwarzer Pfeffer

1/2 TL getrocknete, zerstoßene Peperoncini

Für die Spaghetti:

500 g Spaghetti, 500 g reife Tomaten

20 große schwarze griechische Oliven

1 Bund fein gehackte Petersilie

Außerdem:

12 Stück Pergamentpapier (25 x 25 cm)

2 EL Olivenöl, 12 Scheiben Pancetta

12 Sardellenfilets in Salz, 12 Petersilienstängel

50 g zerlassene Butter, geriebener Parmesan

1. Die Pelati abtropfen lassen. Das Öl erhitzen, die ganzen Knoblauchzehen darin 2 Minuten anschwitzen und wieder herausnehmen. Die Tomaten in dem Öl 15 bis 20 Minuten dünsten. Mit Salz, Pfeffer und Peperoncini würzen, den Sugo pürieren und weitere 10 Minuten einkochen lassen.

2. Inzwischen die frischen Tomaten blanchieren, häuten, achteln, die Samen entfernen und das Fruchtfleisch mit den Oliven und der gehackten Petersilie vermischen. Spaghetti nur knapp al dente garen und abgetropft mit dem Sugo vermengen.

3. Pergamentpapierstücke mit Olivenöl einpinseln. Die Spaghetti portionsweise mit der Fleischgabel aufrollen und weiterverfahren, wie rechts gezeigt *[siehe a und b]*. Das Papier über die Füllung schlagen und gut verschließen. Die Päckchen bei 200 °C im vorgeheizten Ofen 15 Minuten backen. Aufschneiden und die Spaghetti mit der zerlassenen Butter beträufeln. Den Käse dazureichen.

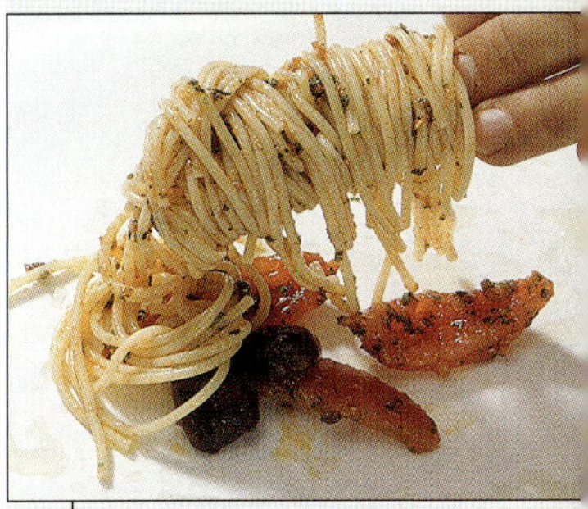

a | **Pergamentpaket füllen:** Tomatenmischung und aufgerollte Spaghetti auf das geölte Papier legen.

b | Spaghetti mit je 1 Speckscheibe, 1 Sardellenfilet und 1 Petersilienstängel belegen, verschließen.

Köstlich kombiniert

Nudeln & Muscheln

Nudeln werden oft und gerne mit Muscheln serviert. Hier zwei besonders gelungene Beispiele: Das erste stammt aus dem mediterranen Raum und ist als »Spaghetti alle vongole« weit über die Grenzen Italiens hinaus berühmt geworden. Aber mit Bucatini, dieser dünnen Makkaroni-Art, hat dieser Pasta-Klassiker im wahrsten Sinne des Wortes noch mehr »Biss«! Im folgenden Rezept sind »Pelati«, geschälte Dosentomaten, vorgesehen, aber noch besser ist es, wenn man richtig reife Eiertomaten dafür verwendet. Das zweite Rezept stammt aus dem asiatischen Raum und überzeugt durch die Kombination von Muscheln, Eiernudeln und Gemüse sowie durch die fein aufeinander abgestimmten Aromen.

Bucatini alle vongole

300 g Bucatini, Salz

Für die Muscheln:

800 g frische Vongole

1/8 l Weißwein, 1 EL Öl

Für die Sauce:

60 g Zwiebel, 1 Knoblauchzehe, 2 EL Öl

400 g Dosentomaten (Pelati)

1/2 TL Salz, frisch gemahlener Pfeffer

Außerdem:

2 EL gehackte Petersilie

1. Die Muscheln in Wasser sauber putzen und unter fließendem Wasser sehr sorgfältig waschen, geöffnete oder beschädigte Exemplare wegwerfen. Die abgetropften Muscheln in einer Kasserolle mit Weißwein, 1/8 l Wasser und Öl erhitzen, bis sie sich öffnen. Muscheln, die geschlossen bleiben, wegwerfen, sie sind verdorben. Die Vongole mit dem Schaumlöffel aus dem Topf heben, den Sud stehen lassen, damit sich vorhandener Sand absetzen kann. Den Sud durch ein feines Sieb gießen.

2. Zwiebel und Knoblauch schälen, Zwiebel fein, Knoblauch sehr fein hacken. Öl in einer Kasserolle erhitzen, Zwiebelwürfel und Knoblauch darin hell anschwitzen. Die Dosentomaten sowie den passierten Muschelsud zufügen. Salzen, pfeffern und alles mindestens 1/2 Stunde köcheln lassen, bis die Flüssigkeit etwa die auf die Hälfte reduziert ist.

3. Entweder alle Muscheln aus der Schale lösen und in die Tomatensauce geben – so lassen sie sich leichter essen – oder einen Teil der Muscheln in der Schale belassen.

4. Die Bucatini in ausreichend gesalzenem Wasser al dente kochen, abseihen, gut abtropfen lassen und mit der Muschel-Tomaten-Sauce vermischen. Alles auf vorgewärmten Tellern anrichten, mit gehackter Petersilie bestreuen und sofort servieren.

Kantoneser Nudeln mit Muscheln und Curry

300 g chinesische Eiernudeln (Kantoneser Nudeln, ersatzweise Tagliatelle)

je 500 g Mies- und Herzmuscheln

40 g Schalotten, 50 g frische Ingwerwurzel

2 Knoblauchzehen, 25 g Koriandergrün

1 EL Erdnussöl, 2 EL Sesamöl

je 1/4 l Weißwein und Geflügelbrühe

1 grüner Apfel, 1 Stängel Zitronengras

20 g Butterschmalz

1 bis 2 EL thailändische grüne Currypaste

1 Dose ungesüßte Kokosmilch (400 ml)

2 EL Palmzucker oder brauner Zucker, Salz

Saft von 1 Limette, 80 g frische Shiitake-Pilze

12 Mini-Auberginen (300 g)

120 g rote Paprikaschote, 2 bis 3 EL Olivenöl

3 Zweige thailändisches Basilikum

1. Die beiden Muschelsorten unter fließendem kaltem Wasser waschen und die »Bärte« der Miesmuscheln entfernen. Die Muscheln bis zur Verwendung in kaltes Wasser legen.

2. Schalotten und Ingwer schälen. Die Schalotten fein hacken, 20 g Ingwer abwiegen und ebenfalls fein hacken. Die Knoblauchzehen schälen, das Koriandergrün grob schneiden. In einem großen Topf Erdnuss- und Sesamöl erhitzen und Schalotten, Ingwer und Koriandergrün unter Rühren darin 2 bis 3 Minuten anschwitzen. Knoblauch dazupressen und kurz mitschwitzen.

3. Muscheln abgießen und mit in den Topf geben. Mit Weißwein und Brühe ablöschen, einmal aufkochen und die Muscheln zugedeckt 5 Minuten kochen lassen. Nach dem Garen noch geschlossene Exemplare aussortieren und wegwerfen. Die Muscheln aus der Schale lösen und beiseite stellen. Den Kochsud durch ein feines Sieb gießen, 200 ml davon abmessen und beiseite stellen.

4. Den restlichen Ingwer in große Stücke schneiden, den Apfel schälen, vierteln, vom Kerngehäuse befreien und ebenfalls in Stücke schneiden. Das Zitronengras in 3 bis 4 Stücke teilen. Im Wok oder in einer großen Pfanne das Butterschmalz erhitzen und Ingwer-, Apfel- und Zitronengrasstücke darin kurz anschwitzen, die Currypaste einrühren und alles gut miteinander vermengen. Mit Kokosmilch und dem abgemessenen Muschelfond ablöschen und die Sauce 15 Minuten im halb geöffneten Topf köcheln lassen. Zitronengras herausnehmen und die Sauce mit dem Pürierstab oder im Mixer fein pürieren. Zucker zufügen, eventuell mit Salz abschmecken und den Limettensaft einrühren.

5. Gemüse putzen und wenn nötig waschen. Die Shiitake-Pilze halbieren, die Mini-Auberginen in 4 Stücke schneiden, das Paprikafruchtfleisch klein würfeln. Alles in heißem Olivenöl unter Rühren 2 bis 3 Minuten scharf anbraten, das Gemüse soll knackig bleiben. Die pürierte Sauce angießen, Muscheln einlegen und alles nochmals erhitzen.

6. Inzwischen die Nudeln bissfest garen. Basilikum in feine Streifen schneiden. Die Nudeln abgießen, in tiefen Tellern anrichten, mit der Gemüse-Muschel-Mischung und der Sauce überziehen, mit Basilikum bestreuen und sofort servieren.

Maritime Begleiter zu frischen Bandnudeln

Pappardelle mit Scampi und Spargel

etwa 150 g heller Nudelteig Nr. 4
etwa 150 g schwarzer Nudelteig
Für die Sauce:
60 g Zwiebel, 1 Knoblauchzehe
300 g vollreife Eiertomaten
1 kleine Chilischote
16 Scampi mittlerer Größe, ungeschält
250 g dünner grüner Spargel
4 EL gutes Olivenöl, 1/2 TL Salz
frisch gemahlener Pfeffer
1/8 l trockener Weißwein

1. Beide Nudelteige ausrollen und in 1,5 cm breite Pappardelle schneiden. Diese auf einem sauberen Küchentuch kurz antrocknen lassen.

2. Inzwischen für die Sauce die Zwiebel schälen und fein hacken, die Knoblauchzehe leicht andrücken. Tomaten blanchieren, abschrecken, häuten und samt Samen klein schneiden. Chilischote längs halbieren, Samen entfernen und das Fruchtfleisch in schmale Streifen schneiden. Von den Scampi die Schwänze abdrehen, mit der Unterseite auf ein Küchenbrett legen und mit einem scharfen Messer längs halbieren. Den Darm vorsichtig entfernen und die Scampischwänze kühl stellen. Den Spargel waschen, nur wenn nötig, schälen und in etwa 4 cm lange Stücke schneiden.

3. Das Öl erhitzen, die Zwiebel darin anschwitzen. Knoblauchzehe und Tomaten bei starker Hitze 3 bis 4 Minuten mitdünsten. Salzen und pfeffern. Chilistreifen und Weißwein zufügen und alles im offenen Topf weitere 2 Minuten dünsten. Die Spargelstücke zufügen und in der Sauce 3 bis 4 Minuten mitdünsten. Die vorbereiteten Scampischwänze noch 2 bis 3 Minuten mitgaren.

4. Inzwischen die Nudeln al dente kochen, abgießen, gut abtropfen lassen, mit den übrigen Zutaten vermischen und das Gericht sofort servieren.

Hummer mit Taglierini

250 g Nudelteig Nr. 4
Für die Sauce:
150 ml Weißwein, 2 cl Noilly Prat
20 g Schalottenwürfel, 400 ml Hummerfond
100 g kalte Butter, in Stücken
Salz, weißer Pfeffer, etwas Zitronensaft
Für den Hummer:
2 Hummer (je 500 bis 600 g)
80 g Möhre, 50 g Lauch, 50 g Stangensellerie
1 geschälte Knoblauchzehe, Salz
Außerdem:
10 kleine Basilikumblätter

Für Gourmets: Krustentiere wie Hummer & Co. schmecken ausgezeichnet zu frischen Nudeln – hier abgerundet mit einer feinen Weißwein-Butter-Sauce.

Schmeckt nach Meer: Garnelen und edle Jakobsmuscheln, kombiniert mit selbst gemachten grünen Bandnudeln. Ein sommerlich-leichter Genuss.

1. Aus dem Nudelteig 2 bis 3 mm breite Taglierini schneiden und diese auf einem sauberen Küchentuch zum Antrocknen auslegen.

2. Für die Sauce Weißwein und Noilly Prat mit den Schalottenwürfeln erhitzen, etwas einkochen lassen und mit dem Hummerfond auffüllen. Die Flüssigkeit auf die Hälfte reduzieren.

3. Inzwischen für die Hummer in einem hohen Topf reichlich Wasser mit dem grob geschnittenen Gemüse, Knoblauch und Salz zum Kochen bringen. Nacheinander beide Hummer kopfüber einlegen – dabei darauf achten, dass die Flüssigkeit jeweils wieder sprudelnd kocht –, jeden Hummer mindestens 10 Minuten kochen, noch 5 Minuten am Herdrand ziehen lassen und herausnehmen.

4. Die Scheren mit drehenden Bewegungen vom Rumpf trennen. Mit einem großen Messer den Rumpf der Länge nach halbieren, den Darm vorsichtig entfernen, das Fleisch auslösen und in Stücke schneiden. Die 4 Hälften der Schwanzkarkasse auf vorgewärmte Teller legen.

5. Die Taglierini in Salzwasser al dente garen und abgießen. Die Sauce mit den kalten Butterstücken aufmixen und mit Salz, Pfeffer und ein paar Tropfen Zitronensaft würzen.

6. Die Taglierini mit dem Hummerfleisch in der Weißwein-Butter-Sauce wenden und in die Hummerkarkassen füllen. Je 1 Schere daneben anrichten und mit Basilikumblättern garniert servieren.

Grüne Tagliatelle mit Jakobsmuscheln

250 g grüner Nudelteig

80 g Schalotten, 1 Knoblauchzehe

50 g Stangensellerie, 250 g Tomaten

3 EL gutes Olivenöl, 1/2 TL Salz, Pfeffer

1/2 TL Thymianblättchen

1 EL gehackte Petersilie, 1/8 l Weißwein

300 g ausgelöste Jakobsmuscheln (mit Corail)

100 g kleine, geschälte Garnelen

1. Den Teig ausrollen und in 5 mm breite Tagliatelle schneiden. Schalotten und Knoblauch schälen und beides sehr fein hacken. Stangensellerie fein würfeln. Tomaten blanchieren, häuten, halbieren, die Samen entfernen, das Fruchtfleisch würfeln.

2. Öl erhitzen und die Schalotten, Knoblauch sowie den Stangensellerie darin anschwitzen. Tomaten zufügen, salzen und pfeffern. Die Kräuter einstreuen und den Weißwein zugießen. Alles 2 bis 3 Minuten köcheln lassen. Von den Jakobsmuscheln das Muskelfleisch und Corail trennen und das Fleisch einmal quer halbieren. Zusammen mit den Garnelenschwänzen im Sugo 3 bis 4 Minuten kochen, bis die Meeresfrüchte gar sind.

3. In der Zwischenzeit die Nudeln in Salzwasser al dente garen, abseihen, mit dem Sugo vermischen und sofort servieren.

Vom Feinsten
Krustentiere & Trüffel

Sepianudeln mit Flusskrebsen

400 g schwarze Bandnudeln (Sepianudeln)

24 mittelgroße Flusskrebse (je etwa 70 g), Salz

Für die Sauce:

4 EL Pflanzenöl

50 g Petersilienwurzel, geputzt, grob gewürfelt

je 100 g Lauch, Möhre und Stangensellerie, geputzt und grob geschnitten

2 cl Cognac, 1 Lorbeerblatt, 1 TL Salz

1/2 TL Pfefferkörner, 1/8 l trockener Weißwein

je 50 g Möhre und Stangensellerie, in feine Streifen (Julienne) geschnitten

1/4 l Sahne, frisch gemahlener Pfeffer

Außerdem:

Kerbelblättchen zum Garnieren

1. Die Krebse nacheinander in kochendem Salzwasser etwa 6 Minuten garen. Abgießen und kalt abbrausen. Die Schwänze ausbrechen, den Darm behutsam herausziehen und das Fleisch der Scheren auslösen, sofern sie groß genug sind.

2. Für die Sauce das Öl erhitzen und das Gemüse bei starker Hitze anbraten. Die Krebskarkassen zerkleinern und unter Rühren scharf mitbraten. Mit Cognac ablöschen. Lorbeerblatt, Salz und Pfefferkörner zufügen und unter Rühren kurz mitbraten. Mit kaltem Wasser aufgießen, bis die Karkassen von Flüssigkeit bedeckt sind.

3. Die Mischung etwa 40 Minuten köcheln; zwischendurch den aufsteigenden Schaum abschöpfen. Flüssigkeit durch ein Spitzsieb gießen – aber nicht durchdrücken, damit der Fond klar bleibt. Den Fond auf etwa 1/8 l einkochen, Weißwein zugießen und wieder auf etwa 1/8 l reduzieren. Die Möhren- und Selleriejulienne zufügen und die Sahne angießen. Weitere 3 bis 4 Minuten köcheln und das Krebsfleisch in der Sauce erwärmen.

4. Die Sepianudeln al dente kochen, abgießen, mit der Sauce vermischen und würzen. Auf 4 Teller verteilen, jeweils mit einer Krebsnase samt Scheren und Kerbelblättchen garnieren.

Attraktiv: Sepianudeln mit Krebsschwänzen. Auch Scampi (Kaisergranate) können für dieses Gericht verwendet werden.

Tajarins mit Ragout vom Hummer

300 g frische Tajarins

1 Hummer von etwa 800 g oder 2 Portionshummer von je 500 g

Für die Court-Bouillon:

je 100 g Lauch, Möhre und Stangensellerie, geputzt und grob gewürfelt

1 ungeschälte, angedrückte Knoblauchzehe

2 Lorbeerblätter, 1 Bund Petersilie, 2 EL Salz

Für die Sauce:

1/2 l Fischfond, 2 Estragonstiele

2 Petersilienstiele, 4 Pfefferkörner

1/4 l Sahne, 1/8 l Champagner, 20 g kalte Butter

Außerdem:

4 kleine Zucchini mit Blüte, 20 g Butter, Salz

frisch gemahlener Pfeffer, 4 EL Kaviar

1. Für die Court-Bouillon Gemüse, Knoblauch, Lorbeerblätter, Petersilie und Salz in 4 l Wasser 15 Minuten kochen.

2. Den Hummer Kopf voran in die sprudelnd kochende Brühe einlegen und 15 Minuten gar ziehen lassen, herausnehmen und abkühlen lassen (Portionshummer nur 10 bis 12 Minuten). Das Fleisch auslösen und in Stücke schneiden.

Zarte Tajarins sind die passenden Begleiter für den edlen Hummer in feiner Champagnersauce. Und Kaviar rundet das exquisite Arrangement perfekt ab.

Raffiniert | *In jedem Nudelblatt verbirgt sich eine hauchdünne Trüffelscheibe. Schichtet man Fazzoletti und Füllung exakt aufeinander, ist dieses Gericht nicht nur ausgesprochen köstlich, sondern auch ein optisches Highlight.*

3. Für die Sauce den Fischfond mit Kräutern und Pfefferkörnern erhitzen, auf 5 bis 6 EL reduzieren. Durch ein Sieb passieren, Sahne zugießen, einige Minuten köcheln lassen, Champagner zugießen und nochmals kurz köcheln. Butter zufügen und die Sauce mit dem Stabmixer aufschlagen. Zucchini in Butter weich dünsten, salzen und pfeffern.

4. Tajarins al dente kochen und abgießen. Zu vier Portionen aufdrehen, auf Teller verteilen. Hummerstücke im Dampf erhitzen, neben den Nudeln anrichten, mit der Sauce umgießen, mit 1 EL Kaviar garnieren und mit den Zucchini servieren.

Trüffel-Fazzoletti mit Meeresfrüchten

Für die Nudeln:

500 g Maisnudelteig

1 Sommertrüffel (25 g)

Für die Füllung:

2 gekochte Hummer- oder Langustenschwänze (je etwa 400 g)

400 g Doradenfilet

je 250 g gelbe und rote Tomaten, gehäutet

80 g Butter, Salz, frisch gemahlener Pfeffer

50 g Zwiebel, fein gehackt

Außerdem:

1 Sommertrüffel von etwa 20 g, 40 g Butter

Salz, gemahlener Pfeffer, Basilikumblättchen

1. Den Teig in Folie wickeln und 1 Stunde ruhen lassen. Die Trüffel sorgfältig mit einer Bürste von der anhaftenden Erde befreien. Wo dies aufgrund tiefer Furchen nicht möglich ist, die Pilze sparsam schälen. Falls nötig, die Trüffel kurz waschen und in hauchdünne Scheiben hobeln.

2. Den Nudelteig mit der Maschine zu 5 bis 6 mm dicken Platten ausrollen, Trüffelscheiben auflegen und weiterarbeiten, wie rechts gezeigt *[siehe a und b]*. Teigstreifen längs und quer zwischen den Trüffelreihen durchschneiden und weiter ausrollen *[siehe c]*, so dass sich Quadrate von 10 cm Kantenlänge ergeben. Kurz trocknen lassen.

3. Das Fleisch der Krustentiere vorsichtig auslösen, jeweils den Darm entfernen und das Hummer- oder Langustenfleisch in nicht zu dicke Scheiben schneiden. Das Doradenfilet längs halbieren und in Streifen schneiden. Das Tomatenfruchtfleisch würfeln.

4. Die Butter zerlassen und Hummer- oder Langustenscheiben darin von beiden Seiten kurz braten. Mit Salz und Pfeffer würzen, herausnehmen. Die Doradenstreifen ebenfalls kurz in Butter braten und herausnehmen. Zwiebelwürfel in der verbliebenen Butter glasig schwitzen, Tomaten 3 bis 4 Minuten mitschwitzen. Krustentierscheiben und Die Doradenstreifen zufügen, vorsichtig durchschwenken, salzen und pfeffern.

5. Die Trüffel-Fazzoletti al dente garen, herausheben und gut abtropfen lassen. Abwechselnd je zwei Nudelblätter und zweimal Ragout aufschichten. Jeweils ein drittes Nudelblatt auflegen. Die geputzte Trüffel für die Garnitur in Scheiben hobeln, kurz in zerlassener Butter braten, leicht salzen, pfeffern und mit etwas Ragout auf dem dritten Nudelblatt verteilen. Mit Basilikum garnieren.

a | **Trüffel-Fazzoletti herstellen:** Die Trüffelscheiben mit einer Teigbahn abdecken.

b | Mit dem Nudelholz überrollen und erneut mit der Nudelmaschine ausrollen.

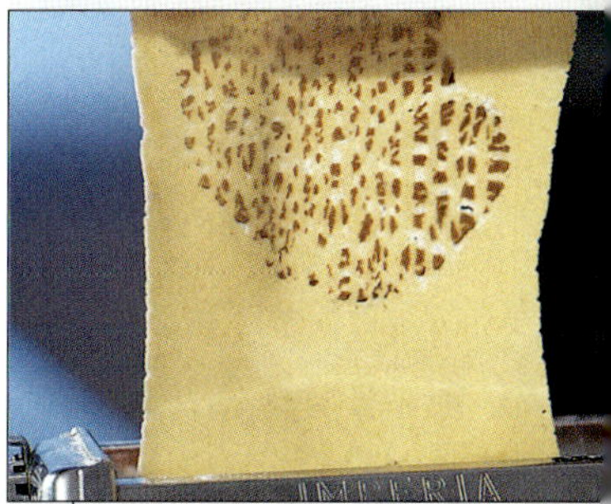

c | Die Teigstreifen mit der Nudelmaschine auf die zweitdünnste Stärke ausrollen.

Die süß-pikante Füllung der Hefeklöße aus Backpflaumen und Speck ist mit Sojasauce gewürzt. Sie harmoniert sehr gut mit asiatischem Seafood und Gemüse.

Die malaiischen Glasnudeln mit Seafood werden traditionell auf Bananenblättern serviert. Natürlich schmecken sie auch aus einer Schale oder dem Suppenteller.

Süß-pikant oder scharf

Fischeintopf mit Dumplings

250 g Möhren, 80 g Ingwerwurzel

10 geröstete Korianderkörner

1,2 l kräftige, klare Hühnerbrühe

Für die Füllung:

40 g geräucherter Bauchspeck

8 Backpflaumen, entsteint

1 EL Erdnussöl

25 g Schalotte, gewürfelt

je 4 EL helle und dunkle Sojasauce

Für die Hefeklöße:

250 g Mehl, 15 g Hefe, 3 EL Zucker

100 ml warmes Wasser, Salz

Für die Einlage:

12 frische Shiitake-Pilze

1 Bund Frühlingszwiebeln

je 1 rote und grüne Chilischote

2 EL Erdnussöl

je 250 g Seeteufel-, Rochenflügel- und Tunfischfilets, alles gewürfelt

3 EL Sesamöl

1/2 Bund Koriandergrün

je 1 EL Olivenöl und Limettensaft

Salz, frisch gemahlener Pfeffer

1. Möhren und Ingwer schälen und fein würfeln, mit den Korianderkörnern in der Bouillon zum Kochen bringen und etwa 40 Minuten offen köcheln lassen. Durch ein Sieb gießen. Gemüse und Koriander entfernen.

2. Speck und Pflaumen fein würfeln. Erdnussöl erhitzen und darin Speck, Pflaumen sowie Schalottenwürfel anbraten. Beide Sojasaucen zugießen und im offenen Topf unter Rühren vollständig einkochen lassen. Kalt stellen.

3. Das Mehl in eine Schüssel geben, Hefe mit Zucker im warmen Wasser auflösen. Das Hefewasser mit dem Mehl und Salz zu einem festen, aber elastischen Teig verkneten. Nach Bedarf noch warmes Wasser zufügen. Den Teig mit Mehl bestauben und zugedeckt 1 bis 2 Stunden gehen lassen.

4. Für die Einlage Pilze und Frühlingszwiebeln putzen und in Spalten beziehungsweise Ringe schneiden. Das Chilifruchtfleisch fein hacken. Alles in heißem Erdnussöl anbraten. Die Fischfilets leicht salzen und separat in heißem Sesamöl ringsum etwa 5 Minuten bei Mittelhitze braten.

5. Die Korianderblättchen abzupfen, mit dem Olivenöl und Limettensaft verrühren; beiseite stellen.

6. Den Hefeteig in 12 gleich große Stücke teilen, in der Handfläche leicht flach drücken und jeweils 1 TL Pflaumenfüllung in die Mitte setzen. Den Teig zusammenklappen und zu Knödeln formen. Nochmals 10 Minuten ruhen lassen. In einem Topf mit Dämpfeinsatz etwa 10 Minuten dämpfen. Herausheben und warm stellen.

7. Die Brühe erhitzen, Fisch und Pilz-Gemüse-Mischung darin kurz ziehen lassen. Mit Salz und Pfeffer würzen und den Eintopf in tiefe Teller schöpfen, je 3 Klöße einlegen. Das Koriander- Limetten-Öl darüber träufeln und den Eintopf sofort servieren.

Glasnudeln mit Seafood

100 g Glasnudeln

Für die Seafood-Mischung:

4 Red-Snapper-Filets (je etwa 150 g)

2 Knoblauchzehen, 120 g Zwiebeln

4 rote Chilischoten, ohne Samen

120 g Bohnensprossen, 4 EL Öl

200 g kleine Garnelenschwänze

200 g Tintenfischringe

50 g rote Paprikawürfel

2 EL helle Sojasauce

1 EL dunkle Sojasauce

1 EL Austernsauce, Salz, Pfeffer

Außerdem:

30 g Frühlingszwiebelringe

Koriandergrün zum Garnieren

1. Die Fischfilets in 2 cm große Würfel schneiden. Knoblauch und Zwiebeln schälen, den Knoblauch hacken, die Zwiebeln in Ringe schneiden. Das Chilifruchtfleisch fein würfeln. Bohnensprossen kalt abbrausen und gut abtropfen lassen.

2. Glasnudeln in einer Schüssel mit kochendem Wasser übergießen und darin 2 bis 3 Minuten ziehen lassen. Abgießen, kalt abschrecken und die Glasnudeln gut abtropfen lassen.

3. Das Öl im Wok erhitzen und die Snapperstücke darin von allen Seiten anbraten. Garnelen und Tintenfischringe unter ständigem Rühren mitbraten. Den Wokinhalt mit dem Schaumlöffel herausheben und warm stellen. Knoblauch- und Chiliwürfel mit den Zwiebelringen im verbliebenen Öl anschwitzen. Paprikawürfel und Bohnensprossen 2 Minuten unter Rühren mitbraten. Die Mischung aus Snapper, Tintenfisch und Garnelen mit dem Gemüse im Wok vermengen, mit den Saucen würzen und nach Bedarf salzen und pfeffern.

4. Nudeln vorsichtig untermischen. Das Gericht auf Bananenblättern oder Tellern anrichten, mit Frühlingszwiebelringen und Koriandergrün garnieren und servieren.

Fleisch Wild & Geflügel

Herzhafte mit viel Geduld auf kleiner Flamme geschmorte Ragouts ergänzen Nudeln mit viel Biss aufs Beste. Besonders würzig und ein guter Tipp für die Saison sind Wildschwein, Reh oder auch Wildgeflügel, die man mit Pasta – etwa mit den gefüllten und aufgerollten Polenta-Pappardelle – einmal ganz anders auf den Tisch bringen kann.

Spaghetti rund & eckig

Zwei herzhafte Pasta-Gerichte mit Speck, die zudem noch im Handumdrehen zubereitet sind. Die vierkantigen Spaghetti gibt's fertig zu kaufen, man kann sie aber auch selbst machen. Sie werden auf einem speziellen Schneidegerät, der »chitarra« (Gitarre) hergestellt, dem sie auch ihren Namen verdanken. Wer die Spaghetti alla chitarra frisch zubereiten möchte und keine solche »chitarra« besitzt, kann sie natürlich auch selber mit einem scharfen Messer schneiden.

Spaghetti carbonara

400 g Spaghetti

200 g Pancetta, ersatzweise durchwachsener Speck

1 Knoblauchzehe, 2 EL Olivenöl, 4 Eier

je 40 g frisch geriebener Parmesan und Pecorino

Salz, frisch gemahlener Pfeffer

Außerdem:

30 g frisch gehobelter Parmesan

grob gemahlener Pfeffer

Basilikumblättchen, in dünnen Streifen

1. Pancetta fein würfeln. Knoblauch schälen. In einem großen Topf das Öl erhitzen und den Speck darin knusprig braten. Knoblauch dazupressen und kurz mitbraten.

2. In einer Schüssel Eier und geriebenen Käse mit einem Schneebesen kräftig aufschlagen, mit Salz und Pfeffer herzhaft würzen.

3. Spaghetti bissfest garen, abtropfen lassen, zum Speck in den Topf geben und gut vermengen. Die Ei-Käse-Masse zufügen, gut unterrühren. In vorgewärmte Teller verteilen, mit gehobeltem Parmesan, Pfeffer und Basilikumstreifen garnieren und die Spaghetti carbonara sofort servieren.

Spaghetti alla chitarra

400 g Spaghetti alla chitarra

Für die Sauce:

1 kg reife Flaschentomaten

200 g Pancetta

70 g Zwiebel

4 EL Olivenöl

Salz, frisch gemahlener Pfeffer

Außerdem:

100 g frisch geriebener Pecorino

30 kleine, frische Basilikumblätter

1. Für die Tomaten-Speck-Sauce zunächst die Tomaten blanchieren, kalt abschrecken und häuten. Stielansätze und Samen entfernen und das Fruchtfleisch der Tomaten klein würfeln. Die Pancetta zuerst in Scheiben und dann quer in kurze Streifen schneiden. Die Zwiebel schälen und in dünne Ringe schneiden.

2. In einem Topf das Olivenöl erhitzen und die Pancettastreifen sowie die Zwiebelringe darin leicht Farbe nehmen lassen. Die Tomatenwürfel zufügen und alles bei geringer Hitze 15 Minuten im geschlossenen Topf köcheln lassen.

3. Den Deckel abnehmen und die Sauce noch 45 Minuten im offenen Topf köcheln lassen. Kurz vor Ende der Garzeit die Sauce mit Salz – vorsichtig, der Speck kann auch schon salzig sein – und Pfeffer aus der Mühle würzen.

4. Die Spaghetti in kochendem Salzwasser al dente garen und abgießen. Sofort mit einem Teil der Sauce vermischen, in vorgewärmten tiefen Tellern anrichten. Die restliche Sauce darüber verteilen. Mit dem geriebenen Käse bestreuen, mit Basilikumblättchen garnieren und die Spaghetti alla chitarra sofort servieren.

→ **Pancetta**
Der luftgetrocknete italienische Schweinebauch ist nötig, wenn die beiden Pasta-Gerichte wirklich original schmecken sollen. Pancetta ist inzwischen schon vielerorts erhältlich. Wer das italienische Original aber dennoch nicht bekommt, kann statt dessen geräucherten Schweinebauch verwenden, er ist ein guter Ersatz, auch wenn das Ergebnis geschmacklich nicht ganz dasselbe ist.

→ **Bei der klassischen »Chitarra«** handelt es sich um einen Holzrahmen, bei dem an der Ober- und Unterseite Drähte aufgespannt sind. Die Teigplatte wird auf die Drähte gelegt und mit dem Nudelholz durchgerollt. Die geschnittenen Spaghetti fallen dann ins Innere des Rahmens und werden dabei von einem Brett aufgefangen.

Zweimal köstliche Pasta mit Haus- und Wildgeflügel

Wer die im ersten Rezept vorgesehenen Stubenkükenbrustfilets nicht bekommt, kann ersatzweise auch Hühnerbrustfilets verwenden, in dem Fall genügen jedoch 4 Stück (insgesamt sollten es etwa 500 g sein).

Stubenkükenbrust auf Tortiglioni all'arrabbiata

300 g Tortiglioni, 60 g rote Zwiebel

2 bis 4 rote Chilischoten, 2 Knoblauchzehen

8 EL Olivenöl, 1/2 l Tomatensugo

Salz, frisch gemahlener Pfeffer

8 Stubenkükenbrustfilets mit Haut und Flügelknochen (insgesamt etwa 500 g)

8 bis 12 Salbeiblätter

2 EL gehackte Petersilie, 1 EL Pesto

60 g frisch geriebener Parmesan

1. Die Zwiebel schälen und fein würfeln. Chilischoten vom Stielansatz befreien und in feine Ringe schneiden, dabei die Samen entfernen. Knoblauch schälen und durch die Presse drücken.

2. In einer Kasserolle 4 EL Olivenöl erhitzen und Zwiebel, Chili und Knoblauch darin einige Minuten unter Rühren anschwitzen. Den Tomatensugo zugießen, salzen und pfeffern und alles bei geringer Hitze 15 Minuten köcheln lassen.

3. Stubenkükenbrustfilets mit Salz und Pfeffer einreiben und auf der Hautseite im restlichen erhitzten Öl kräftig anbraten. Jeweils mit einem Salbeiblatt belegen, fest in Alufolie wickeln und die Brustfilets im vorgeheizten Ofen bei 180 °C in etwa 6 Minuten fertig garen.

4. Nudeln in reichlich Salzwasser bissfest garen, abgießen. Petersilie in den Sugo einrühren, die Nudeln untermischen und auf vorgewärmte Teller verteilen. Kükenbrustfilets aus der Folie wickeln, auf den Nudeln anrichten und mit etwas Pesto garnieren. Den Parmesan getrennt dazureichen.

Fasan mit Barolo und Kräuter-Farfalle

Für das Fasanenragout:

2 Fasane von je 1 kg (küchenfertig zerlegt)

80 g Schalotten, 50 ml Olivenöl

je 40 g Möhre, Lauch, Knollensellerie und Petersilienwurzel, geputzt und grob gewürfelt

300 g Tomaten, 1/2 l Barolo

1/2 l erhitzter Wildgeflügelfond oder kräftige Hühnerbrühe

Salz, Pfeffer, 2 Lorbeerblätter

je 10 Wacholderbeeren und Pfefferkörner

1 Sternanis, 4 Gewürznelken

4 Thymianzweige

Raffiniert | *Für die herrlich kräftige Sauce werden die Fasanenkeulen in Barolo geschmort, die Brust hingegen brät man separat – so bleibt sie wunderbar zart. Und dazu gibt es selbst gemachte Farfalle, bei denen mediterran aromatisierte Butter mit in den Teig kommt und diesen besonders geschmackvoll und geschmeidig macht.*

Für die Fasanenbrüste:
Salz, frisch gemahlener Pfeffer
10 zerstoßene Wacholderbeeren
2 bis 3 EL Olivenöl, 40 g Butter
8 Thymianzweige, 4 EL gehackte Petersilie
Für die Kräuterbutter-Farfalle:
40 g Butter, 6 fein gehackte Salbeiblätter
je 3 EL gehackte Rosmarinnadeln und Thymianblättchen
125 g Mehl, 125 g Hartweizengrieß
1 Ei, 1 Eigelb, 2 EL kaltes Wasser, Salz

1. Fasanenkeulen halbieren, die Karkassen grob zerhacken, die Brüste zugedeckt bis zur weiteren Verwendung kalt stellen.

2. Schalotten für das Ragout schälen und würfeln. Das Öl in einem großen Topf erhitzen und die Keulen, Karkassen, Schalotten mit dem gewürfelten Suppengemüse und den geviertelten Tomaten darin unter Rühren scharf anrösten. Mit jeweils 1/3 des Weins auf 3-mal ablöschen, dabei den Wein jedesmal fast vollständig verdampfen lassen. Den heißen Fond angießen, die Gewürze zufügen und alles im offenen Topf etwa 40 Minuten schmoren.

3. In der Zwischenzeit für die Farfalle die Kräuterbutter herstellen: Butter zerlassen, Kräuter einrühren und bei geringer Hitze unter Rühren garen, wie rechts gezeigt *[siehe a]* – die Butter darf dabei nicht braun werden! Vom Herd nehmen, abkühlen lassen und durch ein Sieb gießen *[siehe b]*.

4. Aus Mehl, Grieß, Ei, Eigelb, Wasser, Salz und der Kräuterbutter einen geschmeidigen Teig kneten. In Folie wickeln und 1 Stunde ruhen lassen.

5. Nudelteig auf einer bemehlten Arbeitsfläche dünn ausrollen. Mit einem gezackten Teigrädchen Rechtecke von 5 x 4 cm ausradeln. In der Mitte mit einem Tropfen Wasser anfeuchten, die Rechtecke zu »farfalle« (»Schmetterling«) zusammendrücken und etwas antrocknen lassen.

6. Fasanenkeulen herausnehmen, Schmorfond durch ein Sieb gießen, Knochen entfernen und das Gemüse gut ausdrücken. Die Sauce salzen und pfeffern. Keulenfleisch von den Knochen lösen, klein schneiden und in die Sauce zurücklegen.

7. Reichlich Salzwasser zum Kochen bringen und die Farfalle darin etwa 5 Minuten garen. Das Ragout erhitzen. Nudeln abgießen, gut abtropfen lassen und wie das Ragout warm halten.

8. Fasanenbrüste mit Salz, Pfeffer und Wacholder würzen. Im heißen Öl beidseitig kurz scharf anbraten. Jeweils 2 Brustfilets mit einem Stück Butter und 2 Thymianzweigen in Alufolie wickeln und im vorgeheizten Ofen bei 140 °C etwa 8 Minuten garen.

9. Farfalle auf Teller verteilen, das Ragout darauf anrichten. Die Fasanenbrustfilets in gut 1 cm dicke Scheiben schneiden und neben das Ragout legen. Mit Petersilie bestreuen und servieren.

Tipp: Um den Kräutergeschmack zu verstärken, können Sie einen Teil der gehackten Kräuter aus der Butter unter den Nudelteig mischen.

a **Kräuterbutter zubereiten:** Die Kräuter 2 Minuten mild garen.

b Die etwas abgekühlte Kräuterbutter durch ein Sieb gießen.

Echte Delikatessen: Pasta mit Leber oder Wachtel

Fettuccine mit Kalbs- und Gänsestopfleber

350 g frischer Nudelteig Nr. 1

Für die Kalbsleber-Sauce:

40 g Schalotten, 1 Knoblauchzehe

1/2 l Rinderbrühe, 200 ml Rotwein

2 Lorbeerblätter, 4 Wacholderbeeren

2 Stück Sternanis, 2 EL Senfkörner

je 1 Zweig Rosmarin und Thymian

500 g Kalbsleber am Stück (geputzt)

100 ml guter Balsamico-Essig

1 EL Maisstärke, Salz, gemahlener Pfeffer

1 TL Zucker, 2 EL geschlagene Sahne

150 g frische Gänsestopfleber

Mehl zum Wenden, 3 EL Olivenöl

2 EL gehackte Petersilie

1. Schalotten schälen und in Scheiben schneiden. Knoblauch schälen und halbieren. Brühe und Rotwein in einen Topf gießen, Schalotten, Knoblauch, Lorbeer, Wacholder, Sternanis, Senfkörner, Rosmarin und Thymian zufügen. Alles zum Kochen bringen, die Kalbsleber einlegen und halb zugedeckt bei geringer Hitze etwa 15 Minuten sieden, dabei öfters den Schaum abschöpfen.

2. Die Leber herausnehmen, etwas abkühlen lassen und in kleine Würfel schneiden. Den Balsamico in die Brühe gießen und die Flüssigkeit auf etwa die Hälfte einkochen lassen, es sollten 350 bis 400 ml sein. Die Sauce durch ein Sieb gießen und erneut aufkochen. Maisstärke mit wenig kaltem Wasser anrühren und die kochende Sauce damit binden. Mit Salz, Pfeffer und Zucker würzen.

3. Nudelteig dünn ausrollen und in etwa 2 cm breite Fettuccine schneiden. Diese in Salzwasser bissfest garen, abgießen und warm halten.

4. Die Sahne in die Sauce einrühren und die Leberwürfel wieder in die Sauce geben. Gänsestopfleber 1 cm groß würfeln, leicht salzen. In Mehl wenden und im heißen Öl kurz ringsum braten.

5. Die Fettuccine in vorgewärmte tiefe Teller legen, die Kalbsleber-Sauce darüber verteilen. Die Gänsestopfleberwürfel sowie die Petersilie darüber streuen und sofort servieren.

Gestreifte Fazzoletti mit Ragout von Wachteln

Für den hellen Nudelteig:

150 g Weizenmehl, 1 Ei, 1 Eigelb

1 TL Olivenöl, 1/4 TL Salz

Für den grünen Nudelteig:

10 g Spinatmatte, 160 g Mehl, 5 bis 6 Eigelbe

1 EL Olivenöl, 1/2 TL Salz, 40 g Butter

frisch geriebene Muskatnuss

Für das Wachtelragout:

4 küchenfertige Wachteln (je etwa 170 g), Salz

Pfeffer, 60 g Schalotten, 2 Knoblauchzehen

60 g Stangensellerie

30 g Petersilienwurzel, 30 g Möhre

50 g durchwachsener Räucherspeck

2 EL Öl, 1 TL Mehl, 1/4 l Geflügelfond

2 EL gehackte Petersilie

Für die Tomatensauce:

600 g vollreife Tomaten, 15 Basilikumblättchen

75 g Butter, Salz, frisch gemahlener Pfeffer

Außerdem:

20 g Butter, 120 g kleine, geputzte Pfifferlinge

Salz, frisch gemahlener Pfeffer

1. Aus den angegebenen Zutaten einen hellen sowie einen grünen Nudelteig herstellen. Die Teige jeweils in Folie wickeln und 1 Stunde ruhen lassen.

2. Die Wachteln für das Ragout gut waschen, abtropfen lassen und trockentupfen. Keulen und Flügel auslösen und ganz lassen. Die Brüste ebenfalls auslösen. Die Wachtelteile leicht salzen und pfeffern, zugedeckt kühl stellen. Die Schalotten schälen und sehr fein hacken. Knoblauch schälen und fein hacken. Stangensellerie, Petersilienwurzel und Möhre schälen und fein würfeln. Speck ebenfalls in kleine Würfel schneiden.

3. Das Öl in einer Pfanne erhitzen und die Schalotten hell anschwitzen. Gewürfeltes Gemüse 2 bis 3 Minuten mitschwitzen, herausnehmen und beiseite stellen. Den Speck im verbliebenen Öl anbraten, Wachtelteile zufügen und bei starker Hitze ringsum anbraten. Knoblauch einrühren und alles mit Mehl bestauben, 3 bis 4 Minuten braten. Mit Fond ablöschen und im offenen Topf schmoren, bis das Fleisch gar und die Flüssigkeit auf die Hälfte reduziert ist. Petersilie einrühren und würzen.

4. Inzwischen die Tomaten für die Sauce blanchieren, häuten, halbieren, Samen und Stielansatz entfernen und das Fruchtfleisch klein würfeln. Basilikum grob zerpflücken. Die Butter zerlassen, Tomatenwürfel darin anschwitzen, 5 Minuten dünsten lassen, mit Salz und Pfeffer würzen und Basilikum einrühren. Die Tomatensauce bis zur weiteren Verwendung warm halten.

5. Beide Teige mit der Maschine ausrollen – etwas stärker als die Fazzoletti werden sollen – und die Teigplatten in 1,5 cm breite Streifen schneiden. Die Seitenränder mit Wasser befeuchten, helle und grüne Teigstreifen leicht überlappend aneinander legen und zu Teigplatten in der gewünschten Stärke ausrollen. Den gestreiften Nudelteig in 12 Rechtecke von 10 x 8 cm schneiden. Die Fazzoletti in sprudelndes Salzwasser einlegen, Hitze reduzieren und 3 bis 4 Minuten garen. Herausheben und die Fazzoletti gut abtropfen lassen.

6. In einer kleinen Pfanne die Butter zerlassen und die geputzten Pfifferlinge darin einige Minuten braten, salzen und pfeffern.

7. Zum Anrichten je 1 Nudelblatt auf einen vorgewärmten Teller legen. Jeweils 1/4 der Tomatensauce darauf verteilen. Das nächste Nudelblatt auflegen und mit je 1/4 des Wachtelragouts belegen. Mit einem Nudelblatt abschließen und darauf die Pfifferlinge verteilen. Einige neben die gefüllten Fazzoletti legen, mit etwas Wachtelsauce beträufeln, mit Petersilie garnieren und servieren.

Lauwarmes Kalbsbries und Gemüse geben diesem leichten Nudelsalat eine besondere Note.

Die Maccheroni bekommen durch das Gratinieren mit Parmesan richtig Geschmack. Sie begleiten das gut gewürzte Kalbsbries aufs Beste.

Zweierlei Kalbsbries mal lauwarm, mal heiß

Lauwarmes Kalbsbries mit Spargel und Nudeln

je 50 g grüne und weiße Somen (japanische Hartweizennudeln), Salz

Für den Salat:

200 g Kalbsbries, 100 g grüne Spargelspitzen

100 g Champignons, 1 Eissalatherz

60 g Zuckerschoten, Salz, Pfeffer, 20 g Butter

8 Cocktailtomaten, halbiert

Für die Salatsauce:

40 g rote Zwiebelwürfel, 2 EL Knoblauchessig

1 EL Trüffelöl, 1 EL neutrales Pflanzenöl

Salz, frisch gemahlener Pfeffer

Außerdem:

1/2 TL zerstoßene rote Pfefferkörner

8 Kapuzinerkresseblättchen und 4 Blüten

1. Bries 2 Minuten blanchieren, von Haut und Sehnen befreien und in Scheiben schneiden. Spargelspitzen 4 Minuten kochen, kalt abschrecken. Pilze häuten, längs in dünne Scheiben schneiden. Das Salatherz zerpflücken. Zuckerschoten in Rauten schneiden, blanchieren und kalt abschrecken.

2. Die grünen Nudeln 2 Minuten in Salzwasser kochen, die weißen 1 Minute mitkochen, abschütten und kurz abbrausen. Bries salzen und pfeffern, in der Butter 2 Minuten von jeder Seite braten.

3. Zutaten für die Sauce verrühren. Salatzutaten vermengen, mit dem lauwarmen Bries auf Tellern anrichten, mit der Sauce beträufeln, mit Pfeffer bestreuen und mit Kapuzinerkresse garnieren.

Kalbsbries auf gratinierten Maccheroni

1/2 l Kalbsfond, 500 g Kalbsbries

1/2 TL Salz, frisch gemahlener weißer Pfeffer

1/2 TL edelsüßes Paprikapulver, 30 g Butter

Für die gratinierten Maccheroni:

300 g Maccheroni, Salz, 60 g Butter

60 g frisch geriebener Parmesan

2 EL fein gehackte Kräuter (Petersilie, Thymian)

Für die Schalottensauce:

80 g Schalotten, 40 g Möhre

40 g Stangensellerie, 1/2 Knoblauchzehe

3 EL Olivenöl, 2 EL Aceto Balsamico

Außerdem:

80 g Zuckerschoten, 4 Kapuzinerkresseblüten

1. Kalbsfond zum Kochen bringen und auf etwa 1/5 reduzieren. Kalbsbries in kochendem Wasser blanchieren, die Haut sorgfältig abziehen und das Bries in 1 cm dicke Scheiben schneiden.

2. Die Maccheroni in sprudelndem Salzwasser al dente garen. Abgießen und gut abtropfen lassen, Butter zerlassen und damit 4 feuerfeste Teller ausstreichen. Die Maccheroni spiralförmig einlegen und mit der restlichen Butter beträufeln. Parmesan mit Kräutern vermischen und darüber streuen.

3. Die Schalotten für die Sauce schälen und würfeln. Möhre und Stangensellerie putzen und sehr fein würfeln. Knoblauch schälen, fein hacken. Das Öl in einer Pfanne erhitzen und darin Schalotten anschwitzen, Möhre, Stangensellerie und Knoblauch einige Minuten mitschwitzen. Aceto Balsamico angießen, den reduzierten Kalbsfond zugießen und alles auf die Hälfte reduzieren. Die Sauce vom Herd nehmen.

4. Kalbsbriesscheiben mit Salz, weißem Pfeffer und Paprikapulver würzen. In einer zweiten Pfanne die Butter zerlassen und die Briesscheiben darin von beiden Seiten 2 bis 3 Minuten braten.

5. Inzwischen die Maccheroni unter dem heißen Grill kurz gratinieren. Das Kalbsbries in der Schalottensauce mit den in Streifen geschnittenen Zuckerschoten erwärmen. Kalbsbries mit der Sauce auf den gratinierten Maccheroni anrichten, mit je einer Kapuzinerblüte garnieren und servieren.

Breite Nudeln mit würzigem Wildragout

Selbst gemachte Nudeln mit viel Biss und geschmortes Wild passen von jeher gut zusammen. Hier zwei besonders feine Rezepte, die es sich in der Wildsaison auszuprobieren lohnt.

Polenta-Pappardelle mit Wildschwein

Für die gefüllten Polenta-Pappardelle:

100 g Mehl, 200 g feiner Maisgrieß, 3 Eier
1 EL Olivenöl, Salz, 80 g geröstete Pinienkerne
2 EL fein gehackte Thymianblättchen
150 g Mascarpone, 1 Eigelb, Pfeffer
3 EL frisch geriebener Parmesan

Für das Wildschweinragout:

1 kg Wildschweinkeule, ohne Knochen
70 g Zwiebel, 3 EL Olivenöl
1 EL Tomatenmark, 1 EL Mehl
Salz, Pfeffer, 0,7 l trockener Rotwein
1/2 l Geflügelbrühe, 3 Lorbeerblätter
je 2 Rosmarin- und Thymianzweige
80 g Stangensellerie
150 g Möhren, 60 rote Zwiebel
2 EL gehackte Petersilie
20 g Zucker, 2 EL Aceto Balsamico
60 g halbierte Walnusskerne

Außerdem:

Zahnstocher, 1 EL Olivenöl

1. Aus Mehl, Maisgrieß, Eiern, Öl, Salz und 1 EL Wasser einen Nudelteig herstellen. In Folie wickeln und den Teig 1 Stunde ruhen lassen. Ausrollen und den Nudelteig in 5 cm breite und 25 cm lange Pappardelle schneiden.

2. Nudelstreifen in ausreichend Salzwasser in etwa 5 Minuten halb fertig garen, kalt abschrecken und auf einem Küchentuch ausbreiten. Pinienkerne fein hacken und mit Thymian, Mascarpone und Eigelb vermischen. Salzen, pfeffern und jeden Nudelstreifen auf 2/3 der Länge mit etwas Füllung bestreichen. Pappardelle aufrollen und mit einem Zahnstocher feststecken. Die gefüllten und aufgerollten Pappardelle in eine gefettete feuerfeste Form legen, mit Parmesan bestreuen und bei 170 °C im vorgeheizten Ofen 15 Minuten backen.

3. Die Keule 2 cm groß würfeln. Zwiebel schälen und grob würfeln. Öl erhitzen und das Fleisch darin ringsum scharf anbraten. Zwiebel zufügen und braun braten. Tomatenmark und Mehl einrühren, salzen, pfeffern und mit Rotwein ablöschen.

4. Die Brühe angießen, Lorbeer, Rosmarin und Thymian zufügen, den Topf verschließen und das Ragout etwa 1 1/2 Stunden bei geringer Hitze schmoren. Inzwischen den Stangensellerie putzen, Möhren und rote Zwiebel schälen und alles klein würfeln. Das Gemüse 20 Minuten vor Ende der Garzeit zum Fleisch geben.

Unter südlicher Sonne gedeihen Kräuter wie Rosmarin extrem gut. Er entwickelt in den Mittelmeerländern ein wesentlich intensiveres Aroma als bei uns.

Rehgulasch mediterran: Wild lässt sich durchaus auch mit südlichen Aromen kombinieren – hier mit Rosmarin, Thymian, Knoblauch und Marsala.

5. Alles durch ein Sieb gießen. Die Kräuter entfernen und die Sauce auf etwa 1/3 einkochen lassen. Fleisch und Gemüse wieder einlegen, abschmecken und mit Petersilie bestreuen.

6. In einer Kasserolle den Zucker unter ständigem Rühren karamellisieren, Essig langsam einlaufen lassen und die Nüsse zugeben. Gut umrühren und die karamellisierten Walnüsse auf einem Stück Backpapier auskühlen lassen.

7. Polenta-Pappardelle auf vorgewärmte Teller legen, Wildschweinragout daneben anrichten und mit den karamellisierten Walnüssen garnieren.

Pappardelle mit Rehgulasch in Marsalasauce

VORBEREITUNG: Reh über Nacht marinieren.

350 g frische Pappardelle

20 Wacholderbeeren, 4 Nelken, 2 Lorbeerblätter, 10 Pfefferkörner, 1 EL Lebkuchengewürz

je 100 g Möhren, Lauch und Sellerie (geputzt)

50 g Fenchel (geputzt), 3 Knoblauchzehen

500 g sauber pariertes Rehgulasch

300 ml Marsala, 200 ml Rotwein

2 EL Aceto Balsamico

2 Rosmarin- und 4 Thymianzweige

8 Salbeiblätter, Salz, 4 bis 5 EL Olivenöl

3 geschälte Tomaten (aus der Dose)

1 TL Zucker nach Belieben

Außerdem:

60 g Butter, 3 bis 4 EL gehackte Petersilie

nach Belieben frisch geriebener Parmesan

1. Wacholder, Nelken, Lorbeer und grob zerstoßenen Pfeffer mit dem Lebkuchengewürz vermengen. Das geputzte Gemüse in grobe Stücke schneiden, Knoblauch schälen. Das Fleisch marinieren, wie rechts gezeigt. Gemüse, Knoblauch und Kräuter zufügen, alles gut vermengen und mindestens 6 Stunden, besser noch über Nacht zugedeckt im Kühlschrank durchziehen lassen.

2. Rehfleisch aus der Marinade nehmen, trockentupfen und salzen. Im heißen Öl von allen Seiten scharf anbraten, das abgetropfte Gemüse mitbraten. Tomaten zufügen, weiterbraten. Die Hälfte der Marinade zugießen und fast vollständig verdampfen lassen. Restliche Marinade zugießen, das Gulasch bei geringer Hitze zugedeckt 1 1/2 Stunden köcheln lassen. Falls die Sauce zu sehr einkocht, etwas Wasser oder Brühe zugießen.

3. Gemüse herausnehmen. Das Gulasch mit Salz und eventuell mit etwas Zucker abschmecken. Die Pappardelle in Salzwasser al dente garen, mit Butter und Petersilie vermischen und in vorgewärmte tiefe Teller verteilen. Das Rehgulasch darauf anrichten und den Parmesan separat dazu reichen.

Reh marinieren: Das Fleisch in eine Schüssel geben, die Gewürzmischung sowie die Kräuter zufügen und alles mit Marsala, Rotwein und Essig übergießen.

Asiatisches Kaninchen mit Glasnudeln

VORBEREITUNG: Die Hähnchenflügel 2 Stunden marinieren.

150 g Glasnudeln

Für das Kaninchenragout:

4 Kaninchenkeulen, 400 ml Geflügelbrühe

100 ml Sake, 60 g Ingwerwurzel

3 Stängel Zitronengras, 1 Chilischote

2 Stück Sternanis, 40 g Schalotten

1 Apfel (Granny Smith), 2 Knoblauchzehen

5 EL Erdnussöl, 1 bis 2 EL gelbe Currypaste

400 ml Kokosmilch, 2 bis 3 EL brauner Zucker

300 g Zucchini, 300 g rote Paprikaschoten

100 g Austernpilze

Für die gebratenen Hähnchenflügel:

6 Hähnchenflügel (insgesamt etwa 450 g)

1 Limette, Salz, 1 EL Currypulver

2 EL Sesamöl, Mehl zum Wenden

1 Ei, 80 g Cornflakes

Außerdem:

Palmfett zum Ausbacken der Flügel

3 Stängel Thai-Basilikum

1. Kaninchenkeulen in einen Topf legen. Geflügelbrühe mit Sake vermischt darüber gießen. Ingwer schälen und 40 g grob würfeln. 2 Zitronengrasstängel in je 3 Stücke schneiden. Chilischote von Scheidewänden und Samen befreien. Keulen mit Ingwer, Zitronengras, Chilischote und Sternanis aufkochen und alles 40 Minuten bei geringer Hitze sieden lassen. Vom Herd nehmen, etwas abkühlen lassen, das Fleisch von den Knochen lösen und 1 bis 1 1/2 cm groß würfeln. Den Kochsud durch ein Sieb passieren, 300 ml abmessen.

2. Hähnchenflügel einmal im Gelenk durchtrennen. Von der Limette die Schale dünn abreiben, Saft auspressen und beiseite stellen. Salz, Curry und Limettenschale mit Sesamöl verrühren, die Flügel damit einreiben; 2 Stunden marinieren. Flügel nacheinander in Mehl, verquirltem Ei und Cornflakes wenden. In reichlich heißem Palmfett beidseitig in 15 bis 20 Minuten knusprig braten.

Asiatisches mit Glas- und Eiernudeln

3. Restlichen Ingwer in Stücke schneiden. Den übrigen Zitronengrasstängel in große Stücke schneiden. Die Schalotten schälen und vierteln, den Apfel schälen, vierteln, vom Kerngehäuse befreien und das Fruchtfleisch ebenfalls grob würfeln. Knoblauch schälen und halbieren.

4. Im Wok 2 EL Erdnussöl erhitzen und Ingwer, Zitronengras, Schalotten, Apfel sowie den Knoblauch einige Minuten unter Rühren anschwitzen. Currypaste einrühren und kurz mitbraten. Kokosmilch und den Kaninchenfond angießen, umrühren und alles 15 Minuten köcheln lassen. Die Zitronengrasstücke herausnehmen und die Sauce mit dem Pürierstab oder im Mixer fein pürieren. Mit braunem Zucker und Limettensaft würzen.

5. Zucchini und Paprikaschoten putzen, Zucchini längs halbieren und in 1/2 cm dicke Scheiben schneiden, das Paprikafruchtfleisch klein würfeln. Die Austernpilze putzen und in Streifen schneiden. Das restliche Öl erhitzen und Zucchini, Paprika und Pilze darin unter Rühren 5 bis 8 Minuten braten. Falls die Pilze Flüssigkeit abgeben, weiterbraten, bis diese wieder verdampft ist.

6. Kaninchenfleisch und Gemüse in der Kokossauce erhitzen. Glasnudeln 3 Minuten kochen und abtropfen lassen. Die Nudeln auf Tellern anrichten, das Kaninchenragout darauf verteilen und die Hähnchenflügel daneben legen. Basilikum in feine Streifen schneiden und darüber streuen.

Bami goreng – gebratene Nudeln – ist ein in Indonesien mindestens genauso beliebtes Gericht wie Nasi goreng (gebratener Reis) und weit über die Landesgrenzen hinaus bekannt und geschätzt.

Bami goreng

300 g dünne asiatische Eiernudeln

je 150 g Hühnerbrust und Schweinefleisch

150 g Frühlingszwiebeln

100 g Zwiebeln, 3 Knoblauchzehen

150 g Chinakohl, 2 kleine Chilischoten

120 ml Erdnussöl

1 EL fein gehackte frische Ingwerwurzel

100 g kleine, geschälte Garnelen

1 TL Salz, 1 TL Zucker

2 EL helle Sojasauce

Außerdem:

4 EL dünne Pfannkuchenstreifen

1 EL frisches Koriandergrün (Cilantro)

1. Die Eiernudeln in sprudelnd kochendes Salzwasser einlegen und mit dem Kochlöffelstiel oder mit einer Gabel etwas auseinander ziehen. Nach 1 Minute herausnehmen, in ein Sieb schütten und kalt abbrausen.

2. Huhn und Schweinefleisch in dünne Streifen schneiden. Die Frühlingszwiebeln putzen und in etwa 3 cm lange Stücke schneiden. Zwiebeln und Knoblauch schälen und beides fein hacken. Den Chinakohl in feine Streifen schneiden. Von den Chilischoten Stielansatz, Samen und Scheidewände entfernen und das Fruchtfleisch fein hacken.

3. Das Öl im Wok erhitzen, bis es raucht und weiterarbeiten, wie in der Bildfolge rechts beschrieben *[siehe a bis d]*. Dabei ist es wichtig, dass das Öl immer siedend heiß ist und die Garzeiten so kurz wie möglich sind.

4. Abschmecken, bei Bedarf nachsalzen und noch etwas Sojasauce zufügen. Bami goreng auf vorgewärmte Teller oder in Schalen verteilen, mit Pfannkuchenstreifen und Koriandergrün bestreuen und servieren.

a Die Nudeln im heißen Öl knusprig anbraten. Herausnehmen und beiseite stellen.

b Fleisch anbraten. Unter ständigem Rühren Frühlingszwiebeln, Zwiebeln und Knoblauch mitbraten.

c Chinakohlstreifen mitbraten. Chilis, Ingwer und die Garnelen im Ganzen zufügen und weiterbraten.

d Mit Salz, Zucker und Sojasauce würzen. Gebratene Nudeln zufügen, alles noch kurz weiterbraten.

Pikant mariniert und im Wok gebraten

In den asiatischen Küchen werden Fleischwürfel – ob von Huhn oder Schwein – häufig vor dem Braten mariniert. So bekommen sie noch mehr Geschmack, und durch das Wälzen in Maisstärke bleiben die empfindlichen Poulardenstücke beim Braten wunderbar zart.

Eiernudeln mit Huhn, Garnelen und Ananas

VORBREITUNG: Garnelen und Hühnerfleisch 2 Stunden marinieren.

250 g chinesische Eiernudeln

8 ungeschälte große Garnelenschwänze (Handelsgröße U 15)

2 Stängel Zitronengras

Schale und Saft von 1 Limette

1 EL Currypulver

500 g Poulardenbrust

2 EL dunkle Sojasauce (etwa von Kikkoman)

3 EL gehacktes Koriandergrün

Salz, 5 EL Maisstärke, 7 EL Erdnussöl

1 Bund Frühlingszwiebeln

250 g frisches Ananasfruchtfleisch

je 1 grüne und rote Chilischote

4 EL Austernsauce, 2 EL Fischsauce

2 EL süße Sojasauce, 200 ml Geflügelbrühe

60 g Cashewnüsse

1. Die Garnelenschwänze schälen, entlang des Rückens aufschneiden und den Darm entfernen. Das Zitronengras in 2 cm lange Stücke schneiden. Limettenschale und -saft, Currypulver und Zitronengras vermischen und über die Garnelen gießen. Zugedeckt 2 Stunden marinieren.

2. Die Poulardenbrust in etwa 3 x 3 cm große Würfel schneiden. Sojasauce und gehacktes Koriandergrün mischen und die Fleischstücke darin 2 Stunden marinieren.

3. Die Poulardenstücke herausnehmen, abtropfen lassen, leicht salzen und in der Maisstärke wenden. Im Wok oder in einer Pfanne 3 EL Erdnussöl erhitzen und die Poulardenwürfel darin von allen Seiten knusprig braun braten.

4. Die Frühlingszwiebeln putzen. Nur den weißen Teil in 1 cm breite Stücke schneiden, das Grün anderweitig verwenden. Ananasfruchtfleisch etwa 1 cm groß würfeln. Die Chilischoten halbieren, Stielansatz, Samen und Scheidewände entfernen und das Fruchtfleisch klein würfeln.

Zartes Huhn, gebratene Garnelen und Ananas ergeben eine delikate Mischung. Wer will, garniert das Gericht mit einer aufgeschnittenen Frühlingszwiebel und etwas Koriandergrün.

5. Im Wok oder in einer Pfanne 2 EL Erdnussöl erhitzen und die Frühlingszwiebeln darin unter Rühren bei mittlerer Hitze 2 bis 3 Minuten braten. Austern-, Fisch- und süße Sojasauce einrühren, die Brühe angießen. Poulardenstücke zufügen und alles unter Rühren einige Minuten köcheln lassen.

6. In der Zwischenzeit die Eiernudeln in Salzwasser bissfest garen und warm halten. Cashewnüsse in einer Pfanne ohne Fett goldbraun rösten.

7. Garnelen aus der Marinade nehmen, abtropfen lassen und in den restlichen 2 EL Erdnussöl von beiden Seiten nur kurz braten.

8. Die Nudeln in vorgewärmte tiefe Teller füllen, die Poularden-Ananas-Mischung darüber verteilen, je 2 Garnelen daneben anrichten. Alles mit gerösteten Cashewnüssen bestreuen und servieren.

Knusprig gebratene Nudeln, serviert mit einer saftigen Mischung aus Schweinefleisch und Gemüse. Kontraste dieser Art sind in den verschiedenen Landesküchen Chinas überaus beliebt.

Gebratene Eiernudeln mit Schweinefleisch

VORBREITUNG: Das Fleisch 1 Stunde marinieren.

250 g getrocknete dünne Eiernudeln

4 getrocknete Mu-Err-Pilze

300 g mageres Schweinefleisch

1 EL dunkle Sojasauce

1 EL Reiswein

1/2 TL Speisestärke

je 1/2 TL Salz und Zucker

frisch gemahlener Pfeffer

80 g rotes Paprikafruchtfleisch

50 g Möhre, 100 g Frühlingszwiebeln

2 Knoblauchzehen, 50 g Sojasprossen

etwa 1/8 l Erdnussöl

100 g geschälte Shrimps, 60 ml Hühnerbrühe

2 EL helle Sojasauce, 1 EL Austernsauce

1. Mu-Err-Pilze 10 Minuten einweichen. Das Schweinefleisch 1 cm groß würfeln. Sojasauce mit Reiswein, Speisestärke, Salz, Zucker und Pfeffer verrühren. Die Fleischwürfel damit übergießen und etwa 1 Stunde durchziehen lassen.

2. Die gut ausgedrückten Pilze, das Paprikafruchtfleisch und die geschälte Möhre in dünne Streifen, die geputzten Frühlingszwiebeln in Stücke schneiden. Knoblauch schälen und fein hacken. Die Sojasprossen waschen und verlesen.

3. Die Nudeln in Salzwasser bissfest garen, gut abtropfen lassen und in einer mit Küchenpapier ausgelegten Form kurz trocknen lassen. Im Wok oder in einer Pfanne 100 ml Öl erhitzen und die Nudeln darin portionsweise und bei nicht zu großer Hitze von beiden Seiten goldbraun braten. Herausnehmen und die gebratenen Nudelfladen warm stellen.

4. Das restliche Erdnussöl im Wok erhitzen, den Knoblauch darin anschwitzen, Fleischwürfel samt Marinade zufügen und alles bei starker Hitze unter Rühren braten. Herausnehmen.

5. Gemüse und Shrimps im verbliebenen heißen Öl scharf anbraten. Fleischwürfel wieder zufügen. Hühnerbrühe, Soja- und Austernsauce einrühren, bei Bedarf noch etwas salzen. Die Fleisch-Gemüse-Mischung auf den gebratenen Nudeln anrichten.

Gefüllt & aus dem Ofen

Selbst gemachte »pasta ripieni« wie Agnolotti oder Tortelli auf der einen, Lasagne und Cannelloni »al forno« auf der anderen Seite, zählen zu den absoluten Höhepunkten der Pasta-Küche. Neben italienischen Highlights gilt es aber auch, internationale Spezialitäten zu entdecken: Türkische Mantı, polnische Pierogi oder köstliche asiatische Teigtäschchen.

Vegetarisch gefüllt & mit Käse verfeinert

Delikat: Das besondere Aroma der Kürbisfüllung bringt eine Mischung aus Senffrüchten, Amaretti und Parmesan.

Kürbis-Ravioli

500 g Nudelteig Nr. 3

Für die Füllung:

1 kleiner Kürbis von etwa 700 g

100 g abgetropfte Senffrüchte aus dem Glas

3 Amaretti, 65 g frisch geriebener Parmesan

Salz, Pfeffer, frisch geriebene Muskatnuss

Außerdem:

1 Eiweiß, 100 g Butter, 1 Hand voll Salbeiblätter

100 g frisch geriebener Parmesan

1. Den ganzen Kürbis bei 200 °C im vorgeheizten Ofen 50 Minuten backen. Herausnehmen und auskühlen lassen. Senffrüchte fein würfeln. Amaretti in eine Tüte füllen, mit dem Nudelholz darüber rollen, so lassen sie sich leicht zerdrücken.

2. Kürbis durchschneiden, Kerne entfernen, das Fruchtfleisch auslösen – es sollten 500 g sein – und sehr fein hacken. Mit Senffrüchten, Amaretti sowie dem Parmesan vermischen und würzen.

3. Den Nudelteig dünn ausrollen und gezackte Kreise von 4 cm Ø ausstechen. Auf die Hälfte der Kreise jeweils etwas Füllung setzen, die Ränder mit Eiweiß bestreichen, die restlichen Kreise auflegen und die Ränder gut festdrücken.

4. Ravioli in Salzwasser 6 bis 8 Minuten kochen und herausheben. Die Butter leicht bräunen, Salbeiblätter einlegen und die Ravioli mit der Salbeibutter beträufeln. Mit Parmesan bestreut servieren.

Pansooti mit Walnuss-Sauce

ERGIBT etwa 60 Stück

375 g Nudelteig Nr. 2

Für die Kräuterfüllung:

je 125 g gemischte Kräuter (Petersilie, Salbei, Thymian) und Basilikum

60 g Borretsch, Salz, 1 Knoblauchzehe, 1 Ei

60 g Ricotta, 25 g frisch geriebener Parmesan

frisch gemahlener Pfeffer

Für die Walnuss-Sauce:

40 g Weißbrot ohne Rinde vom Vortag

125 g gehäutete Walnusskerne

40 ml Olivenöl, 60 ml Sahne, Salz

Außerdem:

1 Eiweiß, etwas gebräunte Butter

1 EL gehackte Kräuter (Petersilie, Basilikum, Thymian, Salbei)

80 g frisch geriebener Parmesan

1. Für die Füllung Kräuter waschen, trocknen und in Salzwasser blanchieren. Kalt abschrecken, gut ausdrücken und die Kräuter sehr fein hacken. Knoblauch schälen und ebenfalls sehr fein hacken. Kräuter, Knoblauch, Ei, Ricotta und Parmesan vermischen. Salzen und peffern. Alles im Mixer kurz pürieren und beiseite stellen.

2. Für die Sauce das Brot fein reiben und in 1 EL Wasser einweichen. Gut ausdrücken und mit den Nüssen im Mörser grob zerstoßen, dann im Mixer fein pürieren. Abwechselnd Öl und Sahne zugießen, bis eine homogene Sauce entsteht. Salzen.

3. Teig dünn ausrollen und daraus Quadrate von 6 x 6 cm ausschneiden. Auf jedes 1 TL Füllung setzen, Ränder mit Eiweiß bestreichen. Quadrate zu Dreiecken falten, Ränder gut zusammendrücken.

Die ligurischen Pansooti gibt es mit vielen Füllungen. Dazu gehört jedoch unbedingt eine Walnuss-Sauce, die man typischerweise kalt serviert.

Rot und Weiß | *Geschmacklich und farblich besonders attraktiv sind die Rote-Bete-Ravioli. Den optisch reizvollen Effekt erzielt man, indem man auf die helle Ricottafüllung einen Tupfen leuchtendes Rote-Bete-Püree setzt.*

4. Die Pansooti in kochendem Salzwasser 8 bis 10 Minuten garen, mit dem Schaumlöffel herausheben und abtropfen lassen. Auf vorgewärmten Tellern anrichten, mit der gebräunten Butter beträufeln und mit den Kräutern bestreuen. Mit der Walnuss-Sauce und Parmesan servieren.

Ravioli mit Rote-Bete-Füllung

ERGIBT 24 Stück

Für den Teig:
200 g Mehl, 2 Eier
1 TL Pflanzenöl, 1/2 TL Salz
Für die Füllung:
300 g Rote Bete, 60 g Butter, Salz
frisch gemahlener Pfeffer, 1 Eiweiß
300 g Ricotta, 1 Eigelb, 50 g Semmelbrösel
Außerdem:
1 gezackter Ausstecher von 6 1/2 cm Ø
1 Eiweiß zum Bestreichen, 50 g Butter
Fenchelgrün , 40 g geriebener Pecorino romano

1. Aus den angegebenen Zutaten einen geschmeidigen Nudelteig kneten, in Folie wickeln und 1 Stunde ruhen lassen. Zu gleich großen Teigplatten dünn ausrollen. Auf einer der Nudelplatten mit dem Ausstecher Kreise markieren.

2. Für die Füllung Rote Bete von den Wurzeln befreien, ohne dabei die Knollen zu verletzen, sie würden sonst während des Garens »ausbluten«. Knollen waschen, mit Wasser bedeckt in 45 bis 60 Minuten weich kochen. Gegen Ende der Garzeit mit einem spitzen Messer prüfen, ob die Knollen wirklich weich sind. Herausnehmen, kalt abschrecken, schälen, in Stücke schneiden und im Mixer fein pürieren. Die Butter zerlassen, das Rote-Bete-Püree darin 10 Minuten dünsten, salzen und pfeffern. Abkühlen lassen und die Hälfte des Eiweißes unterrühren.

3. Für die helle Füllung Ricotta mit Eigelb, dem restlichen Eiweiß sowie den Bröseln verrühren, salzen und pfeffern. Die Ricotta-Masse in einen Spritzbeutel mit Lochtülle Nr. 9 füllen und Ricotta-Ringe auf die markierten Kreise spritzen, wie rechts gezeigt *[siehe a]*. Das Rote-Bete-Püree in einen Spritzbeutel mit Lochtülle Nr. 5 füllen und Tupfen aufspritzen *[siehe b]*. Die Ränder der Teigkreise mit Eiweiß bestreichen. Einen zweiten Teigkreis auflegen, festdrücken *[siehe c]*, eventuell vorhandene Luftblasen aufstechen und die Ravioli ausstechen. Restlichen Teig und Füllung ebenso verarbeiten.

4. Ravioli in Salzwasser 5 bis 6 Minuten kochen, herausheben und gut abtropfen lassen. Die Butter zerlassen und leicht bräunen. Die Ravioli anrichten, mit der Butter beträufeln, mit Fenchelgrün garnieren und mit Pecorino bestreut servieren.

a | **Rote-Bete-Ravioli füllen:** Ricottaringe aufspritzen, dabei 1 cm Rand lassen.

b | In die Mitte der Ricotta-Ringe je einen Tupfen der Rote-Bete-Füllung setzen.

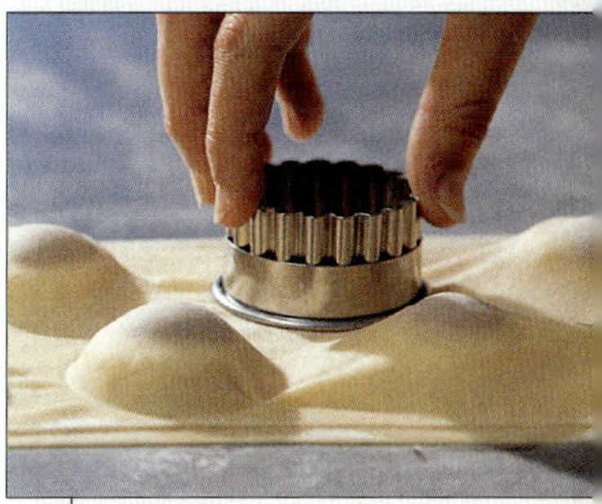

c | Den Teig mit dem umgedrehten Ausstecher rings um die Füllung andrücken.

Mit Fleisch gefüllt

a **Ochsenschwanzfüllung herstellen:** Schmorgemüse 10 Minuten mitbraten.

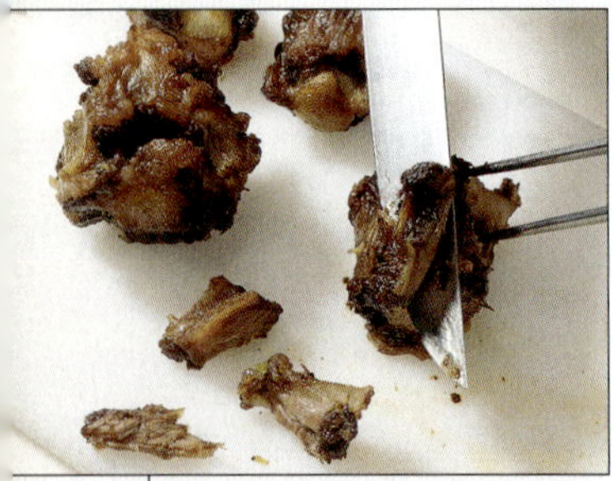

b Das weiche Fleisch mit einem scharfen Messer von den Knochen lösen.

c Die Sauce durch ein Sieb passieren und dabei das Gemüse gut ausdrücken.

d **Tortelli fertig stellen:** Je 1 TL Füllung mit Abstand auf die Teigplatte setzen.

e Die zweite Teigplatte darüber legen und Tortelli von 6 cm Ø ausstechen.

Tortelli mit Ochsenschwanzfüllung

500 g frischer Nudelteig Nr. 3

Für das Ragout:

- *1 Ochsenschwanz (etwa 1,5 kg)*
- *1 TL Salz, frisch gemahlener Pfeffer*
- *4 EL feines Pflanzenöl*
- *1 ungeschälte Knoblauchzehe, angedrückt*
- *100 g Möhrenwürfel*
- *150 g Stangensellerie in Scheiben*
- *150 g Lauch in Ringen*
- *30 g Petersilienwurzel in Würfeln*
- *5 Wacholderbeeren, 1 Lorbeerblatt*
- *5 Salbeiblätter, 2 EL Tomatenmark*
- *1/2 l Rotwein (Merlot), 1 EL Mehl*

Außerdem:

- *1 EL gehackte Kräuter (Petersilie, Liebstöckel)*
- *1 Eigelb, 1 Eiweiß zum Bestreichen, Salz*
- *500 g Pfifferlinge, 40 g Butter*
- *2 EL gehackte Petersilie*

1. Den Ochsenschwanz in seine natürlichen Segmente zerteilen, salzen und pfeffern. Das Öl im Bräter erhitzen und das Fleisch darin kräftig anbraten. Knoblauch zufügen und weiterarbeiten, wie links oben gezeigt *[siehe a]*.

2. Gewürze, Tomatenmark und Rotwein zufügen und die Mischung zugedeckt bei 180 °C im vorgeheizten Ofen etwa 2 Stunden schmoren; zwischendurch gelegentlich umrühren. Nach der halben Garzeit das Fleisch mit dem Mehl bestauben.

3. Das Fleisch von den Knochen lösen, wie gezeigt *[siehe b]*, zerkleinern und fein hacken. Den Schmorfond passieren *[siehe c]*. Fleisch mit Kräutern und Eigelb vermischen und einige Löffel Sauce einrühren, so entsteht eine gebundene Füllung.

4. Nudelteig zu zwei dünnen Teigplatten ausrollen, die Füllung auf eine der beiden Platten setzen, wie gezeigt *[siehe d]* und ringsum mit Eiweiß bestreichen. Weiterarbeiten, wie gezeigt *[siehe e]*. Tortelli in sprudelndem Salzwasser kochen, bis sie an die Oberfläche steigen. Warm stellen.

5. Pfifferlinge sorgfältig putzen, je nach Größe halbieren oder vierteln. In einer Pfanne die Butter zerlassen und die Pilze darin bei mittlerer Hitze anbraten. Salzen, die Petersilie einrühren und die Pilze in wenigen Minuten weich braten.

6. Die Sauce nach Bedarf noch etwas reduzieren, und die Pfifferlinge zufügen . Die Tortelli auf vorgewärmte Teller verteilen und großzügig Pfifferlingsauce darüber schöpfen. Sofort servieren.

Agnolotti mit Trüffelsauce

Für den Nudelteig:

- *300 g doppelgriffiges Weizenmehl*
- *2 Eier, 4 Eigelbe, 1/3 TL Salz*

Für die Füllung:

- *500 g Zicklein- oder Lammfleisch*
- *1 Knoblauchzehe, 30 g Schalotte*
- *je 100 g Möhren und Knollensellerie, geputzt*
- *3 bis 4 EL Öl, 1 TL Thymianblättchen*
- *einige fein gehackte Rosmarinnadeln*
- *1 TL Salz, frisch gemahlener Pfeffer*
- *etwa 1/2 l Kalbsfond, 500 g Spinat, geputzt*
- *80 g frisch geriebener Parmesan, 2 Eier*

Für die Trüffelsauce:

- *400 ml Kalbsfond, 30 g Schalotte*
- *25 g Trüffel, 20 g Butter, 2 cl Sherry (Fino)*
- *einige Tropfen Trüffelöl*

Außerdem:

- *Petersilienblättchen zum Garnieren*

1. Für den Nudelteig die Zutaten zu einem geschmeidigen Teig verkneten. Bei Bedarf 1 EL Wasser einarbeiten. Den Teig in Folie wickeln und 1 Stunde kühl ruhen lassen.

Geschmack pur | *Mit ihrer besonders würzigen Füllung aus geschmortem Ochsenschwanzfleisch und Wurzelgemüse schmecken die Tortelli wunderbar. Und die Pfifferlingsauce unterstreicht die angenehm kräftige Note aufs Beste.*

2. Das Fleisch für die Füllung sorgfältig parieren und in etwa 2 cm große Stücke schneiden. Knoblauch und Schalotte schälen, beides fein hacken. Möhren und Sellerie ebenfalls klein hacken. In einer Pfanne das Öl erhitzen, das Fleisch darin von allen Seiten anbraten. Knoblauch, Schalotte, Möhren, Sellerie sowie die Kräuter untermischen, salzen, pfeffern und 15 Minuten bräunen lassen. Die Hälfte des Kalbsfonds angießen und alles bei reduzierter Hitze weitere 60 bis 70 Minuten schmoren. Bei Bedarf noch etwas Fond angießen.

3. Die Fleisch-Gemüse-Mischung aus der Pfanne nehmen, etwas abkühlen lassen und durch die mittlere Scheibe des Fleischwolfs drehen. Den Bratsatz mit dem restlichen Kalbsfond loskochen und auf 2 bis 3 EL reduzieren. Den Spinat in kochendem Salzwasser blanchieren, herausheben, eiskalt abschrecken, sehr gut ausdrücken und die Blätter fein hacken. Spinat, Parmesan und Eier unter die Fleischmasse mengen, den reduzierten Fond einrühren und die Masse abschmecken.

4. Den Nudelteig auf einer bemehlten Arbeitsfläche möglichst dünn ausrollen. Mit einem gezackten Teigrädchen 4 x 6 cm große Rechtecke ausschneiden, jeweils etwas Fleischfüllung auf eine Hälfte setzen. Die Ränder mit wenig Wasser bepinseln. Die Rechtecke auf die Hälfte zu Agnolotti zusammenklappen, Ränder fest zusammendrücken und die Taschen etwas antrocknen lassen.

5. Den Fond für die Sauce auf 1/3 reduzieren. Die Schalotte schälen und sehr fein hacken. Die Trüffel unter fließendem Wasser gründlich abbürsten, bis der letzte Rest Erde herausgespült ist. Wo dies aufgrund tiefer Furchen nicht möglich ist, dünn schälen; sehr fein hacken. Butter zerlassen und die Schalotte darin glasig schwitzen. Trüffeln unterrühren, gut durchschwenken. Sherry und reduzierten Fond zugießen, das Trüffelöl einrühren.

6. Die Agnolotti in sprudelndem Salzwasser 3 bis 4 Minuten garen, bis sie an die Oberfläche steigen. Abgießen und sehr gut abtropfen lassen. In die Trüffelsauce einlegen, kurz durchschwenken und auf vorgewärmten Tellern anrichten. Nach Belieben mit Petersilie garnieren und sofort servieren.

Zur Trüffelsaison | *sind die aromatischen Agnolotti – gefüllt mit Lamm oder Zicklein und Gemüse – für Trüffelliebhaber ein echter Genuss.*

Cialsons

200 g Mehl, 2 Eier, Salz
Für die Mangoldfüllung:
200 g Mangold, geputzt
30 g trockene Roggenbrotbrösel
2 EL Milch, 1 Ei
je 1 Prise gemahlener Zimt und Gewürznelken
je 1 EL gehackter Thymian und Petersilie
1 TL gemahlene Wacholderbeeren
Salz, frisch gemahlener Pfeffer
Außerdem:
1 Eiweiß, 100 g zerlassene Butter
100 g frisch gehobelter Parmesan
1 EL sehr fein gehackte Petersilie

1. Aus den angegebenen Zutaten einen Nudelteig herstellen, in Folie wickeln und 1 Stunde ruhen lassen.

2. Mangold blanchieren, kalt abschrecken, sehr gut ausdrücken, fein hacken und in eine Schüssel geben. Brösel in der Milch einweichen, ausdrücken, zusammen mit allen anderen Zutaten mit dem Mangold vermischen.

3. Nudelteig dünn ausrollen und gezackte Kreise (7 cm Ø) ausstechen. In die Mitte jeweils 1 TL Füllung setzen, die Ränder mit Eiweiß bestreichen, den Teig zu Halbmonden zusammenklappen und die Ränder festdrücken.

4. Die Teigtaschen in Salzwasser in etwa 5 bis 7 Minuten garen. Mit zerlassener Butter beträufeln, mit Parmesan und Petersilie bestreut servieren.

Agnolotti

500 g Nudelteig Nr. 3
Für die Füllung:
1 Knoblauchzehe, 3 EL Pflanzenöl
300 g Kaninchen- und 200 g mageres Schweinefleisch, in Stücken
2 EL Schalottenwürfel
je 80 g Möhren- und Selleriewürfel
1 TL gehackte Thymianblättchen
ein paar gehackte Rosmarinnadeln
1 TL Salz, Pfeffer, 1/2 l Kalbsfond
500 g Spinat, 80 g Parmesan
2 Eier, 1 Hand voll Salbeiblätter
60 g Butter

1. Knoblauch schälen und hacken. Öl erhitzen und das Fleisch darin ringsum anbraten. Knoblauch, Schalotten-, Möhren- und Selleriewürfel mitbraten, die Kräuter einrühren, salzen und pfeffern. Das Fleisch 15 Minuten braten, dabei öfters wenden. 1/4 l Fond zugießen, 60 bis 70 Minuten schmoren.

2. Das abgekühlte Fleisch durch die mittlere Scheibe des Fleischwolfs drehen. Den Spinat blanchieren, gut ausdrücken und fein hacken. Mit dem Fleisch, geriebenem Parmesan und Eiern vermengen. Bratfond mit dem übrigen Fond aufgießen und auf 2 bis 3 EL reduzieren. Die Reduktion unter die Füllung rühren und abschmecken.

3. Den Nudelteig dünn ausrollen, in Rechtecke (4 x 6 cm) schneiden und füllen. Auf die Hälfte zusammenklappen, Ränder festdrücken, garen und die Agnolotti mit Salbeibutter servieren.

Türkische Mantı

500 g Mais-Nudelteig
Für die Rindfleischfüllung:
50 g Möhre, 40 g Petersilienwurzel
1 Knoblauchzehe, 5 EL Olivenöl
60 g Zwiebel und 80 g Frühlingszwiebeln, beides klein gewürfelt
300 g Rinderhack
1 kleine fein gewürfelte Chilischote
je 1 EL Petersilie und Pfefferminze
1/2 TL Salz, gemahlener Pfeffer
Außerdem:
2 Knoblauchzehen, 200 g Joghurt
1/2 TL Salz, 80 g Butter
1 EL edelsüßes Paprikapulver

1. Möhre und Petersilienwurzel sehr klein würfeln. Knoblauch schälen und zerdrücken. 3 EL Öl erhitzen, Zwiebeln und Knoblauch darin hell anschwitzen. Möhre und Petersilienwurzel darin weich dünsten. Das Fleisch separat im restlichen Öl unter Rühren 4 Minuten kräftig anbraten, zum Gemüse geben. Chili und gehackte Kräuter einrühren, salzen und pfeffern.

2. Nudelteig dünn ausrollen, in 3 cm große Quadrate schneiden. Jeweils etwas Füllung in die Mitte setzen, den Teig zu Dreiecken zusammenfalten und die Kanten gut festdrücken. Knoblauch schälen, durch die Presse drücken, mit dem Joghurt verrühren und salzen. Mantı garen, herausnehmen und mit der Joghurtsauce servieren. Butter mit Paprikapulver aufschäumen und über das Gericht träufeln.

Pilz-Pierogi

300 g Mehl, 1 Ei

1/2 TL Salz, 1/8 l Wasser

Für die Pilzfüllung:

120 g frische Champignons

60 g Zwiebel, 1 TL Öl, Salz, Pfeffer

frisch geriebene Muskatnuss, 1 Ei

Außerdem:

1 Eiweiß, 250 g Gänsestopfleber

20 g Butter, Salz, Pfeffer

2 EL fein gehackte Schalotten

2 EL Kalbsjus, Petersilienblättchen

1. Aus den angegebenen Zutaten einen Nudelteig herstellen, in Folie wickeln und 1 Stunde ruhen lassen.

2. Die Champignons für die Füllung putzen und klein würfeln. Die Zwiebel schälen, in Ringe schneiden und im heißen Öl anschwitzen. Die Champignons 10 Minuten mitschwitzen, mit Salz, Pfeffer und Muskat würzen. Die Pfanne vom Herd nehmen, das Ei unterrühren und stocken lassen.

3. Die Pierogi füllen und garen, wie im Rezept ganz rechts beschrieben.

4. Inzwischen die Gänsestopfleber in Scheiben schneiden und diese in zerlassener Butter von beiden Seiten kurz braten. Salzen, pfeffern und die Leber aus der Pfanne nehmen. Schalotten im verbliebenen Fett glasig schwitzen und den Jus einrühren. Abgetropfte Pierogi mit der Leber anrichten, mit Sauce beträufeln, mit Petersilie garnieren.

Fleisch-Pierogi

300 g Mehl, 1 Ei

1/2 TL Salz, 1/8 l Wasser

Für die Fleischfüllung:

1 Brötchen vom Vortag ohne Rinde

50 g fein gehackte Zwiebel, 1 EL Öl

150 g gemischtes Hackfleisch

1 EL Brühe, Salz, Pfeffer

Außerdem:

1 Eiweiß, 2 EL Butter

40 g fein gewürfelte Schalotten

200 g Tomatenfruchtfleisch

1 EL Basilikumstreifen

1. Aus den angegebenen Zutaten einen Nudelteig herstellen, in Folie wickeln und 1 Stunde ruhen lassen.

2. Das Brötchen für die Füllung klein würfeln und in 1 EL Wasser einweichen. Die Zwiebel schälen, fein hacken und im heißen Öl glasig schwitzen. Das Hackfleisch unter Rühren mitbraten, bis es krümelig zerfällt. Das ausgedrückte Brötchen und die Brühe zufügen und rühren, bis die Flüssigkeit verdampft ist. Salzen, pfeffern und die Masse auskühlen lassen.

3. Die Pierogi füllen und garen, wie im Rezept rechts beschrieben. Die Butter zerlassen und die Schalotten darin glasig schwitzen. Das Tomatenfruchtfleisch grob würfeln, kurz mitschwitzen, Basilikumstreifen unterrühren. Die abgetropften Pierogi auf Tellern anrichten, die Tomaten darauf verteilen und nach Belieben mit frischem Basilikum garnieren.

Sauerkraut-Pierogi

300 g Mehl, 1 Ei

1/2 TL Salz, 1/8 l Wasser

Für die Sauerkrautfüllung:

300 g Sauerkraut, 60 g Zwiebel

2 EL Öl, Salz, Pfeffer

Außerdem:

1 Eiweiß, 10 g Butter

80 g fein gewürfelter Speck

50 g fein gehackte Zwiebel

1 EL gehackte Petersilie

1. Aus den angegebenen Zutaten einen Nudelteig herstellen, in Folie wickeln und 1 Stunde ruhen lassen.

2. Das Kraut für die Füllung mit wenig Wasser 15 bis 20 Minuten köcheln, abkühlen lassen, gut ausdrücken und fein schneiden. Die Zwiebel schälen, in dünne Ringe schneiden und im heißen Öl leicht bräunen. Mit dem Kraut vermischen, salzen und pfeffern.

3. Teig dünn ausrollen und Kreise (7 cm Ø) ausstechen. Die Ränder mit Eiweiß bestreichen, 1/2 EL Füllung in die Mitte eines jeden Teigkreises setzen, zu Halbmonden zusammenklappen und die Ränder festdrücken. Portionsweise in kochendes Salzwasser einlegen. Sobald sie an die Oberfläche steigen, noch 5 Minuten kochen.

4. Butter aufschäumen lassen, Speck und Zwiebel darin leicht bräunen und die Petersilie einrühren. Abgetropfte Pierogi anrichten und die Speck-Zwiebel-Mischung darauf verteilen.

Ravioli-Verwandte

Herzhaft & bodenständig

In der Füllung der Südtiroler Schlutzkrapfen gehen Spinat, Liebstöckel und cremige Béchamelsauce eine köstliche Verbindung ein. Den Teig dafür sollte man zügig verarbeiten, denn durch seinen Roggenmehlanteil beginnt er recht schnell zu trocknen. Nicht weniger herzhaft schmecken Maultaschen, die süddeutsche Version der gefüllten Teigtaschen, die hier mit Brät, Speck und Spinat gefüllt werden.

Schlutzkrapfen

ERGIBT 45 Stück

Für den Teig:

150 g Weizenmehl Type 405 oder 550

100 g Roggenmehl Type 997, 1/2 TL Salz

1 Ei, 1 bis 2 TL Öl

Für die Spinatfüllung:

375 g Spinat, Salz, 1 EL gehackte Petersilie

1/2 EL gehackter Liebstöckel

40 g Zwiebel, 15 g Butter, 10 g Mehl

1/8 l heiße Milch, frisch gemahlener Pfeffer

frisch geriebene Muskatnuss

20 g frisch geriebener Parmesan

Außerdem:

1 Eiweiß, 50 g frisch geriebener Parmesan

50 g zerlassene Butter

1. Aus den angegebenen Zutaten sowie 50 ml Wasser einen geschmeidigen Nudelteig kneten, bei Bedarf noch etwas Wasser einarbeiten. Den Teig in Folie einschlagen und ruhen lassen.

2. Für die Füllung Spinat waschen, putzen und in Salzwasser blanchieren, bis die Blätter zusammenfallen; das dauert 1 bis 2 Minuten. Den Spinat auf ein Sieb schütten, in Eiswasser abschrecken, sehr gut ausdrücken und fein hacken. Die gehackten Kräuter unter den Spinat mischen.

3. Die Zwiebel schälen und fein hacken. Butter in einer Kasserolle zerlassen und die Zwiebel darin glasig schwitzen. Mehl darüber stauben und mitschwitzen, ohne es Farbe nehmen zu lassen.

4. Die Milch unter Rühren zugießen, alles einmal aufkochen und in etwa 20 Minuten sämig köcheln. Den Spinat, Salz, Pfeffer und Muskat einrühren, den Parmesan untermengen und die Mischung für die Füllung vom Herd nehmen.

5. Den Nudelteig sehr dünn ausrollen und Teigkreise von 8 cm Durchmesser ausstechen. Jeweils 1/2 EL der Spinatmasse in die Mitte setzen, die Ränder mit Eiweiß bestreichen und die Kreise zu Halbmonden bündig zusammenklappen. Die Ränder mit den Zinken einer Gabel zusammendrücken, so entsteht ein dekoratives Muster.

6. Die Schlutzkrapfen in sprudelnd kochendem Salzwasser etwa 10 Minuten köcheln, herausheben und abtropfen lassen. Schlutzkrapfen auf vorgewärmten Tellern anrichten, mit Parmesan bestreuen und mit zerlassener Butter übergießen.

Mit zerlassener Butter und Parmesan angerichtet sind Schlutzkrapfen zwar etwas üppig, aber unwiderstehlich.

Selbst gemacht am besten: Schwäbische Maultaschen mit leckerem Innenleben und serviert mit geschmelzten Zwiebeln.

Maultaschen: Gefüllt mit Brät, Speck & Spinat

ERGIBT 24 Stück

Für den Teig:

300 g Mehl, 3 Eier, 1 TL Salz, 1 EL Öl

Für die Füllung:

200 g Spinat, 2 Brötchen vom Vortag (80 g)

100 ml lauwarme Milch

80 g durchwachsener geräucherter Speck

40 g Butter, 60 g Zwiebelwürfel

60 g gewürfelte Frühlingszwiebeln

200 g Bratwurstbrät, 2 Eier

1/2 TL Salz, frisch gemahlener weißer Pfeffer

1 EL getrockneter Majoran

1 EL fein gehackte Petersilie

Außerdem:

1 Eiweiß zum Bestreichen

1 l Fleischbrühe

50 g Butter, 100 g Zwiebelwürfel

1 EL Schnittlauchröllchen

1. Für den Teig das Mehl auf eine Arbeitsplatte schütten und in die Mitte eine Mulde drücken. Die Eier, Salz und Öl hineingeben. Von der Mitte aus mit einer Gabel verrühren, dann zügig mit dem restlichen Mehl zu einem geschmeidigen Teig verkneten. Zu einer Kugel formen, in Folie wickeln und 1 Stunde ruhen lassen.

2. Für die Füllung Spinat putzen, blanchieren, in Eiswasser abschrecken, sehr gut ausdrücken und fein hacken. Brötchen klein würfeln, in der lauwarmen Milch einweichen und ausdrücken. Den Speck klein würfeln. Butter in einer Kasserolle zerlassen und die Zwiebel- und Frühlingszwiebelwürfel darin hell anschwitzen. In einer Schüssel die Zutaten für die Füllung vermengen, wie rechts gezeigt *[siehe a]*. Die Masse für die Füllung mit Salz, Pfeffer und den Kräutern würzen.

3. Den Teig auf einer bemehlten Arbeitsfläche (oder mit der Nudelmaschine) gleichmäßig dünn ausrollen. Mit Lineal und Teigrädchen Rechtecke von etwa 6 x 12 cm markieren und ausradeln. Die Füllung darauf verteilen *[siehe b]*. Teigränder mit Eiweiß bestreichen, die Rechtecke zusammenklappen und die Ränder gut andrücken.

4. Die Fleischbrühe zum Kochen bringen und die Hitze reduzieren. Maultaschen einlegen, in 10 bis 15 Minuten gar ziehen lassen *[siehe c]*.

5. Die Butter in einer Pfanne zerlassen und die Zwiebelwürfel darin leicht bräunen. Maultaschen auf vorgewärmten Tellern anrichten und mit etwas Fleischbrühe übergießen. Die gebräunten Zwiebelwürfel und die Schnittlauchröllchen darüber streuen und sofort servieren.

a **Maultaschen zubereiten:** Zutaten für die Füllung vermengen und würzen.

b Je 1 EL der Füllung auf die eine Hälfte der Teigrechtecke setzen.

c Mit dem Schaumlöffel die fertigen Maultaschen aus der Brühe heben.

Kraut oder Maronen

Gut gewürzt & gewickelt

a **Krautkrapfen zubereiten:** Kraut auf dem ausgerollten Teig verteilen.

b Den oberen Teigrand mit Eiweiß bestreichen, damit keine Füllung austritt.

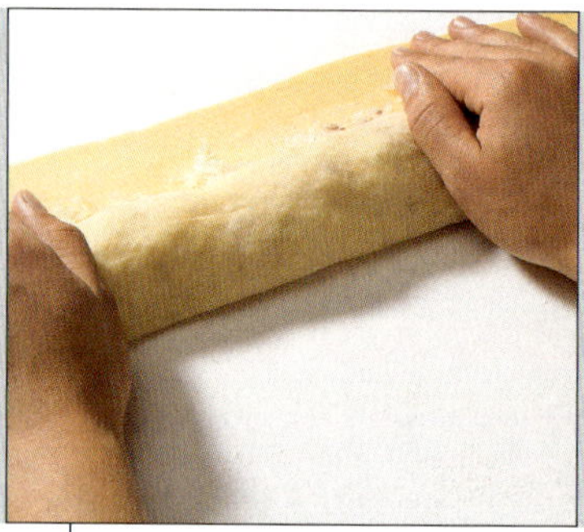

c Den Teig mit beiden Händen – vorsichtig von unten beginnend – eng aufrollen.

d Mit einem scharfen großen Messer etwa 3 cm breite Stücke abschneiden.

Krautkrapfen

Für den Nudelteig:
200 g Mehl, 2 Eier, 1 TL Öl, Salz, 1 EL Wasser
Für die Sauerkrautfüllung:
150 g durchwachsener Räucherspeck
200 g Zwiebeln, 45 g Butterschmalz
750 g Sauerkraut, 1/2 TL Salz
frisch gemahlener Pfeffer, 1 Prise Zucker
6 Wacholderbeeren, 2 Lorbeerblätter
150 ml Weißwein (etwa ein Riesling)
Außerdem:
1/2 Eiweiß, 150 g Butter
1 bis 2 EL Schnittlauchröllchen

1. Aus den angegebenen Zutaten einen Nudelteig kneten. In Folie wickeln und den Teig etwa 1 Stunde kühl ruhen lassen.

2. Für die Füllung den Speck fein würfeln, Zwiebeln schälen und in Ringe schneiden. Das Butterschmalz zerlassen und die Speckwürfel darin hell anbraten. Zwiebelringe kurz mitschwitzen.

3. Das Sauerkraut zufügen und in der Speck-Zwiebel-Mischung wenden. Mit Salz, Pfeffer und Zucker würzen. Die Wacholderbeeren und die Lorbeerblätter untermischen, den Wein angießen und alles 15 Minuten unter gelegentlichem Rühren einkochen lassen. Die Kraut-Mischung zum Auskühlen in ein Sieb schütten.

4. Den Nudelteig zu einer dünnen Platte von etwa 45 x 60 cm ausrollen und weiterverfahren, wie in der Bildfolge oben gezeigt *[siehe a bis d]*.

5. Eine feuerfeste Pfanne dünn mit Butter ausstreichen und die Krautkrapfen aufrecht hineinstellen. Dabei die Rollen nicht zu eng nebeneinander stellen, sondern locker einsetzen.

6. Die Butter in einer separaten Kasserolle zerlassen, die Hälfte davon gleichmäßig über die Krautkrapfen gießen. Die Krautkrapfen bei 200 °C im vorgeheizten Ofen 20 Minuten backen. Mit der restlichen Butter überziehen und nochmals 20 Minuten backen. Mit Schnittlauchröllchen bestreuen und sofort servieren.

Die Teigrollen sind hier mit Sauerkraut und Speck gefüllt. Gut schmeckt aber auch schwarzgeräucherter niederbayerischer Schinken anstelle des Specks.

Kräftig im Aroma | *sind alle drei: der Strudel mit seiner Füllung aus Maronen, Birnen und Speck, Wildschweinschinken, der dünn aufgeschnitten dazugereicht wird, und das mit Kümmel, Honig und Aceto Balsamico interessant gewürzte Altbier-Sabayon.*

Maronenstrudel mit Wildschweinschinken und Altbier-Sabayon

Für den Strudelteig:

140 g Mehl, 10 ml Öl, 1 Eigelb, Salz

1 Spritzer Essig, 80 ml lauwarmes Wasser

Für die Maronen-Füllung:

60 g getrocknete Birnen, 4 cl Birnenschnaps

200 g gegarte, geschälte Maronen

30 g gewürfelter Frühstücksspeck, 50 g Butter

80 g Graubrotwürfel, 2 Thymianzweige

Für das Altbiersabayon:

40 g Schalotten, 2 Lorbeerblätter, 1 TL Kümmel

1 EL Honig, 1 Spritzer Aceto Balsamico

1/2 l Altbier, 1 Eigelb, 20 g Zucker

30 g gebräunte Butter

Außerdem:

200 g Wildschweinschinken, dünn geschnitten

40 g zerlassene Butter zum Bestreichen

1. Aus den angegebenen Zutaten einen glatten Teig kneten. Mit etwas Öl bepinseln, die Teigkugel in Folie wickeln und 2 Stunden kalt ruhen lassen.

2. Birnen im Birnenschnaps 1 Stunde einweichen, abgießen und fein würfeln. Maronen nicht zu klein schneiden. Speckwürfel in einer Pfanne ohne Fett auslassen, 40 g Butter zufügen und die Maronen kurz mitdünsten. Birnen einrühren. Graubrotwürfel in der restlichen Butter rösten, die Thymianblättchen abzupfen und mit den Brotwürfeln unter die Maronenmasse mengen. Füllung mit Folie abdecken und 30 Minuten kalt stellen.

3. Ein Küchentuch auf einem Tisch ausbreiten, mit Mehl bestauben, den Teig darauf ausrollen, dünn ausziehen und mit der zerlassenen Butter bestreichen. Die Maronenfüllung auf dem vorderen Teigdrittel verteilen. Die Ränder seitlich einschlagen und den Strudel von unten beginnend vorsichtig aufrollen – dabei den Teig etwa 3-mal um die Füllung schlagen. Den Strudel auf ein gefettetes Blech legen und bei 200 °C im vorgeheizten Ofen 20 Minuten backen; falls er zu braun wird, mit Alufolie abdecken.

4. Schalotten für das Sabayon schälen, fein würfeln und mit Lorbeer, Kümmel, Honig, Essig und Altbier auf etwa 100 ml reduzieren. Durch ein Sieb gießen und abkühlen lassen. Eigelb, Zucker und Altbierreduktion mischen und auf einem warmen Wasserbad schaumig aufschlagen. Die gebräunte Butter unter ständigem Rühren zugießen.

5. Strudel in Stücke schneiden, mit Sabayon und Wildschweinschinken anrichten. Nach Belieben mit etwas Thymian garnieren und servieren.

Nudelaufläufe mit Kohl und goldener Käsekruste

Cima di rapa hat neben dem Kohlgeschmack auch noch eine leicht bittere Note. Er harmoniert gut mit Zwiebeln, Tomaten und Knoblauch.

Für den besonderen Geschmack der Gratins sind im ersten Rezept Cima di rapa und im zweiten Brokkoli und Anchovisfilets verantwortlich. Von beiden Kohlsorten kann man Blätter, Stiele und Röschen verwenden.

Maccheroni-Gratin

300 g Maccheroni

Für die Gemüsemischung:

80 g Zwiebeln, 2 Knoblauchzehen

40 g Stangensellerie, 3 EL Olivenöl

400 g Cima di rapa, 1/4 l Gemüsefond

650 g Tomaten, Salz, frisch gemahlener Pfeffer

Für die Sauce:

10 g Butter, 15 g Mehl, 1/4 l Milch

Salz, weißer Pfeffer, geriebene Muskatnuss

1 Eigelb, 50 ml Sahne

20 g frisch geriebener Casena di Valtelina

1 EL geschlagene Sahne

Außerdem:

Butter für die Form, 30 g geriebener Pecorino

20 g Butterflöckchen, 1 TL gehackter Oregano

grob zerstoßener Pfeffer

1. Die Zwiebeln und den Knoblauch schälen und beides fein hacken. Sellerie putzen, die groben Fäden entfernen und den Sellerie in kleine Würfel schneiden. Das Olivenöl in einem Topf erhitzen und die Zwiebel-, Knoblauch- und Selleriewürfel darin 2 Minuten anschwitzen.

2. Cima di rapa putzen, die Stiele in etwa 6 cm lange Stücke schneiden, dickere Stiele halbieren. Die jüngeren, zarten Blätter und die Röschen ganz lassen, die größeren Blätter zerkleinern. Die Stiele im Fond 20 Minuten köcheln. In der Zwischenzeit die Tomaten blanchieren, häuten, vierteln, Stielansätze und Samen entfernen und die Viertel quer halbieren. Die Tomaten und die Kohlblätter sowie die -röschen im Fond noch 5 Minuten mitköcheln lassen. Salzen und pfeffern.

3. Die Maccheroni in sprudelnd kochendem Salzwasser al dente garen, abgießen und eventuell kalt abbrausen. Die Nudeln mit dem Gemüse vermischen und in eine gebutterte Form füllen.

4. Für die Sauce die Butter in einer Kasserolle zerlassen und das Mehl darin unter ständigem Rühren farblos anschwitzen. Die Milch nach und nach zugießen, glatt rühren und mit Salz, Pfeffer und Muskatnuss würzen. Unter Rühren etwa 20 Minuten köcheln lassen. Das Eigelb mit der Sahne verquirlen, die Sauce damit legieren und durch ein Sieb passieren. Erneut leicht erhitzen – aber nicht kochen –, den Käse einstreuen und unter Rühren schmelzen. Zuletzt die geschlagene Sahne unterziehen.

Anchovisfilets und Brokkoli vetragen sich gut. Beide bringen viel Geschmack mit und lassen sich daher auch gut mit dem milden Fontina überbacken.

5. Die Sauce über die Gemüse-Nudel-Mischung gießen, mit dem Pecorino bestreuen und mit Butterflöckchen belegen. Den Auflauf bei 200 °C im vorgeheizten Ofen 20 Minuten überbacken. Mit Oregano und grobem Pfeffer bestreut servieren.

Gratinierte Brokkoli-Lumache

FÜR 6 PORTIONEN

500 g Lumache (große Schneckennudeln), Salz

1 kg Brokkoli, 400 g Fontina

4 Knoblauchzehen, 10 Salbeiblätter

40 ml Olivenöl, 40 g Butter

6 bis 8 Anchovisfilets

5 Eier, 600 ml Milch

frisch gemahlener Pfeffer

Butter für die Form

1. Die Nudeln in Salzwasser bissfest garen, abgießen und bis zur weiteren Verwendung beiseite stellen. In der Zwischenzeit den Brokkoli putzen, in Röschen teilen und die dicken Stiele in 1 cm dicke Scheiben schneiden. Den Fontina reiben.

2. Knoblauch schälen und durch die Presse drücken, die Salbeiblätter hacken. Olivenöl und Butter in einem kleinen Topf erhitzen, die Anchovisfilets darin bei milder Hitze unter Rühren schmelzen lassen. Knoblauch und Salbei kurz mitschwitzen. Nudeln und Brokkoli zufügen und gut mit der Anchovis-Mischung vermengen.

3. Eine große feuerfeste Form dünn mit Butter ausfetten und die Nudel-Brokkoli-Mischung darin einschichten. Eier mit der Milch verquirlen, salzen und pfeffern. Die Eiermilch gleichmäßig über die Nudel-Gemüse-Mischung gießen, mit dem geriebenen Käse bestreuen und den Auflauf im vorgeheizten Ofen bei 180 °C 30 bis 40 Minuten goldbraun backen. Falls die Oberfläche zu dunkel zu werden droht, einfach mit Alufolie abdecken.

Frisch aus dem Wok

Köstlich gefüllte Röllchen

In Asien serviert man zu den Frühlingsrollen – ob mit Gemüse Fleisch, Fisch oder Geflügel gefüllt – gerne pikante Saucen zum Dippen. Im Rezept für die Hähnchenrollen findet man als Vorschlag einen Soja-Chili-Dip zum Selbermachen. Wer keine Zeit und Muße hat, kann aber auch auf fertig gemixte Chilisaucen zurückgreifen. Es gibt sie in gut sortierten Supermärkten oder im Asialaden. Generell sollten die Röllchen frisch aus dem Wok serviert werden, sie schmecken so einfach am besten.

Hähnchenrollen »Asiatisch« mit Dip

VORBEREITUNG: Soja-Chili-Dip zuerst zubereiten und 4 Stunden im Kühlschrank gelieren lassen.

Für die Hähnchenrollen:

je 12 Nori- und Frühlingsrollen-Blätter
200 ml Geflügelbrühe
100 ml helle Sojasauce, 100 ml Sake
20 g Ingwerwurzel, geschält und halbiert
1 Chilischote, ohne Samen, 2 Stück Sternanis
4 Hähnchenkeulen (etwa 500 g)
150 g Frühlingszwiebeln, 100 g Zuckerschoten
2 EL Sesamöl, 1 TL Currypulver
50 g Sojasprossen, 1 keine Mango, Salz
1 verquirltes Eiweiß, Öl zum Ausbacken

Für den Soja-Chili-Dip:

1 Stängel Zitronengras, 10 g Ingwerwurzel
75 g Frühlingszwiebeln, 1 Knoblauchzehe
1 1/2 EL Sesamöl, 1/2 Chilischote, ohne Samen
2 Korianderstängel, 1/2 Kaffir-Limettenblatt
100 ml Sherry, 300 ml Geflügelbrühe
100 ml dunkle Sojasauce, 2 Blatt Gelatine
2 rote Chilischoten, ohne Samen

1. Geflügelbrühe mit Sojasauce, Sake, Ingwer, Chili und Sternanis aufkochen. Hähnchenkeulen einlegen und darin etwa 35 Minuten köcheln. Herausnehmen, abkühlen lassen, das Fleisch von den Knochen lösen, häuten und fein würfeln (es sollten 200 g sein). 100 ml Kochsud durch ein Sieb gießen.

2. Frühlingszwiebeln (ohne dunkelgrüne Stängel) in dünne Ringe, Zuckerschoten in feine Streifen schneiden. Das Sesamöl erhitzen, Frühlings-

zwiebeln und Zuckerschoten darin anschwitzen. Curry und Sprossen kurz mitbraten, Sud zugießen und 2 Minuten mitköcheln. Abkühlen lassen.

3. Das Mangofruchtfleisch auslösen, dabei das Fleisch auch gut vom Stein abkratzen und klein gewürfelt mit dem Gemüse vermengen. Fleisch unterrühren und mit Salz und Curry würzen.

4. Etwas Hähnchenmasse auf ein Noriblatt setzen, aufrollen und zu einem Päckchen zusammenfalten. Jeweils in die Mitte eines Frühlingsrollen-Teigblattes legen. Die Ränder mit verquirltem Eiweiß bestreichen und einschlagen. Dann fest zu einer Frühlingsrolle einrollen. Die weiteren Rollen auf die gleiche Weise füllen und fertig stellen. Im heißen Öl (180 °C) knusprig goldbraun ausbacken. Herausheben und auf Küchenpapier entfetten.

5. Zitronengras in Stücke schneiden, den Ingwer schälen und halbieren. Frühlingszwiebelgrün grob hacken, Knoblauch schälen und halbieren. Öl erhitzen und Zitronengras, Ingwer, Frühlingszwiebeln, Knoblauch und Chili darin anschwitzen. Koriander und Limettenblätter kurz mitbraten.

6. Sherry, Geflügelbrühe und Sojasauce angießen, aufkochen und alles zugedeckt etwa 30 Minuten bei reduzierter Hitze ziehen lassen. Gelatine kalt einweichen, Sauce durch ein Sieb gießen und die ausgedrückte Gelatine darin auflösen.

7. Rotes Chilifruchtfleisch sehr klein würfeln, ewa 1 Minute blanchieren, abgießen und in die Sauce rühren. Den Dip 4 Stunden gelieren lassen und zu den Hähnchenrollen reichen.

Frühlingsrollen

20 Teigblätter für Frühlingsrollen (20 x 20 cm)

50 g Glasnudeln, 2 EL Erdnussöl

2 Knoblauchzehen, fein gehackt

2 Frühlingszwiebeln, in dünnen Scheiben

50 g fein gewürfelte Möhre

100 g frische Mungbohnen

50 g Stangensellerie, in hauchdünnen Streifen

300 g kleinere Garnelenschwänze, geschält und in Stücke geschnitten

1/2 TL Salz, 2 EL Fischsauce

1 EL Austernsauce, 1/2 TL gehackte Chilischote

1 TL gehacktes Koriandergrün

1 verqirltes Eiweiß, Öl zum Frittieren

1. Die Frühlingsrollenblätter auftauen lassen. Glasnudeln 15 Minuten in lauwarmem Wasser einweichen, dann in 5 cm lange Stücke schneiden. 1 EL Öl im Wok erhitzen, Knoblauch und Frühlingszwiebeln unter Rühren braten, Gemüse zufügen und bei starker Hitze 2 bis 3 Minuten pfannenrühren, warm halten. Restliches Öl erhitzen, die Garnelen 1 Minute pfannenrühren, das Gemüse und die Glasnudeln untermischen, mit Salz, den Saucen, Chili und Koriandergrün würzen.

2. Die Teigblätter auslegen. Je 2 EL Füllung nebeneinander in die Mitte des Teigblattes setzen, den Teig darüber klappen, Ränder einschlagen und aufrollen. Das Ende mit Eiweiß bestreichen und festdrücken. Frühlingsrollen bei 180 °C frittieren *[siehe a bis c]*. Abtropfen lassen und servieren.

a **Frühlingsrollen frittieren:** Rollen portionsweise ins Öl legen.

b Die Frühlingsrollen wenden und goldgelb ausbacken.

c Mit dem Schaumlöffel herausheben.

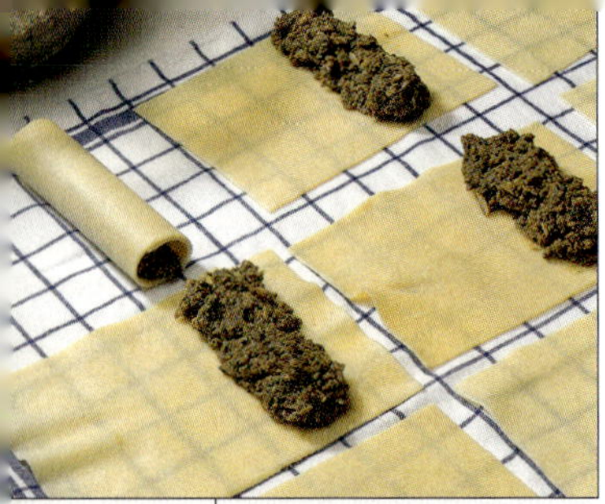

a Cannelloni rollen: Etwas Füllung auf jede Teigplatte setzen.

b Zu Cannelloni rollen und nebeneinander in die Form einlegen.

c Sahne und Parmesan verrühren, über die Cannelloni verteilen.

Cannelloni gerollt & fein gefüllt

Wer Cannelloni – angefangen vom Teig bis hin zur Füllung – selbst machen will, benötigt etwas Zeit. Doch der Aufwand lohnt, insbesondere bei so feinen Füllungen wie diesen.

Cannelloni mit Fleischfüllung

VORBEREITUNG: Für die Herstellung von Teig und Füllung muss man etwa 2 Stunden einkalkulieren.

500 g frischer Nudelteig Nr. 3

Für die Fleischfüllung:

80 g Zwiebeln, 1 Knoblauchzehe, 40 g Möhre
100 g Stangensellerie, 4 EL Olivenöl
je 200 g Schweine- und Rinderhack
1 TL Salz, 1/3 TL frisch gemahlener Pfeffer
1 EL edelsüßes Paprikapulver
1 EL Tomatenpüree, 200 g geputzter Spinat
1/2 l Rinderfond, 150 g Champignons
2 EL gehackte Petersilie, 2 Eigelbe

Für die Tomatensauce:

50 g Butter, 1 EL Zwiebelwürfel
300 g vollreife Tomatenwürfel, gehäutet
20 Basilikumblättchen, 1/2 TL Salz, Pfeffer

Außerdem:

1/8 l Sahne, 50 g geriebener Parmesan
50 g Butterflöckchen

1. Aus den angegebenen Zutaten einen Teig herstellen, in Folie wickeln und 1 Stunde ruhen lassen.

2. Zwiebeln und Knoblauch für die Füllung schälen, beides sehr fein hacken. Möhre und Sellerie putzen, ebenfalls sehr fein hacken. Öl erhitzen und darin Zwiebeln und Knoblauch hell anschwitzen. Möhre und Sellerie kurz mitschwitzen.

3. Schweine- und Rinderhack kräftig anbraten. Mit Salz, Pfeffer und Paprika würzen. Tomatenpüree und Spinat unterrühren. Erkalten lassen. Fond auf 4 bis 5 EL reduzieren und unter die Füllung rühren. Die Pilze putzen, klein würfeln und mit Petersilie und Eigelben untermischen.

4. Für die Tomatensauce die Butter zerlassen und die Zwiebelwürfel darin hell anschwitzen. Die Tomatenwürfel kurz mitschwitzen, sie sollen jedoch nicht ganz zerfallen. Die Sauce mit fein geschnitte-

nem Basilikum, Salz und Pfeffer würzen und die Tomatensauce in eine entsprechend große, rechteckige feuerfeste Form einfüllen.

5. Den Nudelteig ausrollen, jeweils Rechtecke von 7 x 8 cm ausschneiden und 2 Minuten in sprudelnd kochendem Wasser garen. Nudelbätter auf einem feuchten Tuch ausbreiten und die Cannelloni fertig stellen, wie links beschrieben *[siehe a bis c]*.

6. Mit Butterflöckchen belegen und die Cannelloni bei 200 °C im vorgeheizten Ofen etwa 20 Minuten überbacken, die Oberfläche soll eine hellbraune Kruste bekommen.

Cannelloni mit Scampi

VORBEREITUNG: Für die Herstellung von grünem Nudelteig, Fischfarce und Béchamelsauce sollte man rund 3 Stunden einplanen.

250 g frischer grüner Nudelteig
Für die Füllung:
600 g Steinbeißerfilet, gut gekühlt
150 ml Sahne, gut gekühlt, Salz, Pfeffer
12 Scampi (Kaisergranat)
Für die Béchamelsauce:
25 g Butter, 30 g Mehl, 1/2 l Milch
1/2 TL Salz, frisch gemahlener Pfeffer
1 Messerspitze frisch geriebene Muskatnuss
1 Eigelb, 100 ml Sahne
Außerdem:
20 g Butter
20 g frisch geriebener Parmesan

1. Nudelteig nach dem Rezept für frischen grünen Nudelteig herstellen. Wer will, verwendet die doppelte Menge Spinatmatte, dadurch wird der Teig besonders grün.

2. Das Fischfilet würfeln, in mehreren Portionen im Mixer rasch pürieren; die Masse darf dabei nicht warm werden. Den pürierten Fisch durch ein Sieb streichen, gekühlte Sahne einrühren, mit Salz und Pfeffer würzen und erneut kalt stellen.

Delikat *ist diese Cannelloni-Variante: Frischer grüner Nudelteig umhüllt eine zarte Fischfarce, in die ein ganzer Kaisergranat, wie Scampi im Deutschen heißen, eingerollt ist.*

3. Die Scampischwänze vom Kopfteil abdrehen, mit einem scharfen Messer längs halbieren, aus der Schale lösen und den Darm entfernen. Trockentupfen und die Scampihälften kalt stellen.

4. Die Butter für die Béchamelsauce zerlassen, das Mehl darin hell anschwitzen, mit der Milch glatt rühren, würzen und unter Rühren 20 Minuten köcheln. Eigelb und Sahne mit 2 EL Sauce verquirlen, vom Herd nehmen, die Sauce mit der Eigelbmischung legieren und durch ein Sieb passieren.

5. Aus dem Teig 12 Platten von 7 x 8 cm ausschneiden und 2 Minuten in sprudelnd kochendem Salzwasser garen. Die Platten auf einem feuchten Küchentuch ausbreiten. Mit Fischfarce bestreichen, dabei rundum einen Teigrand freilassen. Je 2 Kaisergranathälften in die Mitte legen, vorsichtig zu Cannelloni aufrollen und die Kante andrücken.

6. Die Cannelloni in eine gebutterte feuerfeste Form einlegen. Mit der Béchamelsauce übergießen und mit Käse bestreuen. Bei 200 °C im vorgeheizten Ofen 8 Minuten backen und 1 Minute unter den Grill stellen, so erhalten die Cannelloni eine appetitlich gebräunte Oberfläche.

Schicht für Schicht ein wahrer Genuss

a **Lasagneblätter garen:** Die Teigplatten in Salzwasser 2 Minuten garen.

b **Lasagne fertig stellen:** Je 2 Teigblätter überlappend in die Form einlegen.

c Die Hälfte der Fleischfüllung darauf verteilen und glatt streichen.

d Die Fleischfüllung mit einer Schicht Lasagneblätter bedecken.

e Die Hälfte der Béchamelsauce darauf verstreichen und von vorne beginnen.

Lasagne al forno ist eines der klassischen Rezepte aus der Pasta-Hochburg Bologna. Die Köche verstehen sich dort nicht nur besonders gut auf delikate Pasta, sie kochen auch die besten Fleischsaucen, und genau diese Kombination ist für eine gute Lasagne nötig. Bei der Pugliese brät man zunächst kleine, gut gewürzte Fleischbällchen und schichtet diese dann abwechselnd mit Teig, Käse und Mortadella in die Form.

Grüne Lasagne nach Bologneser Art

FÜR 8 BIS 10 PORTIONEN

400 g grüner Nudelteig

Für die Bologneser Fleischsauce:

je 250 g mageres Rind- und Schweinefleisch, etwa aus der Schulter, grob gewürfelt

3 EL Olivenöl, 60 g fein gewürfelte Zwiebel

60 g fein gewürfelte Möhre

60 g fein gewürfelter Stangensellerie

3 EL Tomatenmark, Salz, gemahlener Pfeffer

1/2 l Fleischbrühe

1 EL fein gehackte Petersilie

Für die Béchamelsauce:

30 g Mehl, 25 g Butter, 1/2 l Milch

Salz, frisch gemahlener weißer Pfeffer

1 Messerspitze frisch geriebene Muskatnuss

Außerdem:

Butter für die Form (28 x 16 cm)

80 g frisch geriebener Parmesan

1. Den grünen Nudelteig von Hand oder mit der Nudelmaschine dünn ausrollen und in Platten schneiden, die annähernd so breit sind wie die verwendete Auflaufform.

2. Für die Fleischsauce beide Fleischsorten durch die mittlere Scheibe des Fleischwolfs treiben. Das Öl in einer schweren Kasserolle erhitzen und das Hackfleisch darin kräftig anbraten, bis es krümelig zerfällt. Zwiebel-, Möhren- und Selleriewürfel sowie das Tomatenmark kurz mitschwitzen. Mit Salz und Pfeffer würzen, Brühe und Petersilie zufügen und alles 30 Minuten offen köcheln lassen.

3. Für die Béchamelsauce das Mehl in zerlassener Butter hell anschwitzen. Milch zugießen, glatt rühren, aufkochen, würzen und bei geringer Hitze 20 Minuten unter ständigem Rühren köcheln lassen. Die Béchamel durch ein Sieb passieren.

4. Lasagneblätter garen *[siehe a]*, glatt auslegen und mit einem feuchten Tuch bedecken. Die Form mit Butter fetten und die Zutaten einschichten, wie beschrieben *[siehe b bis e]*. Die letzte Schicht Béchamel mit Parmesan bestreuen und die Lasagne bei 220 °C im vorgeheizten Ofen 20 Minuten backen.

Lasagne alla pugliese

FÜR 6 PORTIONEN

500 g frischer Nudelteig Nr. 3

Für die Fleischfüllung:

2 Brötchen vom Vortag, 400 ml Milch

70 g Zwiebel, 3 Knoblauchzehen

Frisch aus dem Ofen: Ein Stück Lasagne al forno, wie sie besser nicht sein könnte – mit goldgelber Kruste und einer herzhaft-würzigen Fleischfüllung.

500 g gemischtes Rinder- und Schweinehack
4 bis 5 EL Olivenöl, 3 Anchovisfilets
Salz, Pfeffer, frisch geriebene Muskatnuss
Außerdem:
400 g Fontina, 400 g Büffelmozzarella
200 g Mortadella, 1 Bund Basilikum
1 EL Öl, 1 l Tomatensauce, 3 bis 4 EL Milch

1. Die Brötchen in der Milch 1 Stunde einweichen, herausnehmen und gut ausdrücken. Die Zwiebel fein hacken, Knoblauch schälen. Das Hackfleisch in eine Schüssel geben. In einer großen Pfanne 2 EL Olivenöl erhitzen und die Zwiebel darin anschwitzen. Knoblauch dazupressen. Anchovis unter Rühren kurz mitschwitzen und die Mischung mit den Semmeln zum Hackfleisch geben. Mit Salz, Pfeffer und Muskat kräftig würzen und alles gut vermengen. Mit Hilfe eines Teelöffels etwa walnussgroße Bällchen abstechen und diese im restlichen Öl rundum braun braten.

2. Den Nudelteig zu vier großen dünnen Platten (in Größe der Auflaufform) ausrollen und etwa 5 Minuten in kochendem Salzwasser garen. Herausheben und den Teig gut abtropfen lassen. Den Fontina, Büffelmozzarella sowie die Mortadella fein hacken. Basilikum waschen, trocknen und in Streifen schneiden (einige Blättchen zum Garnieren beiseite legen).

3. Die Auflaufform mit Öl ausstreichen und eine dünne Schicht Tomatensauce eingießen. Die erste Teigplatte darauf legen und diese wieder mit Tomatensauce begießen. Darauf eine Schicht Fleischbällchen verteilen, gefolgt von einem Teil Basilikum, Fontina, Mozzarella und Mortadella. Dann wieder eine Teigplatte, Sauce, Fleischbällchen darauf schichten. So fortfahren, bis alle Zutaten verbraucht sind. Den Abschluss bildet eine Teigplatte mit Sauce und Fontinakäse.

4. Etwas Milch darüber träufeln und die Lasagne im vorgeheizten Ofen bei 200 °C in etwa 30 Minuten goldbraun backen. Herausnehmen, mit Basilikumblättchen bestreuen und servieren.

Tipp: Wer fertige Teigplatten verwenden möchte, benötigt für eine Form von 28 x 20 cm etwa 15 Lasagneblätter in der Größe 17 x 9 cm.

Gnocchi Nockerl & Knödel

In Sachen Gnocchi, Nockerl und Knödel hat die Teigwarenküche einiges zu bieten: Ob aus Kartoffeln oder Maisgrieß geformt, aus Weiß- oder Schwarzbrot hergestellt, ob mit Räucheraal gefüllt oder mit würzigem Käse im Teig – die bodenständigen, dabei doch raffinierten Gerichte aus verschiedenen Regionen überzeugen einfach jeden.

Zweimal Gnocchi verfeinert mit Parmesan

Das Rezept für Kürbisgnocchi stammt aus dem Piemont, einer Gegend, die zu Recht berühmt ist für ihre ausgezeichnete Küche. Das zweite hingegen ist aus dem für seinen Pilzreichtum bekannten Veltlin.

Gnocchi di zucca

1 kg Kürbis (1 kleiner ganzer oder 1 Spalte)

100 g Mehl, 1 Ei

100 g frisch geriebener Parmesan

Salz, frisch gemahlener Pfeffer

Für den Spinat:

700 g Spinat, 40 g Frühlingszwiebeln

1 Knoblauchzehe, 40 g Butter

20 g Pinienkerne

Salz, frisch gemahlener Pfeffer

Außerdem:

25 g Butter

30 g frisch gehobelter Parmesan

1. Den Kürbis oder die Kürbisspalte auf ein Blech legen und bei 200 °C im vorgeheizten Ofen 90 Minuten garen. Herausnehmen, etwas abkühlen lassen, durchschneiden und mit einem Löffel die Kerne entfernen. Das Kürbisfruchtfleisch, es sollten etwa 500 g sein, mit dem Löffel auslösen und im Mixer pürieren. Mit Mehl, Ei, Parmesan, Salz und Pfeffer zu einem glatten Teig verarbeiten.

2. Spinat putzen, waschen, gut abtropfen lassen und in etwa 1 cm breite Streifen schneiden. Frühlingszwiebeln putzen, Knoblauchzehe schälen und beides fein hacken. Butter zerlassen, Pinienkerne, Frühlingszwiebeln und Knoblauch darin glasig schwitzen. Spinat zufügen und unter mehrmaligem Wenden in 2 bis 3 Minuten zusammenfallen lassen. Salzen und pfeffern.

3. Etwas Kürbisteig abstechen, die Löffel vorher in kaltes Wasser tauchen, zu Gnocchi formen und garen, wie rechts oben beschrieben *[siehe a bis c]*.

4. Die Butter in einer Pfanne zerlassen und leicht bräunen. Den Spinat und die Gnocchi in vorgewärmten tiefen Tellern anrichten. Die Kürbisgnocchi mit der gebräunten Butter beträufeln, mit dem frisch gehobelten Parmesan bestreuen und das Gericht sofort servieren.

Kartoffelgnocchi mit Tomaten-Steinpilz-Sauce

Für die Gnocchi:

600 bis 700 g mehlig kochende Kartoffeln
50 g Ricotta, 1 Eigelb
80 g frisch geriebener Parmesan
2 EL Mehl
Salz, frisch gemahlener Pfeffer
frisch geriebene Muskatnuss

Für die Tomaten-Steinpilz-Sauce:

300 g Tomaten, 50 g Schalotten
1 Knoblauchzehe, 4 EL Olivenöl
Salz, frisch gemahlener Pfeffer
400 g Steinpilze
15 g Butter
1 EL fein gehackte Petersilie

Das Rillenmuster lässt sich leicht herstellen: Man drückt die einzelnen Teigstücke über die Zinken einer Gabel – und fertig sind diese dekorativen Gnocchi.

1. Kartoffeln waschen, sorgfältig abtrocknen, in Alufolie wickeln und bei 200 °C im vorgeheizten Ofen etwa 1 Stunde backen.

2. Inzwischen die Tomaten für die Sauce blanchieren, kalt abschrecken, häuten und die Stielansätze sowie die Samen entfernen. Das Fruchtfleisch in kleine Würfel schneiden. Schalotten und Knoblauch schälen und beides fein hacken.

3. In einer Kasserolle das Olivenöl erhitzen und die Schalotten mit dem Knoblauch darin glasig schwitzen. Tomatenwürfel kurz mitschwitzen, mit Salz und Pfeffer würzen und alles 15 Minuten bei geringer Hitze köcheln lassen.

4. Die Steinpilze putzen, es sollten etwa 300 g übrig bleiben. Falls nötig, kurz waschen oder abtupfen und die Pilze in Scheiben schneiden.

5. Kartoffeln aus dem Ofen nehmen, aus der Schale lösen und noch heiß durch die Presse drücken. Die Kartoffelmasse etwas abkühlen lassen und 500 g davon abwiegen. Die Kartoffelmasse mit der Ricotta, dem Eigelb, dem geriebenen Parmesan, dem Mehl sowie Salz, Pfeffer und Muskatnuss zu einem glatten Teig verkneten.

6. Den Teig kurz ruhen lassen, mit Mehl bestauben und auf einer bemehlten Arbeitsfläche zu Strängen rollen. Diese jeweils in gleichmäßig große Stücke schneiden, zu Gnocchi formen und über die Zinken einer Gabel abrollen, so erhalten die Gnocchi ein dekoratives Muster.

7. In einer Pfanne die Butter zerlassen und die Pilze darin kurz braten. Salzen, pfeffern und mit der gehackten Petersilie bestreuen. Tomatensauce zufügen und alles vorsichtig durchmischen.

8. Die Gnocchi portionsweise in kochendes Salzwasser einlegen, die Hitze reduzieren und in etwa 3 Minuten gar ziehen lassen. Sobald die Gnocchi an die Oberfläche steigen, mit dem Schaumlöffel herausheben, auf Tellern anrichten und die Tomaten-Steinpilz-Sauce darüber verteilen.

a **Nocken formen und garen:** Kürbismasse abstechen. Mit 2 EL zu Nocken formen.

b Salzwasser zum Kochen bringen, die Hitze reduzieren und die Gnocchi einlegen.

c Gnocchi im siedenden Wasser 5 Minuten gar ziehen lassen und herausheben.

Schwarzbrotknödel mit deftigem Räucherfischkern

Sollte bei diesen Knödeln mal etwas von der Aalfüllung übrig bleiben, dann lässt sich diese auch gut als würziger Brotaufstrich verwenden.

Räucheraalknödel mit Safranschaum

Für die Knödel:

100 ml trockener Wermut (etwa Noilly Prat)

200 g Räucheraalfilet (ohne Haut)

50 g blanchierter Spinat (frisch 100 g)

1 EL gehackter Dill, 60 g Crème fraîche

Salz, Pfeffer, 150 g Schwarzbrot vom Vortag

50 g Zwiebel, 20 g Bündnerfleisch, 10 g Butter

1 Ei, 50 g Magerquark, 30 ml Milch

frisch geriebene Muskatnuss

je 1 EL gehackte Petersilie und Schnittlauch

Für den Safranschaum:

20 g Schalotte, 10 g Butter

2 Messerspitzen Safranpulver

je 100 ml Weißwein, Fischfond und Sahne

40 g eiskalte Butter, in Würfeln

Außerdem:

rote und gelbe Tomaten zum Garnieren

etwas Mehl, Dill- und Schnittlauchspitzen

1. Wermut auf 2 bis 3 EL einkochen. Das Aalfilet in kleine Würfel schneiden, den blanchierten und gut ausgedrückten Spinat fein hacken. Die Aalwürfel in eine Schüssel füllen, Spinat, Dill, den reduzierten Wermut sowie die Crème fraîche zufügen und weiterverfahren, wie gezeigt *[siehe a]*. Aus der Masse Klößchen formen, auf Folie setzen *[siehe b]* und 2 Stunden in das Gefrierfach stellen.

2. Das Brot in kleine Würfel schneiden und in eine Schüssel geben. Die Zwiebel schälen und wie das Bündnerfleisch fein würfeln. Beides in 10 g zerlassener Butter glasig schwitzen und zu den Brotwürfeln geben. Ei und Quark zufügen, die Milch aufkochen und zugießen. Die Masse mit Salz und Muskatnuss würzen, Kräuter untermengen und alles gut miteinander verkneten. Die Knödelmasse 1 Stunde kalt stellen.

3. Für den Safranschaum die Schalotte schälen, fein würfeln und in der Butter glasig schwitzen. Safranpulver, Weißwein, Fischfond und Sahne zugießen und die Flüssigkeit auf die Hälfte einkochen lassen. Mit dem Pürierstab aufmixen und die Sauce durch ein feines Sieb gießen.

4. Den Brotteig mit Mehl bestauben und durchkneten. Mit einem nassen Löffel etwa 16 Klößchen abstechen. In jeden Brotteigknödel ein angefrorenes Räucheraalklößchen einhüllen *[siehe c]*. Reichlich Salzwasser aufkochen, die Aalknödel einlegen und 10 Minuten köcheln lassen.

5. Je 4 Räucheraalknödel auf vorgewärmten Tellern anrichten. Die Sauce mit den eiskalten Butterstückchen aufmixen und die Knödel mit dem Safranschaum umgießen. Mit Dill, Schnittlauch und Tomatenstücken nach Belieben garnieren.

a **Aalknödel zubereiten:** Mit Salz und Pfeffer würzen und alles gut vermengen.

b Aus der Räucheraal-Masse kleine Klößchen von etwa 2 cm Durchmesser formen.

c Den Schwarzbrotteig mit den gefrorenen Räucheraalklößchen füllen und zu Knödeln formen.

Mit Käse und Spinat

Herzhaftes aus Südtirol

Diese schmackhaften Nocken werden oft mit Graukäse zubereitet. Mindestens genauso gut schmecken sie aber mit reifem Bergkäse oder Emmentaler. Die Spinatgnocchi eignen sich aber auch gut als Beilage, etwa zu Fleisch- oder Wildragouts, da sie sich geschmacklich gegen diese ohne weiteres behaupten können.

Kasnocken

250 g Semmeln vom Vortag

200 ml lauwarme Milch, 80 g Zwiebeln

250 g reifer Bergkäse oder Emmentaler

10 g Butter, 15 g Mehl, 2 Eier, 1 Eigelb

2 EL gehackte Kräuter (Petersilie und Schnittlauch)

Salz, frisch gemahlener weißer Pfeffer

1 Messerspitze frisch geriebene Muskatnuss

80 g Butter, 50 g geriebener Parmesan

1. Die Semmeln in dünne Scheiben schneiden, in eine Schüssel geben, die lauwarme Milch darüber gießen und gut durchziehen lassen.

2. Die Zwiebeln schälen und fein würfeln. Den Käse klein würfeln. In einer Pfanne die Butter zerlassen und die Zwiebelwürfel darin goldgelb schwitzen. Zusammen mit Käse, Mehl, Eier und Eigelb mit den eingeweichten Brötchen in der Schüssel vermengen. Gehackte Kräuter untermischen und mit Salz, Pfeffer und Muskat würzen.

3. Die Masse mit Hilfe eines Esslöffels in der nassen Hand zu eigroßen Nocken formen. Diese in kochendes Salzwasser einlegen, die Hitze reduzieren und die Kasnocken in 12 bis 15 Minuten gar ziehen lassen. Mit einem Schaumlöffel herausheben und abtropfen lassen.

4. Butter in einer kleinen Pfanne leicht bräunen. Kasnocken auf vorgewärmten Tellern anrichten, mit dem Parmesan bestreuen und mit der Butter beträufeln. Ein frischer Blattsalat der Saison ist eine willkommene Beilage.

Deftig aber delikat: In Südtirol haben Nocken mit würzigem Käse eine große Tradition.

Spinatnocken mit Hasenragout

VORBEREITUNG: Fleisch über Nacht marinieren.
ZUBEREITUNG: 3 bis 4 Stunden.

Für das Hasenragout:

1 kg Wildhase (Keulen oder ganzer Hase)

60 g rote Zwiebel, 1 Knoblauchzehe, geschält

10 Wacholderbeeren, 1 TL weiße Pfefferkörner

Spinatnocken *schmecken pur, nur mit etwas Salbeibutter beträufelt. Sie eignen sich aber auch als Beilage, etwa zu Hasenragout, da sie geschmacklich ohne weiteres mit dem kräftigen Aroma des Wildhasen harmonieren.*

2 Lorbeerblätter, 6 frische Salbeiblätter
1/2 l Rotwein aus dem Trentino
500 g Tomaten, 4 EL Olivenöl
je 50 g Zwiebel und Möhre, klein gewürfelt
50 g Stangensellerie, in Stücken
2 EL Tomatenmark, 1/4 l Wildfond
Salz, frisch gemahlener Pfeffer
Für die Spinatnocken:
500 g frischer Spinat, Salz
250 g Weißbrot vom Vortag, 100 ml Milch
2 Eier, 80 g Mehl, Pfeffer, Muskatnuss
Außerdem:
50 g Butter, 8 Salbeiblätter
50 geriebener Parmesan

1. Hasenstücke von Haut und Sehnen befreien und in eine große Schüssel legen. Rote Zwiebel schälen, vierteln und mit Knoblauch, Wacholder, Pfeffer, Lorbeer und Salbei zum Fleisch geben. Mit Rotwein übergießen, mit Folie abdecken und 12 Stunden im Kühlschrank marinieren.

2. Fleisch herausnehmen, trockentupfen, von den Knochen lösen und 1 cm groß würfeln. 1/4 l Marinade abmessen und beiseite stellen. Die übrige Marinade ebenfalls beiseite stellen. Die Knochen klein hacken. Die Tomaten waschen und vierteln.

3. In einem Topf die Hälfte des Öls erhitzen und die Knochen darin von allen Seiten kräftig anbraten. Die Zwiebel- und Möhrenwürfel sowie die Selleriestücke unter Rühren mitbraten. Die Tomaten mit dem Tomatenmark ebenfalls kurz mitbraten. Alles mit dem Wildfond und dem 1/4 l Marinade ablöschen, salzen und pfeffern. Zugedeckt 2 bis 3 Stunden schmoren lassen, dabei nach und nach die restliche Marinade zugießen. Vom Herd stellen und die Sauce durchseihen.

4. Das restliche Öl in einer großen Pfanne erhitzen und das Fleisch darin rundum anbraten. Die Sauce zugießen und alles 20 Minuten zugedeckt schmoren lassen, bis das Fleisch weich ist.

5. Für die Nocken den Spinat verlesen, waschen und in kochendem Salzwasser blanchieren, fest ausdrücken und fein hacken. Das Weißbrot entrinden und in kleine Würfel schneiden. Mit der Milch übergießen und durchmischen. Spinat, Eier, Mehl und Gewürze zugeben und alles gut vermengen. Die Masse mit einem Esslöffel in der nassen Hand zu eigroßen Nocken formen.

6. In kochendes Salzwasser einlegen, Hitze reduzieren und die Nocken in 5 bis 7 Minuten gar ziehen lassen. Herausnehmen und abtropfen lassen. In einer Form Butter zerlassen, Salbeiblätter darin schwenken, Nocken einlegen, mit der Salbeibutter übergießen und mit Parmesan bestreuen. Nocken und Ragout auf Tellern anrichten und servieren.

Aus Österreich & Südtirol

Knödel ganz bodenständig

»Grammel« heißen in Österreich ausgelassene, krosse Würfel vom fetten (grünen) Speck – in Deutschland als Grieben bekannt. Kartoffelklöße, die damit gefüllt sind, schmecken besonders deftig. Sehr herzhaft ist auch das Tiroler Blutwurst-Gröstl – eine Variante, bei dem anstelle von Bratkartoffeln Blutwurststücke mit Speck und Zwiebeln kross gebraten und mit verquirltem Ei übergossen werden. Da Blutwurst dazu neigt beim Braten zu zerfallen, sollte man die Stücke nicht allzu dünn schneiden. Und hinter dem Namen »Schwarzplentene« verbergen sich Semmelknödel mit einem Anteil Buchweizenmehl und Tiroler Graukäse.

Grammelknödel mit Blutwurstgröstl

Für die Grammelknödel:

500 g mehlig kochende Kartoffeln

50 g Butter, 3 Eigelbe, 80 g Speisestärke

Salz, frisch geriebene Muskatnuss

150 g grüner Speck (Rückenspeck), 250 g Äpfel

40 g Schalotten, 1 geschälte Knoblauchzehe

1 TL Paprikapulver, 1 EL gehackte Petersilie

Für den panierten Sellerie:

1 mittlere Sellerieknolle (etwa 400 g)

1/2 l Geflügelbrühe, 2 Lorbeerblätter

Mehl, 1 verquirltes Ei

Semmelbrösel zum Panieren, Butterschmalz

Für das Blutwurstgröstl:

250 g leicht geräucherte Blutwurst
40 g Schalotten, 4 kleine Essiggurken, 3 Eier
1 EL Sahne, 2 EL gehackte Petersilie

1. Die Kartoffeln in der Schale kochen, ausdampfen lassen. Pellen, durch die Presse drücken und mit zerlassener Butter, Eigelben, Stärke, Salz und Muskat zu einer glatten Masse verarbeiten.

2. Den Speck sehr fein würfeln und in einer Pfanne goldbraun auslassen, abgießen, dabei etwas von dem Fett auffangen. Die Grieben abtropfen lassen Die Äpfel schälen, vom Kerngehäuse befreien und fein würfeln. Schalotten schälen, ebenfalls fein würfeln und mit den Schalotten in 2 EL des Speckfettes hellbraun anschwitzen, Knoblauch dazupressen und Paprika, Grieben sowie die Petersilie einrühren. Etwas abkühlen lassen, mit einem Teelöffel 1 cm große Klößchen von der Masse abstechen und 2 Stunden tiefkühlen.

3. Sellerie schälen und in 1 cm dicke Scheiben schneiden. In der Geflügelbrühe mit Lorbeer in etwa 8 Minuten halb gar kochen, herausnehmen, abkühlen lassen. Die Scheiben in Tortenstücke schneiden, diese in Mehl, Ei und Bröseln wenden und im heißen Schmalz braten. Warm halten.

4. Die Kartoffelmasse in aprikosengroße Portionen teilen, leicht flach drücken, mit je einem Griebenklößchen füllen und zu Knödeln formen. Die Grammelknödel in kochendes Salzwasser einlegen und 10 Minuten köcheln lassen. Warm stellen.

Schwarzplentene aus Tirol schmecken pur, nur mit Butter beträufelt, ganz vorzüglich. Mit Gemüse werden sie im Handumdrehen zum Hauptgericht.

5. Blutwurst in Scheiben oder Stücke schneiden. Schalotten und Essiggurken fein würfeln und beides in 2 EL Speckfett glasig anschwitzen, die Blutwurst kurz mitbraten. Kurz vor dem Servieren die Eier mit der Sahne verquirlen, unterrühren und kurz stocken lassen. Das Blutwurstgröstl auf vorgewärmten Tellern verteilen, die Grammelknödel und Selleriescheiben daneben anrichten, mit Petersilie bestreuen und servieren.

Schwarzplentene Knödel mit Graukas

100 g Brötchen vom Vortag
80 g trockenes Schüttelbrot oder Schwarzbrot
150 ml lauwarme Milch, 20 g Butter
1 gehackte Knoblauchzehe
60 g fein gehackte Zwiebel
50 g Lauch, in Streifen geschnitten
2 EL gehackte Kräuter, (Petersilie, Schnittlauch, Liebstöckel)
1/2 TL Salz, frisch gemahlener weißer Pfeffer
1 Messerspitze geriebene Muskatnuss, 2 Eier
60 g Schwarzplentenmehl (Buchweizenmehl)
180 g reifer Tiroler Graukäse, 80 bis 100 g Butter

1. Brötchen in dünne Scheiben schneiden und das Brot zerbröckeln. Beides in einer großen Schüssel mit der Milch übergießen und etwa 15 Minuten ziehen lassen. Butter zerlassen, Knoblauch, die Zwiebelwürfel und Lauchstreifen darin hell anschwitzen und die Mischung zu dem eingeweichten Brot geben. Kräuter, Gewürze, Eier und Buchweizenmehl zufügen und alles zu einem lockeren Teig vermengen und 15 Minuten ruhen lassen.

2. Inzwischen den Graukäse klein würfeln und unter den Teig kneten. Aus der Masse 12 kleine Knödel von etwa 50 g formen. In kochendes Salzwasser einlegen und bei reduzierter Hitze in etwa 12 Minuten gar ziehen lassen. Herausheben, abtropfen lassen und auf Tellern anrichten. Mit gebräunter Butter übergießen und servieren.

Süßes mit Nudeln & Polenta

Süße Nudeln? Warum nicht – in Österreich sind sie gang und gäbe. Gut lassen sich etwa Ravioli & Co. – süß gefüllt – zum Dessert reichen. Beliebt sind auch Schokonudeln oder -tascherln, bei welchen Kakaopulver mit in den Teig kommt. Anders als bei Polenta ist dieser selbst jedoch in der Regel nicht süß, erst die Begleitung macht's.

Schicht für Schicht

In bester Begleitung

Etwas Zeit muss man für dieses Dessert einkalkulieren. Nicht so sehr für das Parfait, denn dieses lässt sich gut am Vortag zubereiten – sondern für das Backen selbst: Denn man darf den Kartoffelteig für dieses Backwerk keine Sekunde aus den Augen lassen, zu schnell ist eine Schicht zu dunkel geraten. Perfekt ist der Baumkuchen, wenn alle Schichten schön hellbraun sind. Dekorieren kann man das Dessert mit Früchten der Saison, hier ein Vorschlag mit Kirschkompott und Kokoshippen.

Kartoffelbaumkuchen & Kokos-Marzipan-Parfait

FÜR 8 PORTIONEN

Für das Kokos-Marzipan-Parfait:

30 ml Milch, 60 g Marzipanrohmasse

2 Eigelbe, 30 g Zucker, 30 ml weißer Rum

80 ml ungesüßte Kokosmilch, 200 ml Sahne

Für den Kartoffelbaumkuchen:

200 g mehlig kochende Kartoffeln

50 g Butter, 120 g Zucker, 80 g Crème fraîche

4 Eigelbe, 2 Eiweiße

30 g ungemahlener Mohn, 80 ml Milch

80 ml Sahne, 40 g Zucker, 1 EL Honig

Mark von 1/2 Vanilleschote

Außerdem:

1 Biskuitboden von 1/2 cm Höhe und 26 cm Ø

8 Kokos-Hippenröllchen, 200 g Kirschkompott

Minzeblättchen zum Garnieren

1. Die Milch für das Parfait erhitzen, die Marzipanrohmasse darin unter Rühren auflösen, vom Herd nehmen und abkühlen lassen.

2. In einer Rührschüssel Eigelbe mit Zucker und Rum über einem 80 °C warmen Wasserbad schaumig aufschlagen, dann über Eiswasser kaltschlagen. Marzipan- und Kokosmilch zugießen und alles gut verrühren. Die Sahne steif schlagen, unterheben und die Masse mindestens 6 Stunden, besser noch über Nacht einfrieren.

3. Kartoffeln kochen, abgießen, ausdampfen lassen, pellen und durch die Presse drücken. Die Butter, 80 g Zucker, Crème fraîche sowie 2 Eigelbe unter die Kartoffelmasse arbeiten. Auskühlen lassen.

4. Eiweiße mit dem restlichen Zucker steif schlagen und den Eischnee unter die Kartoffelmasse heben. Eine rechteckige Auflaufform (etwa 20 x 25 cm) mit Backpapier auslegen und eine dünne Schicht Kartoffelmasse auf dem Boden verstreichen. Bei starker Oberhitze oder unter dem Grill hellbraun backen. Vorsicht, das geht sehr schnell!

5. Die nächste Teigschicht aufstreichen und bei starker Oberhitze hellbraun backen. So fortfahren, bis der ganze Kartoffelteig verbraucht ist. Etwas auskühlen lassen, aus der Form stürzen und den Kartoffelbaumkuchen in Würfel von etwa 5 cm Kantenlänge schneiden.

6. In einem Topf Mohn, Milch, Sahne, Zucker, Honig mit dem Vanillemark aufkochen und vom Herd nehmen. Die restlichen Eigelbe verrühren und vorsichtig in die nicht mehr kochende Milchmischung einrühren. Diese auf einem heißen Wasserbad rühren, bis die Sauce bindet – sie darf aber nicht mehr kochen! Die Sauce durch ein Sieb in eine kalte Schüssel gießen und die Hälfte des Mohns wieder einrühren. Etwas abkühlen lassen.

7. Aus dem Biskuit 8 runde Kreise (5 cm Ø) ausstechen, jeweils auf einen Teller legen und etwas Parfaitmasse darauf setzen. Je 2 noch warme Baumkuchenstücke daneben legen, 2 EL Mohnsauce auf den Teller träufeln und ein paar Kirschen daneben anrichten. Das Parfait mit einem Hippen-Röllchen und Minze garniert servieren.

Täschchen & Blätter mit Pfirsich und Aprikosen

Pfirsich-Lasagne mit Honigschaum

FÜR 6 BIS 8 PORTIONEN

300 g Mehl, 3 kleine Eier

abgeriebene Schale und Saft von 1 Limette

1 Vanilleschote, 10 ml Olivenöl

4 reife Pfirsiche (500 g), 200 ml Weißwein

200 g Zucker, 1 Prise Salz

80 g Löffelbiskuits, 50 g Butter

3 Eigelbe

3 bis 4 EL Honig

1 Messerspitze gemahlener Zimt

100 ml Sahne, 250 g Himbeeren

1. Aus Mehl, Eiern, Limettenschale, Vanillemark und Olivenöl einen festen Nudelteig herstellen, bei Bedarf eventuell etwas kaltes Wasser einarbeiten. In Folie wickeln und 1 Stunde kühl ruhen lassen.

2. Pfirsiche mit dem Sparschäler dünn schälen, halbieren und den Stein entfernen. 1 l Wasser mit Weißwein, Zucker, Salz, der ausgekratzten Vanilleschote sowie Limettensaft aufkochen und die Pfirsichhälften darin etwa 5 Minuten pochieren. Herausnehmen, die Pfirsiche abtropfen lassen und 1 weiteren Liter Wasser zugießen. Die pochierten Pfirsichhälften längs in Spalten schneiden.

3. Löffelbiskuits in eine Plastiktüte füllen und mit dem Wellholz darüber rollen – so erhält man nicht zu feine Brösel. Butter zerlassen und die Biskuitbrösel darin leicht bräunen. Eigelbe mit Honig, Zimt und Sahne auf einem heißen Wasserbad mit dem Handmixer cremig aufschlagen.

4. Pfirsichsud aufkochen. Nudelteig dünn ausrollen und 18 bis 24 runde Teigkreise (etwa 10 cm Ø) ausstechen. Teigblätter im kochenden Sud 8 bis 10 Minuten garen. Herausheben, abtropfen lassen.

5. Auf jeden Teller etwas Honigschaum geben, eine Teigplatte auflegen, 1 bis 2 Pfirsichspalten und ein paar Himbeeren darauf verteilen. Erneut Honigschaum, 1 Teigplatte, Pfirsichspalten und Himbeeren auflegen. So fortfahren, bis alle Teigkreise verbraucht sind, dabei etwas Honigschaum zum Garnieren aufbewahren. Den letzten Teigkreis mit den Butterbröseln überziehen, mit einer Himbeere garnieren und die Lasagne mit dem restlichen Honigschaum umgießen.

Raffiniert: Durch Vanillemark und Limettenschale erhalten die Lasagneblätter ihr besonderes Aroma. Hier dient ein wenig Thymian als Garnitur, wer will, kann ihn aber auch in den Teig einarbeiten (2 EL abgezupfte Thymianblättchen unterkneten).

Die Marillentascherl, *wie sie die Österreicher nennen, werden sorgfältig gefüllt, ausgeradelt und in Öl frittiert. Vor dem Servieren richtet man Aprikosenkompott und -täschchen mit Vanillesahne auf Tellern an und verziert sie mit Puderzucker und Bröseln.*

Soufflierte Aprikosentäschchen

Für den Kartoffelteig:

125 g mehlig kochende Kartoffeln

etwas Meersalz, 250 g Weizenmehl Type 405

frisch geriebene Muskatnuss

Für die Aprikosenfüllung:

300 g Aprikosen, 40 g brauner Zucker

Für das Aprikosenkompott:

50 g Zucker, 100 ml Honiglikör

3 EL Thymianhonig, 100 ml Orangensaft

40 ml Zitronensaft, 1 Prise gemahlener Zimt

700 g Aprikosen, 4 cl Grand Marnier

abgeriebene Schale 1/2 unbehandelten Zitrone

Für die Vanillesahne:

150 ml Sahne, 20 g Puderzucker

Mark von 1/2 Vanilleschote

Außerdem:

1 Eiweiß, Pflanzenöl zum Frittieren

Puderzucker, 50 g Amarettibrösel

1. Kartoffeln waschen, den Boden einer feuerfesten Form mit Meersalz bestreuen. Kartoffeln darauf setzen und bei 180 °C im vorgeheizten Ofen 1 Stunde backen. Herausnehmen, etwas abkühlen lassen, pellen und durch die Presse drücken. In einer Schüssel mit Mehl, Salz und Muskat vermischen und durchkneten. Nach und nach 60 bis 70 ml kaltes Wasser zufügen, nochmals mit den Händen durchkneten, in Folie wickeln und etwa 20 Minuten ruhen lassen.

2. Die Aprikosen für die Füllung waschen, entsteinen und das Fruchtfleisch jeweils in dünne Scheiben schneiden.

3. Für das Kompott Zucker mit 4 cl Wasser hellbraun karamellisieren, mit Honiglikör ablöschen. Mit Honig, Orangen- und Zitronensaft erneut aufkochen und bei geringer Hitze auf 1/3 reduzieren. Mit Zimt würzen. Aprikosen waschen, halbieren und entsteinen. 300 g pürieren und durch ein Sieb streichen. 6 Aprikosensteine aufschlagen, Kerne auslösen, blanchieren, abschrecken und häuten. Aprikosenpüree und Samen im reduzierten Zitrussaft 3 bis 4 Minuten köcheln. Halbierte Aprikosen, Grand Marnier und Zitronenschale zufügen und 2 bis 5 Minuten köcheln. Abkühlen lassen, pürieren und die Sauce durch ein Sieb passieren.

4. Den Teig zu dünnen Bahnen ausrollen, auf der Hälfte Rechtecke (6,5 x 5,5 cm) markieren. Je 1 Aprikosenscheibe auflegen, mit braunem Zucker bestreuen, eine 2. Aprikosenscheibe auflegen. Ringsum mit Eiweiß bestreichen. Weiterverfahren, wie gezeigt *[siehe a bis c]*. Herausheben und die Täschchen auf Küchenpapier abtropfen lassen. Sahne mit Puderzucker und Vanillemark halbsteif schlagen. Das Kompott mit den Teigtäschchen auf Teller verteilen und mit etwas Puderzucker besieben. Einen Klecks Vanillesahne daneben setzen und mit den Amarettibröseln bestreut servieren.

a **Aprikosentäschchen fertig stellen:** Eine 2. Teigbahn auflegen.

b Ränder festdrücken und gezackte Rechtecke ausradeln.

c Die Täschchen nacheinander im 180 °C heißen Öl frittieren.

Süße Polenta & Ravioli mit zweierlei Füllung

Ob man die Orangenpolenta oder die süß gefüllten Teigwaren zum Dessert oder als »Mehlspeis«, sozusagen als süßes Hauptgericht nach einer Suppe oder einem Salat serviert, hängt ganz vom jeweiligen Hunger ab. Die Polenta allerdings könnte nach einem opulenten Mahl doch etwas mächtig ausfallen, aber probieren sollte man sie unbedingt, denn auch sie schmeckt wie die Ravioli ganz ausgezeichnet.

Die Orangen für die Polenta sollten schön saftig und aromatisch sein und ein ausgewogenes Verhältnis von Zucker und Säure aufweisen.

Gratinierte Orangenpolenta mit Topfenschaum

400 ml Milch, 100 ml Sahne

150 g Zucker, 1 Prise Salz

80 g feiner Maisgrieß

50 ml Orangenlikör, 3 reife Orangen

300 g Sahnequark (40 %)

Mark von 1/2 Vanilleschote

abgeriebene Schale 1/2 unbehandelten Zitrone

3 Eigelbe, 80 g Zucker, 3 Eiweiße

3 EL Haselnusskrokant (Fertigprodukt)

1. Milch mit Sahne, Zucker und Salz aufkochen, den feinen Polentagrieß einrühren und unter ständigem Rühren 10 Minuten köcheln lassen. Den Orangenlikör einrühren.

2. Die Orangen schälen, dabei auch die weiße Haut vollständig entfernen. Die Filets über einem Teller heraustrennen, dabei den Saft auffangen. Die Orangenfilets unter die Polentamasse rühren. Die Polenta in vier tiefe Teller verteilen. Den Orangensaft zu Sirup einkochen, es sollten 3 bis 4 EL sein, und die Polenta damit beträufeln.

3. Quark mit Vanillemark und Zitronenschale verrühren. Eigelbe mit dem Zucker schaumig schlagen. Die Eiweiße mit 1 Prise Salz sehr steif schlagen. Den Eischnee unter die Quarkmasse heben, alles gut vermengen. Die Masse auf die Polenta streichen und unter dem Grill goldbraun überbacken. Die Orangenpolenta mit Krokant bestreuen und sofort servieren.

Schokoladenravioli mit Sauerkirschen

ERGIBT etwa 60 Stück

Für die Canache-Creme:
200 g Halbbitter-Kuvertüre, 1/2 l Sahne
Für das Kompott:
250 g Sauerkirschen, 60 g Zucker
40 ml Rotwein, 1 Prise gemahlene Nelken
1 Prise gemahlener Zimt, 1 TL Speisestärke
Für die Vanillesauce:
6 Eigelbe, 100 g Zucker, 1/2 l Milch
1/2 aufgeschlitzte Vanilleschote
Für den Teig:
250 g Mehl, 100 g Kakaopulver, 4 Eier
30 g Puderzucker, Mark von 1 Vanilleschote
Für die Füllung:
30 g Orangeat
200 g Marzipanrohmasse
80 g Puderzucker, 4 cl Cointreau
Außerdem:
1 Eiweiß zum Bestreichen
Ananassalbeiblättchen zum Garnieren

Im Schokoladenteig verbergen sich eine Canache- und eine Marzipanfüllung. Dazu schmeckt Sauerkirschkompott und cremige Vanillesauce.

1. Die Kuvertüre für die Canache-Creme zerkleinern. Die Sahne in einer Kasserolle aufkochen, die Kuvertüre einrühren und unter ständigem gleichmäßigem Rühren in der Sahne schmelzen. Die Masse mit dem Mixstab homogenisieren, bis zur weiteren Verwendung in den Kühlschrank stellen.

2. Für das Kompott die Kirschen waschen und entsteinen. 80 ml Wasser mit dem Zucker, dem Rotwein und den Gewürzen aufkochen. Die Hitze reduzieren und die Kirschen 3 bis 4 Minuten dünsten. Die Speisestärke mit etwas kaltem Wasser anrühren und das Sauerkirschkompott damit binden und abkühlen lassen.

3. Für die Vanillesauce die Eigelbe und den Zucker mit dem Schneebesen so lange cremig schlagen, bis sich der Zucker gelöst hat. Die Milch mit der Vanilleschote aufkochen. Die Schote herausnehmen, das anhaftende Mark in die Milch zurückstreifen. Die Vanillemilch langsam unter die Eigelbmasse rühren. In einer Kasserolle unter ständigem Rühren erhitzen, bis die Sauce dickflüssig wird; sie darf jedoch nicht kochen. Die Sauce durch ein feines Sieb passieren.

4. Für den Teig Mehl und Kakaopulver auf eine Arbeitsfläche sieben. Mit Eiern, Puderzucker und Vanillemark zu einem glatten Teig verkneten. In Folie wickeln und 30 Minuten ruhen lassen.

5. Für die Füllung Orangeat sehr fein würfeln. Das Marzipan mit dem Puderzucker und dem Cointreau verkneten, das Orangeat untermischen. Die Canache-Creme steif schlagen und in einen Spritzbeutel mit Lochtülle Nr. 9 füllen. Bis zur weiteren Verwendung in den Kühlschrank legen.

6. Den Schokoladenteig zu langen Bahnen von 15 x 50 cm ausrollen. Mit einem glatten Teigrädchen Rechtecke von 5 x 10 cm ausradeln und die Schokoladenravioli füllen, wie im ersten Step rechts oben gezeigt *[siehe a]*.

7. Die Teigränder mit Eiweiß bestreichen und den Teig über der Füllung zusammenschlagen. Die Ränder fest zusammendrücken. Die Ravioli garen, wie gezeigt *[siehe b]*. Gut abtropfen lassen. Etwas Vanillesauce auf Teller gießen, die Ravioli auf und die Kirschen neben dem Saucenspiegel anrichten. Mit Ananassalbei garnieren und servieren.

a **Schokoravioli füllen:** Etwas Marzipan- und Canachemasse nebeneinander setzen.

b **Ravioli fertig stellen:** In Salzwasser 5 Minuten kochen. Vorsichtig herausheben.

Rote Ravioli mit Ricotta-Füllung

Zunächst mag es verwundern, dass ein Teig für süße Pasta mit Rote-Bete-Saft gefärbt werden soll, doch keine Angst: Der Saft ist ein nahezu geschmacksneutrales Färbemittel.

Für den Rote-Bete-Teig:
80 ml Rote-Bete-Saft, 250 g Mehl, 2 Eier
1 Eigelb, 2 EL Öl, 1/2 TL Salz
Für die Füllung:
50 g Amaretti, 200 g Ricotta
50 g Puderzucker, Saft von 1/2 Zitrone
1 unbehandelte Zitrone, 1 cl Amaretto
Für die Zabaione:
3 Eigelbe, 1 Ei, 120 g Zucker, 8 cl Marsala
Außerdem:
1 Eiweiß, einige Blättchen Zitronenmelisse

1. Für den Teig den Rote-Bete-Saft auf 30 ml einkochen und abkühlen lassen. Mit den anderen Zutaten zu einem glatten Teig verkneten, in Folie wickeln und 1 Stunde kühl ruhen lassen.

2. Die Amaretti für die Füllung zerbröseln. Dazu am besten das Gebäck in einen Gefrierbeutel füllen und mit dem Nudelholz einige Male darüber rollen. Die Ricotta und den Puderzucker in einer Schüssel mit dem Schneebesen glatt rühren und weiterverfahren, wie unten gezeigt *[siehe a und b]*.

3. Den Teig entweder auf einer bemehlten Arbeitsfläche möglichst dünn ausrollen und in zwei gleich große Platten teilen oder halbieren und mit der Nudelmaschine ausrollen *[siehe c]*. Auf einer der beiden Teigplatten Quadrate von 5 cm Kantenlänge markieren. Weiterarbeiten, wie unten gezeigt *[siehe d und e]*. Die zweite Teigplatte darüber legen und rings um die Füllung mit dem Handrücken oder mit einem Lineal sorgfältig festdrücken. Eventuell entstandene Luftblasen mit einer Nadel aufstechen. Die Ravioli ausradeln, wie gezeigt *[siehe f]* und auf einer bemehlten Arbeitsfläche kurz antrocknen lassen.

4. Inzwischen für die Zabaione die Eigelbe, das Ei und den Zucker in einer Schüssel cremig rühren und die Schüssel auf ein heißes Wasserbad setzen – dabei darauf achten, dass das Wasser nicht kocht, sondern stets gerade unter dem Siedepunkt bleibt. Den Marsala zugießen und die Masse schaumig schlagen *[siehe g]*, bis sie ihr ursprüngliches Volumen verdoppelt hat. Die Schüssel vom Wasserbad nehmen, auf ein mit Eiswasser gefülltes Gefäß setzen und die Zabaione mit dem Schneebesen kaltschlagen *[siehe h]*.

5. Die Ravioli in kochendem, leicht gesalzenem Wasser 5 bis 6 Minuten garen, herausheben und gut abtropfen lassen. Mit der Zabaione auf Tellern anrichten und mit Zitronenmelisse garnieren.

a Zitronensaft einrühren und die Schale der Zitrone direkt darüber reiben.

b Die zerbröselten Amaretti sowie den Amaretto mit dem Schneebesen sorgfältig unterrühren.

c Den Nudelteig halbieren und mit der Maschine zu zwei gleich großen Platten ausrollen.

d In die Mitte eines jeden Teigquadrats einen Löffel der Amaretti-Ricotta-Füllung setzen.

e Sämtliche Zwischenräume sorgfältig mit verquirltem Eiweiß bestreichen.

f Beide Teigplatten gut fest drücken und die Ravioli mit einem gezackten Teigrädchen ausradeln.

g Für die Zabaione Eigelbmasse auf einem Wasserbad aufschlagen und den Marsala zugießen.

h 2 bis 3 Minuten schlagen, vom Wasserbad nehmen und kaltschlagen.

T

V, W

X, Y, Z

Glossar

ANSCHWITZEN: Kochgut wie gewürfelte Zwiebeln, Knoblauch oder Gemüse mit etwas Fett bei geringer Hitze garen, meist ohne es dabei zu bräunen.

(AUF)MONTIEREN: mit kalter Butter aufschlagen, um eine Bindung bei Suppen und Saucen herzustellen.

AUFMIXEN: feines Pürieren, wodurch eine Emulsion und lockere Konsistenz entsteht.

AUFSCHÄUMEN: kurzes Aufmixen zur Schaum- und Volumenbildung; auch zutreffend für Butter im Sinne von Erhitzen, ohne dass die Butter allzu stark Farbe nimmt.

AUSBACKEN: in reichlich heißem Fett goldgelb frittieren.

AUSLASSEN: Speck anbraten, bis das Fett ausgetreten und der Speck goldbraun ist.

BÉCHAMELSAUCE: weiße Grundrahmsauce; im Grunde eine weiße Mehlschwitze, die mit Milch und Sahne abgelöscht wird.

BLANCHIEREN: rohes Kochgut kurz mit kochendem Wasser übergießen oder in dieses hineintauchen.

DÜNSTEN: Garen in geschlossenem Topf mit wenig Flüssigkeit bei etwa 100 °C, meist unter Zugabe von etwas Fett. Die Flüssigkeit kann zugesetzt sein oder aus dem Gargut kommen.

ENTFETTEN: gegarte Speisen von überschüssigem Fett befreien. Erstarrtes Fett von der Oberfläche erkalteter Brühen abheben, flüssiges Fett, etwa von heißen Suppen, mit einer flachen Kelle abschöpfen.

FARCE: fein gehackte Masse aus Fleisch, Fisch, Gemüsen, Brotwürfeln, Eiern, Gewürzen, Kräutern, Milch und Zwiebeln; dient oft als Füllung für Teigwaren.

FOND: entfettete Grundbrühe aus gekochten Fleischabschnitten, Knochen, Gemüse, Kräutern – eine gute Grundlage für Suppen und Saucen.

GRATINIEREN: ein Gericht bei starker Oberhitze überbacken, bis eine goldbraune Kruste entstanden ist.

KLÄREN: aus Suppen, Säften, Gelees usw. alle Trübstoffe entfernen. Mit Hilfe von Hühnereiweiß, fein gehacktem Fleisch oder Fisch werden die Trübstoffe gebunden und entfernt.

LEGIEREN: eine sämige Konsistenz erzielen durch das Einrühren von Bindemitteln wie angerührter Speisestärke, Mehlbutter, Sahne, Crème fraîche, Butter oder Eigelb.

LIAISON: Binden von Suppen und Saucen, indem mit Sahne verquirltes Eigelb untergerührt wird.

MARINADE: mit Kräutern und Gewürzen versehene Flüssigkeit zum Würzen, Haltbarmachen und Mürbewerden von Fleisch und Fisch. Auch Salatsaucen werden als Marinaden bezeichnet.

MARINIEREN: in eine (meist saure) Marinade einlegen.

MEHLBUTTER: Mehl und Butter (zu gleichen Teilen) gemischt, zum Binden von Suppen und Saucen. Lässt sich gut einfrieren und portionsweise entnehmen.

PASSIEREN: Flüssigkeit mit Zutaten durch ein Sieb seihen, so dass nur die Flüssigkeit übrig bleibt. Für noch feinere Ergebnisse legt man das Sieb zusätzlich mit einem Tuch aus. Passieren heißt auch, eine Masse durch ein Sieb streichen.

REDUZIEREN: Bratensaft, Brühe, Fond einkochen lassen, um ein im Geschmack intensives Konzentrat zu erhalten.

ROYAL: Eiermilch, etwa zum Gratinieren von Nudeln.

SAUTIEREN: klein geschnittenes Fleisch, Geflügel oder Gemüse kurz bei starker Hitze in der offenen Pfanne garen.

SCHMOREN: Fleisch, Geflügel, Wild im geschlossenen Topf bei gleichmäßiger Hitze, oft unter Zugabe von Röstgemüse bräunen, dann im Ofen im Schmorfond fertig garen.

SIMMERN: Gargut knapp unter dem Siedepunkt halten.

STIR-FRYING: Vitamin schonende Gartechnik der asiatischen Küche. Kleine Stücke von Fleisch, Fisch, Gemüse unter ständigem Rühren rasch in sehr heißem Fett braten.

TRANCHIEREN: zum Anrichten in Scheiben schneiden.

TOURNIEREN: Gemüse, etwa Kartoffeln, Zucchini oder Möhren, durch Zuschneiden in eine einheitliche Größe und dekorative Form bringen, ermöglicht zudem präzise Garzeiten.

VELOUTÉ: weiße Grundsauce für Teigwaren.

ZISELIEREN: Gemüse mit dem Ziseliermesser oder einem kleinen Messer einkerben.

Schneiden | *lässt sich Nudelteig für Ravioli & Co. am besten mit einem handelsüblichen gezackten oder glatten Teigrädchen.*

Impressum

Genehmigte Lizenzausgabe für Verlagsgruppe Weltbild GmbH,
Steinerne Furt, D-86167 Augsburg

TEUBNER ist ein Unternehmen des Verlagshauses GRÄFE UND UNZER, GANSKE VERLAGSGRUPPE

Projektleitung: Dr. Maria Haumaier
Herstellung: Susanne Mühldorfer
Probekochen: Cornelia Zingerling
Rezeptfotografie: Stefan Braun (23 Rezepte, siehe Bildnachweis)
Beratung und Foodstyling: Steffen Sonnenwald (23 Rezepte, siehe Bildnachweis)
Administration: Claudia Hill, Angelika Mayr
Küche: Barbara Mayr, Eftichia Simopoulou
Fotografie: Andreas Nimptsch, Odette Teubner
Foodstyling: Odette Teubner
Text: Heidrun Boikat, Dr. Alexandra Cappel, Anja Schäfer, Katrin Wittmann
Redaktion: Heidrun Boikat, Mischa Gallé, Katrin Wittmann
Layout/DTP: Annegret Rösler, Gabriele Wahl
Umschlaggestaltung: Atelier Seidel, Teising
Umschlagmotiv: mauritius images/SuperStock (vorne)
Druck: Dr. Cantz'sche Druckerei GmbH & Co., D-73760 Ostfildern

ISBN 978-3-8289-1293-9

2010 2009 2008 2007
Die letzte Jahreszahl gibt die aktuelle Lizenzausgabe an.

Einkaufen im Internet: *www.weltbild.de*

FRANK OEHLER, Koch, mit 17 Punkten von Gault Millau bedacht, kombiniert gerne Spezialitäten aus dem Allgäu mit Zutaten aus aller Welt, bevorzugt aus Asien. Nach seiner Ausbildung kochte er in namhaften Restaurants, unter anderem in »Anton Mosimans Dining Club« (1 Michelin-Stern), London, sowie im »Teufelhof« (1 Michelin-Stern), Basel. Seit 1995 führt er sein eigenes Restaurant in Hawangen: D'Rescht. Hier serviert er seinen Gästen mit Leidenschaft kreierte 1-Sterne-Gaumenfreuden.

CHRISTIAN VOGLER, liebt es zu kochen - von einfach klassisch bis klassisch kreativ. Ihn zog es nach seiner Ausbildung zum Koch und Konditor in eine Vielzahl an Sterne-Restaurants, hauptsächlich in Italien. So war er nicht nur in »Anton Mosimans Dining Club« und dem »Teufelhof« (1 Michelin-Stern), er kochte auch, und das mit Hingabe, in der »Enoteca Pinchiori« (2 Michelin-Sterne), Florenz, und der »Villa Marchesi« (1 Michelin-Stern), Milazzo. Beim »Käfer Partyservice«, München, war er Küchenchef und Kreativdirektor, bis er 2001 Betriebsleiter der »Augustiner Bräustuben« in München wurde.

Den Firmen Kitchen Aid, Rösle und Silit danken wir für die Bereitstellung verschiedenster Küchengeräte.

WIR DANKEN
allen, die durch ihre Beratung, Hilfe und tatkräftige Unterstützung zum Gelingen dieses Buches beigetragen haben, insbesondere:

Firma Agnesi S.p.A., Imperia, Italien; Herrn Ahlers, Firma Delverde S.R.L., Fara San Martino, Italien; Herrn Ancona, Firma Imperia, Sant'Ambrogio di Torino, Italien; Herrn Karl Eschelböck, Hotel Plomberg, Mondsee, Österreich; Herrn Farnetani, Firma Campione e Farnetani, München; Herrn Guidetti, Consorzio del Formaggio Parmigiano Reggiano, Sezione di Modena, Italien; Herrn Roland Jöhri, Restaurant Jöhri's Talvo, St.-Moritz-Champfèr, Schweiz; Frau Loos, Firma Kikkoman Trading GmbH, Düsseldorf; Herrn Mair, St. Peter am Hart, Österreich; Herrn Reto Mathis, Restaurant Corviglia, St.-Moritz, Schweiz; Frau Micolucci, ICE, München; Firma Pasta Nosari, Piadena, Italien; Herr Retsch, Firma Il Nuraghe, Nürnberg; Frau Richter, Firma Barilla Deutschland GmbH, Köln; Herrn Ridolfi, Firma Ridolfi Elvidio, München; Frau Scettini, Firma Alberto Peruzzo Editore, Sesto S. Giovanni, Italien; Frau Triacca, Fratelli Triacca, Campascio, Italien.

Der besondere Dank
gilt Herrn Eduardo Ferrarini, Firma Slogan immagine e comunicazione, Bologna, Italien, und Herrn Yim Chee Peng, Culinary Studios Pte. Ltd., Singapur.

BILDNACHWEIS
S. 8 bis 11: alle eingesetzten Fotos aus dem Buch der Firma Barilla »Barilla: Cento anni di pubblicità e comunicazione«.

Fotos: Stefan Braun, Styling: Steffen Sonnenwald: Seite 143 rechts oben/1 Foto; Seite 144 oben/1 Foto; Seite 146/1 Foto; Seite 147/2 Fotos, Seite 154 links oben/1 Foto; Seite 161/2 Fotos; Seite 166 oben/1 Foto; Seite 168/2 Fotos; Seite 171/1 Foto; Seite 176 oben/1 Foto; Seite 181 oben/1 Foto; Seite 182/1 Foto; Seite 183/2 Stepfotos; Seite 184/1 Foto; Seite 188/1 Foto; Seite 189/1 Stepfoto; Seite 192/1 Foto; Seite 208/1 Foto; Seite 213/1 Foto; Seite 227/1 Foto; Seite 228/1 Foto